AF557420

Hans und Doris Maresch

Rheinland-Pfalz' und Saarlands
Schlösser, Burgen & Herrensitze

Husum

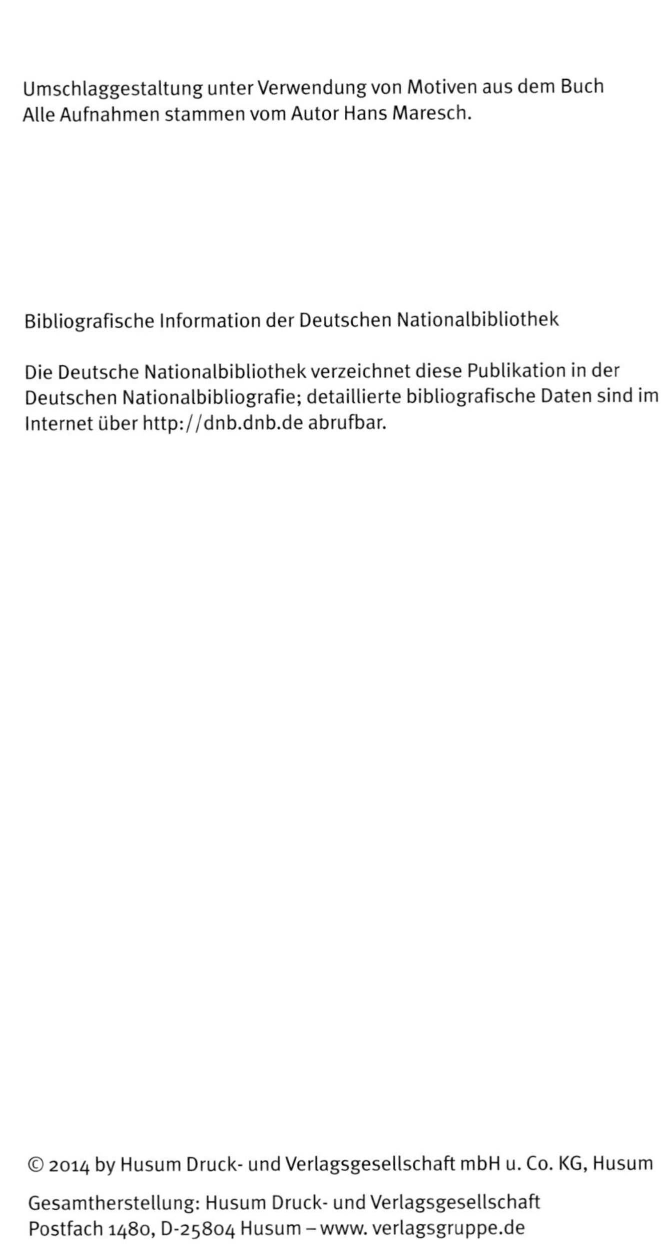

Umschlaggestaltung unter Verwendung von Motiven aus dem Buch
Alle Aufnahmen stammen vom Autor Hans Maresch.

Bibliografische Information der Deutschen Nationalbibliothek

Die Deutsche Nationalbibliothek verzeichnet diese Publikation in der Deutschen Nationalbibliografie; detaillierte bibliografische Daten sind im Internet über http://dnb.dnb.de abrufbar.

Gesamtherstellung: Husum Druck- und Verlagsgesellschaft
Postfach 1480, D-25804 Husum – www. verlagsgruppe.de

ISBN 978-3-89876-673-9

Inhaltsverzeichnis

Vorwort

Rheinland-Pfalz und das Saarland verweisen auf eine Vielzahl von Burgen und Schlössern als Sitze des Adels oder vermögender Handels- und Kaufleute. Im Laufe der Geschichte entstanden hier vor allem Hunderte von Burgen, aber auch zahlreiche Schlösser, über deren Historie, wenn auch nur im knappen Abriss, im vorliegenden Band informiert wird. Meist umgeben von Gärten oder Parkanlagen vermitteln die Bauwerke in Einheit mit ihrer Umgebung dem Besucher einen romantischen Anblick. Eine Reise rechts und links des Rheins und entlang der Mosel lässt das Herz eines Burgenfreundes höher schlagen. Auf Weinbergen oder auf schroffen Felsen thronen majestätisch die meist noch gut erhaltenen Burgen und überraschen den Besucher mit historisch eingerichteten Museen, Hotels oder Restaurants. Über 250 der schönsten und interessantesten Objekte, meist der Öffentlichkeit zugänglich, stellen wir hier vor. Alle diese Bauwerke wurden von uns aufgesucht, fotografiert, und wenn möglich an Ort und Stelle zur Geschichte recherchiert. Bei Aufenthalten in Rheinland-Pfalz und im Saarland soll Ihnen dieses Buch ein nützlicher Reisebegleiter sein.

Zu Beginn der Beschreibung der einzelnen Objekte geben wir jeweils einen kurzen Lagehinweis und einen knappen historischen Abriss. Die Bauwerke haben wir den Ortschaften zugegliedert, in oder bei denen sie sich befinden. Dem schließen sich, wenn nicht eigenständig, die Verbandsgemeinde (VG) oder Städte an sowie die Landkreise und Piktogramme. Letztere weisen, schnell erfassbar, am Ort auf Museen, Hotels, Gastronomie, mögliche Veranstaltungen, Einrichtungen und weitere Besonderheiten hin. Das Objektregister im Anhang gewährt ein schnelles Auffinden gesuchter Objekte. Auf die Angabe von Telefonverbindungen wurde wegen der häufigen Änderungen der Rufnummern verzichtet, ebenso auf die Angabe von Öffnungszeiten. Zur Baugeschichte haben wir uns an Georg Dehio, Handbuch der Deutschen Kunstdenkmäler dieser Länder, angelehnt. Wir weisen darauf hin, dass die beschriebenen Objekte im Laufe der Zeit Veränderungen unterliegen können. Demzufolge geben wir keine Gewähr für die Vollständigkeit und Aktualität über das Erscheinungsjahr des Reiseführers hinaus. Beim Besuch der historischen Bauten, die sich im Privatbesitz befinden und keine öffentlichen Einrichtungen haben, bitten wir darum, diese im respektvollen Abstand zu betrachten, ohne die Privatsphäre zu stören. Besonderen Dank sagen wir den Burgen- und Schlossbesitzern, den Mitarbeitern der Generaldirektion „Kulturelles Erbe“ von Rheinland-Pfalz, Touristinformationen, Hotel- und Museumsmitarbeitern, die uns aktiv, umfassend und freundlich bei den Fotoaufnahmen und Recherchen zum Buch unterstützten. Als Mitglieder der Deutschen Burgenvereinigung gilt unser besonderer Dank den dortigen Mitarbeitern sowie dem Europäischen Burgeninstitut in Braubach am Rhein, die uns immer tatkräftig zur Seite stehen. Wir wünschen allen Lesern viel Freude beim Besuch der Burgen, Schlösser und Herrensitze in den beiden Bundesländern Rheinland-Pfalz und Saarland.

Das Bundesland Rheinland-Pfalz

Die eigentliche Geschichte von Rheinland-Pfalz begann nach dem Zweiten Weltkrieg im Jahre 1946. Durch eine französische Militärverordnung, mit den Landesteilen der bayerischen Pfalz, den Regierungsbezirken Trier und Koblenz, der preußischen Rheinprovinz und Rheinhessen sowie der Provinz Hessen-Nassau und dem ehemaligen oldenburgischen Gebiet, wurde das Land Rheinland-Pfalz gegründet.

Funde aus der Eis- und Steinzeit weisen schon für 2000 v. Chr. hier auf Leben hin. Die beiden heutigen Landesteile mit ihren zahlreichen mittelalterlichen Burgen und mächtigen romanischen Domen berichten über eine bewegte Geschichte. Bereits im Jahre 406 überschritten germanische Angreifer während der Völkerwanderung den Rhein und plünderten zahlreiche römische Städte. Kontrolliert wurde zu jener Zeit das Land von den Burgunden, gemeinsam mit den weströmischen Einheiten. Diesen folgten nach 455 die Alemannen und darauf die merowingischen Franken. Bedeutende Städte wie Trier, Mainz, Worms und Speyer wurden zu politischen und kulturellen Zentren. An den Adel erinnern rechts und links des Rheins und der Mosel unter anderen noch heute zahlreiche mittelalterliche Burgen wie Gräfenstein, die Dahner Burgen, die Ehrenburg und die prächtige Burg Eltz. Die Marksburg in Braubach am Rhein ist noch heute eine der besterhaltenen Burgen des Mittelalters. Hier hat die Deutsche Burgenvereinigung e. V. ihren Sitz. Die Erfindung des Buchdrucks mit beweglichen Metalllettern durch den Mainzer Johannes Gutenberg im Jahre 1440 revolutionierte die Welt. Im Jahre 1521 widerstand Martin Luther vor dem Reichstag zu Worms trotz angekündigter Folter und dem Tod, wenn er seine Lehren und „ketzerischen Reden“ nicht widerrufe. Berühmte Architekten und Baumeister wie Balthasar Neumann, Johann Georg Judas, Claudius von Lassaulx und viele andere hinterließen vor allem beim Bau der Renaissance- und Barockschlösser Zeugen ihrer künstlerischen Fähigkeiten. Die Schlösser Bürresheim, Crottorf, Oranienstein und das Hambacher Schloss, Kurfürstliche Schlösser in Koblenz und Mainz, die Festung Ehrenbreitstein sowie viele andere haben Interessantes zu ihrer

Geschichte zu berichten. Häufige Zerstörungen durch Kriege brachten Verluste von wertvoller Architektur. Der französische Befehl 1689 zur Brandschatzung war Schicksal der Pfalz, als Dörfer und Städte in Flammen aufgingen, aber auch zum Ende des Zweiten Weltkrieges zerstörten Fliegerbomben größere Städte des Landes zu mehr als 80 Prozent. Der Nationalsozialismus und der darauffolgende Zweite Weltkrieg veränderten das Leben der Menschen und das Aussehen der Städte davor schon einschneidend. Jüdische Gemeinden wurden fast vollständig ausgelöscht. Nach dem Krieg übernahmen vorerst Amerikaner und Franzosen die Regierungsgewalt, bis Ende Juli 1945 das Land an die französische Besatzungsmacht übergeben wurde. Diese veränderte erneut die Verwaltungsstruktur und gliederte die Region Mittelrhein-Saar aus. Rheinland-Pfalz wurde schließlich im Wesentlichen am 30. August 1946 als letztes Land in den ehemaligen westlichen Besatzungszonen unter General Marie-Pierre Kœnig geschaffen. Wilhelm Boden wurde von den französischen Besatzungsbehörden zum provisorischen Ministerpräsidenten des neu gebildeten Landes Rheinland-Pfalz ernannt und am 18. Mai 1947 bekam dieses durch eine Volksabstimmung seine Verfassung. Rheinland-Pfalz liegt annähernd mittig im Westen der Bundesrepublik Deutschland, in Nachbarschaft zu Belgien und Luxemburg. Das Bundesland Nordrhein-Westfalen säumt im Norden, Hessen im Nordosten und Osten, Baden-Württemberg im Süden und das Saarland im Südwesten das Land. Landschaftlich geprägt ist Rheinland-Pfalz zum größten Teil durch eine Berg- und Hügellandschaft, in der im Norden rechts des Rheins sich der Westerwald und links die Eifel erheben. Bemerkens- und sehenswert im Landschaftsbild sind die Maare (Laacher See und Dauner Maare), wassergefüllte vulkanische Explosionskrater. Südlich der Mosel ziehen sich zwischen Saar und Rhein die Höhenzüge des Hunsrück hin und jenseits der Nahe erhebt sich das Pfälzer Bergland, an das sich der Pfälzer Wald anschließt. Im Osten fällt die Haardt steil zum Oberrheingraben, in dem man das einzige Tiefland des Landes findet. Nördlich liegt das Rheinhessische Hügelland. Viele große Städte gibt es nicht, dafür mehrere Kleinstädtchen und reizvolle Ansiedlungen. Atemberaubend ist vor allem die Sicht von einer Burg hoch oben auf den Rhein oder die Mosel sowie die darunter liegenden Ortschaften. Sehenswert sind die Städte Mainz, Koblenz, Trier und Cochem, stellvertretend für viele andere kleinere Orte mit ihren engen Gassen wie Bacharach oder Bad Ems an der Lahn. Gerne werden auf den Burgen Besucher von kostümierten Führern durch die Gemäuer begleitet. Häufig kommt man zufällig gerade zu einem Mittelalterspektakel. Während auf dem Marktplatz Lieder gespielt und gesungen sowie Waren angeboten werden, kämpft man hoch oben auf der Burg in traditionellen Ritterrüstungen um Ehre, Gerechtigkeit oder seine Angebetete. Auf eine besondere Attraktion sei noch verwiesen: Wer dieses beeindruckende schöne Land besucht, wird schnell die Liebe zum Wein bemerken. Wo man auch hinschaut, besonders an der Weinstraße, sieht man Weinhänge oder Felder. Im Herbst präsentieren sich die Winzer mit ihren zahlreichen Weinsorten und veranstalten zur Kärwa (Kirchweih) gemütliche Feste in vielen Orten. Hier kann man alle Weine der Region probieren und vielleicht auch ein Kästchen mit nach Hause nehmen. Besuchen Sie dieses beeindruckende Land und es wird Ihnen unvergesslich bleiben.

Die Piktogramme bedeuten

Burg

Burgruine

Schloss

Schlossruine

Herrensitz

Museum

Park, Garten

Übernachtungsmöglichkeit

Gaststätte, Café, Imbiss

Veranstaltungen, Konzerte, Ausstellungen, Tagungen

Aussicht

Schlösser, Burgen & Herrensitze in Rheinland-Pfalz von A–Z

Burg Arras

56859 Alf

Verbandsgemeinde Zell (Mosel)
Landkreis Cochem-Zell

Burg Arras liegt an der Mittelmosel, nur zwei Kilometer westlich von Alf, oberhalb des Zusammenflusses von Alf und Ueßbach. Von ihr hat man einen herrlichen Ausblick auf die umgebende Landschaft. Überlieferungen zufolge soll die Burg 938 von Pfalzgraf Hermann erbaut worden sein, doch jüngste Burgenforschungen verweisen auch auf die Mitte des 13. Jahrhunderts, als sich das Anwesen im Besitz des baufreudigen Erzbischofs Arnold II. befand, der sie 1253 verstärkte. Erstmals schriftlich erwähnt wurde hier eine Burg im Jahr 1120 im Zusammenhang mit der Einweihung der Burgkapelle als „castrum atrebatum". Als man die Burg im Jahre 1140 teilte, wird sie nochmals schriftlich mit der Teilung mehrerer Bauten erwähnt, von denen das Tor, die Kapelle und der Brunnen gemeinschaftlich genutzt wurden. Hierbei fällt auch der Name des Grafen Friedrich I. von Vianden, dem die Ringmauer, der Graben und ein Turm zugesprochen wurden. Im Besitz des Reichslehens waren zunächst die Pfalzgrafen, dann kam es in die Hände der Erzbischöfe und Kurfürsten von Trier. Als die Herren von Entersburg die Burg 1137 eroberten, gewann sie der Trierer Erzbischof Albero nach einer Belagerung und Einnahme für das Trierer Territorium zurück und stellte sie 1138 wieder her. Später hatte hier ein Rittergeschlecht, das sich nach der Burg benannte, seinen Wohnsitz. Im 17. Jahrhundert zerstörten im pfälzischen Erbfolgekrieg französische Truppen die Anlage und Ende des 18. Jahrhunderts war sie verfallen. Von 1907 bis 1910 baute Peter Marx aus Trier für den Bergwerksdirektor Traugott Wilhelm Dykerhoff aus

Burg Arras, Alf

Herne die Burg neu auf. Heute zeigt sich das Areal als eine lang gestreckte Anlage mit Resten der beiden alten Tore im Südwesten sowie Teilen der Wehrmauern. Ein rechteckiger Bergfried mit Buckelquadern befindet sich an den Ecken und gehört sicherlich zur älteren Burganlage. Vom romanischen, im 15. und 16. Jahrhundert umgebauten Palas sind noch zwei erkerartige Vorbauten und mehrere Fenster erhalten geblieben. Heute können Besucher in einem gut ausgestatteten Hotel übernachten und es sich im Restaurant munden lassen. Das „Heinrich- und Wilhelmine-Lübke-Gedenkzimmer" zeigt Fotos, Unterlagen und Gastgeschenke des ehemaligen Bundespräsidenten.

Burg Thurant

56332 Alken

Verbandsgemeinde Untermosel
Landkreis Mayen-Koblenz

Weithin sichtbar thront Burg Thurant auf einem breiten Bergsporn hoch über dem Ort Alken und der Mosel. Weitläufig breiten sich unterhalb der lang gestreckten Felsgratburg an der steilen Talseite die sonnenhungrigen Weingärten aus. Er-

Burg Thurant, Alken

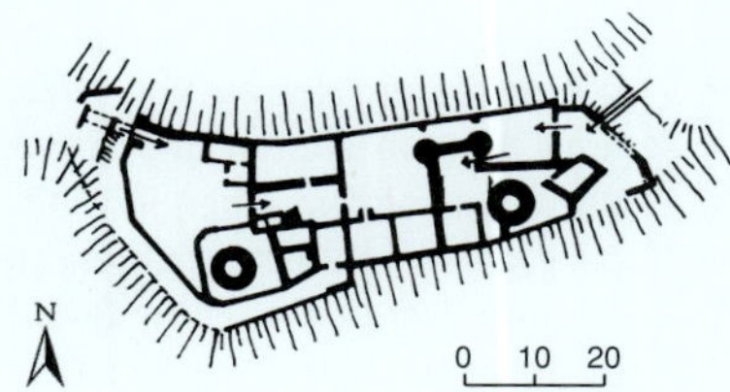

Burg Thurant, Alken, Grundriss

richtet wurde eine Wehranlage zur Sicherung der welfischen Interessen in der Zeit von 1198 bis 1206 von Pfalzgraf Heinrich, Sohn Heinrichs des Löwen und Bruder Kaiser Ottos IV. Benannt hatte man sie nach der im Dritten Kreuzzug 1192 vergeblich belagerten syrischen Festung Thuron bei Tyrus. Im Jahre 1214 ging sie mit der Pfalz an die staufertreuen Wittelsbacher. Sie kam 1248 mit der Eroberung durch den Trierer Erzbischof Arnold von Isenburg und den Kölner Erzbischof Konrad von Hochstaden an diese gemeinsame Herrschaft, die sie jeweils von einem Burggrafen verwalten ließ. Durch die Teilung erklären sich wohl die nach 1248 entstandenen zwei Bergfriede sowie eigene Wohn- und Wirtschaftsgebäude mit separaten Eingängen. Seit Beginn des 14. Jahrhunderts besaßen unter anderem die Familien von Schöneck, von Winningen, von Eltz und von der Reck die Burganlage. Die noch erhaltene Ruine des Burghauses mit Ecktourellen stammt aus dem 14. Jahrhundert und auch zwei Tore und mehrere Türme aus der ehemaligen Verbindung von Burg und Stadtbefestigung. Die späteren Herren von Wiltberg nutzten Thurant als Steinbruch, um sich in Alken ihr Wiltberg'sches Schloss errichten zu können. Der beginnende Verfall im 16. Jahrhundert wurde durch Zerstörungen im Pfälzischen Erbfolgekrieg durch Artilleriebeschuss französischer Truppen 1689 noch beschleunigt. Die vorhandenen Gartenplastiken stammen aus der Zeit des 18. Jahrhunderts aus Franken. Im nördlichen Bereich der Burg steht das sogenannte Jagdhaus mit zwei Tourellen, das auf alten Grundmauern neu errichtet wurde. Hier findet man Ausstellungen von Jagdtrophäen, Rüstungen, alte Waffen und Fundstücke von Ausgrabungen. Das frühere Verlies im Kölner Turm birgt heute ehemalige Folterwerkzeuge. Als Robert Allmers 1911 die ruinöse Anlage erwarb, ließ er sie zum Teil 1915/16 wieder aufbauen. 1945 wurde die Anlage teilweise ausgebaut. Die Burg befindet sich seit 1973 noch im anteiligen Privatbesitz der Familien Allmers und Wulf, kann aber ganzjährig gegen Entgelt besichtigt werden.

Schloss Allenbach

55758 Allenbach
Verbandsgemeinde Herrstein
Landkreis Birkenfeld

Nordwestlich von Idar-Oberstein, an der B 422, liegt Allenbach, das erstmals 1265 mit einer Wasserburg erwähnt wurde und zur Grafschaft Sponheim gehörte, im Tal zwischen Idarwald, Hochwald und Wildenburgkamm. Im Jahr 1437 diente das Anwesen als gräfliches Gestüt und von 1511 bis 1528 baute man die Burg um. Der Markgraf zu Baden und der Pfalzgraf zu Zweibrücken erbauten 1601 mit den Steinen der Ellenburg das heutige Allenbacher Schloss. Der Dreißigjährige Krieg und die Pest mussten überstanden werden, wie auch die Raubkriege des Sonnenkönigs Ludwig XIV. im Jahre 1680. Das Schloss wurde Sitz von Amtmännern und bis 1776 gemeinsam badisch-pfälzisch verwaltet. Danach ging es in pfälzischen Besitz über. 1792 suchten die französischen Revolutionsheere den Hunsrück heim, verjagten die Feudalherren und versteigerten 1804 die herrschaftlichen Liegenschaften. Der Leiter und Teileigentümer der Allenbacher Kupferschmelzen, Hüttendirektor Sauermilch, erwarb die Schlossanlage von den Franzosen und betrieb hier eine große Leinenweberei. Im Jahre 1898 kaufte der aus Idar stammende 28-jährige Perlenhändler Max Purper die Anlage. Nach Vorlage einer Federzeichnung aus dem Jahre 1591 und einigen vorhandenen Eckfundamenten ließ er das Schloss von einem Architekten und einheimischen Handwerkern von Grund auf restaurieren. Somit rettete Purper das Schloss vor dem Verfall. Die Fenster und Inneneinteilung wurden durch eine schonungslose Restaurierung 1899 verändert. Alles Holzwerk wurde erneuert, nur die massiven eichenen Dachbalken und Unterzüge blieben erhalten. Das Portal war ursprünglich durch ein Fallgatter geschützt, über dem sich ein Gusserker mit dem Wappen von Sponheim, Pfalz-Zweibrücken und Baden befindet. Das Schloss ist in Privatbesitz und nur zum Tag der offenen Tür für Besucher zugänglich.

Schloss Allenbach

Altenbaumburg

55585 Altenbamberg
Verbandsgemeinde
Bad Münster a. St.-Ebernburg
Landkreis Bad Kreuznach

Altenbamberg mit seiner Burg liegt südlich von Bad Münster am Stein und Ebernburg, auf einem Bergrücken über dem Ort im rheinland-pfälzischen Alsenztal. Es war die Stammburg der Raugrafen, die mit dem Aussterben der Adelsfamilie im 14. Jahrhundert ihre strategische Bedeutung verlor. Die Zeit ihrer Errichtung konnte bisher nicht ermittelt werden und auch der vermeintliche Besitzer, der 1154 als Graf Emich von Baumburg bekannt ist, wird in Frage gestellt. Erstmals urkundlich erwähnt wird 1253 eine „Neue Burg" beim ehemaligen Dorf Sarlesheim und ist nachweislich die Neubamberg. Somit versteht sich auch die Existenz der Altenbaumburg. Im Jahre 1366 verpfändete man verschiedene Gebäude an die Pfalzgrafen, einschließlich der mittleren Burg, die 1457 schließlich drei Viertel der Burg besaßen. Die Pfalzgrafen vergaben Anfang des 16. Jahrhunderts die Burg als kurpfälzisches und pfalzsimmerisches Erblehen an verschiedene Adelsfamilien, da sich bereits Teile der Anlage im Verfall befanden. Zur Zeit des Dreißigjährigen Krieges zwischen 1621 und 1631 befanden sich auf dem Burggelände spanische und schwedische Besatzungstruppen. Kurfürst Karl I. Ludwig eroberte sie in seinem Feldzug gegen Lothringen 1666. Bereits zu dieser Zeit Ruine, erlag sie der endgültigen Verwüstung 1689 durch französische Truppen. Nur wenig blieb von der gewaltigen Burganlage erhalten. Von 1980 bis 1986 wurde sie von der Verwaltung der Staatlichen Schlösser Rheinland-Pfalz und dem Landesamt für Denkmalpflege durchgreifend saniert. Heute befindet sich die Altenbaumburg in der Obhut der Generaldirektion Kulturelles Erbe Rheinland-Pfalz.

Altenbaumburg, Altenbamberg

Burg Altleiningen

Neben der vorzüglichen Küche in der Burgschenke bietet sich dem Besucher ein herrlicher Ausblick auf die Umgebung.

Burg Altleiningen

67317 Altleiningen
Verbandsgemeinde
Hettenleidelheim
Landkreis Bad Dürkheim

Altleiningen liegt nordöstlich von Kaiserslautern, nahe der A 6 bei Carlsberg, im Tal des Eckbaches. Auf der 400 Meter hohen Kuppe eines Berges im Pfälzerwald steht die Höhenburg. Wie auch beim benachbarten Neuleiningen leitet sich der Name von dem fränkischen Adelsgeschlecht ab, dem einst das Leininger Land gehörte. Die Anlage wurde wahrscheinlich vom Grafen Emich I. und seinem Sohn Emich II. in der Zeit um 1100 bis 1110 auf Felsen als Stammburg erbaut. Nur noch wenige Reste künden von der ursprünglichen Burg, deren Vorburg einst von einem Graben umgeben war. Eine Zugbrücke verband oder trennte beide Anlagen. Seit 1467 gehörte sie zu Leiningen-Westerburg. Während des Bauernaufstandes 1525 wurde die Burg zerstört und durch die Grafen Cuno II., Philipp I., Ludwig und Johann Casimir ab 1528 durch Frondienste der Bauern im Renaissancestil wieder aufgebaut. Ihren Todesstoß bekam die Burg durch die Franzosen 1690 im Pfälzischen Erbfolgekrieg. Sie diente bis Mitte des 19. Jahrhunderts als Steinbruch.

Das Königreich Bayern verhinderte den weiteren Abbau der Ruine, die bis 1933 im Besitz der Leininger Grafen war. Der Kernbereich ist der heutige restaurierte Hauptbau. Am südlichen Ende steht die Ruine eines Eckturms. Im Besitz des Landkreises Frankenthal wurden die verbliebenen Relikte 1962 unter Denkmalschutz gestellt und der Schlossteil in sechs Jahren neu gebaut. 1968 wurde eine Jugendherberge eingerichtet und man sanierte erneut umfassend zwischen 1998 und 2000 diesen Bau, wobei der Rittersaal ein Speisesaal wurde. Es entstand ein weiterer Gastraum als Burgschenke mit Sommerterrasse. Den Hauptgraben funktionierte man zu einem Freibad um und die überdachte „Ehrenhalle" ist für 250 Besucher gestaltet. Hier werden seit 1980 in den Sommermonaten anspruchsvolle Theaterstücke aufgeführt und auch weitere Veranstaltungen stehen auf dem Programm.

Burgruine Altwied

56567 Altwied
Stadt Neuwied
Landkreis Neuwied

Die Burgruine Altwied liegt gut fünf Kilometer nördlich der Stadtmitte von Neuwied im unteren Engtal der Wied auf einem vorspringenden, von drei Seiten von Wasser umgebene Felsriegel. Sie war die Stammburg der Grafen zu Wied und hatte ihren Namen Altwied erst mit der Stadtgründung Neuwieds 1653 erhalten. Im Jahre 1129 errichtete Metfried Graf im Engersgau den Wohnturm im Ostteil der späteren Hauptburg als Mittelpunkt seiner Grundherrschaft. Den ersten Bauabschnitt schloss 1179 der Enkel Graf Theoderichs ab. 1244 starben die Grafen von Wied im Hauptstamm aus. Erben waren die Herren von Isenburg und nach deren Aussterben 1462 die Herren von Runkel. Im Jahre 1259 wurde erstmals eine dem

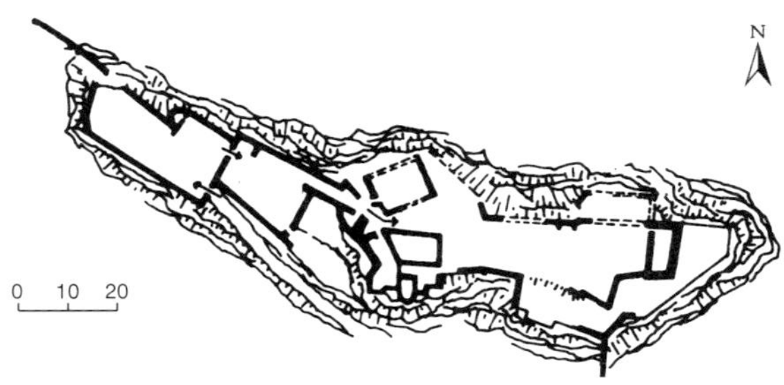

Burgruine Altwied, Grundriss

Burgruine Altwied

Hl. Georg gewidmete Burgkapelle erwähnt. Ein Dankschreiben von 1275 an die damalige Gräfin verweist auf den Burgflecken Altwied. Das gesamte Areal war im 13. und 14. Jahrhundert von einer mit mehreren Türmen besetzten Wehrmauer umgeben. Ältester Teil der Burgruine ist der Bergfried im Osten der Anlage aus der ersten Hälfte des 13. Jahrhunderts, einer der frühesten donjonartigen Bauten am Mittelrhein. Um 1400 war die Burg als Sitz eines Gerichts für Burgfrieden und Kirchspiel sowie seit 1480 als Amtssitz bezeugt. Hermann zu Wied baute 1622 mit dem Geld seiner Gemahlin Magdalene an der abfallenden Nordseite das sogenannte Frauenhaus, das ihr von 1633 bis 1657 als Witwensitz diente. Letzter Bewohner der Burg aus dem Grafenhaus war der älteste Sohn Friedrichs, Graf Georg Herman Reinhard, der mit seiner Familie bis 1690 auf Altwied wohnte. Ab 1800 verfiel allmählich dieser Bau. Seit Bestehen der Burg wurde diese niemals umkämpft, erobert oder zerstört. Graf Friedrich schuf neue Residenzplätze am Rhein und so begann die Anlage von Altwied zu verfallen. Um 1760 vermutet man die Verwendung der ruinösen Anlage als Steinbruch für das Schloss Monrepos. Johann Friedrich Alexander Graf zu Wied-Neuwied wurde 1784 der Erbtitel Fürst verliehen und durch das Fürstenhaus wurden um 1880 einige Räume und ein kleiner Turm der Burg Altwied für Vergnügungsfeste wieder hergestellt. Die unter ihrem Schriftstellernamen Carmen Sylva bekannte Prinzessin Elisabeth, Königin von Rumänien, hielt sich oft auf Altwied auf. Bereits seit 1927 fühlte sich der ehemalige Heimatbund Altwied für die Instandhaltung der Ruine verantwortlich, dessen 1980 folgender Heimatverein sich um die Erhaltung und den Ausbau zur Kultur- und Begegnungsstätte bemüht.

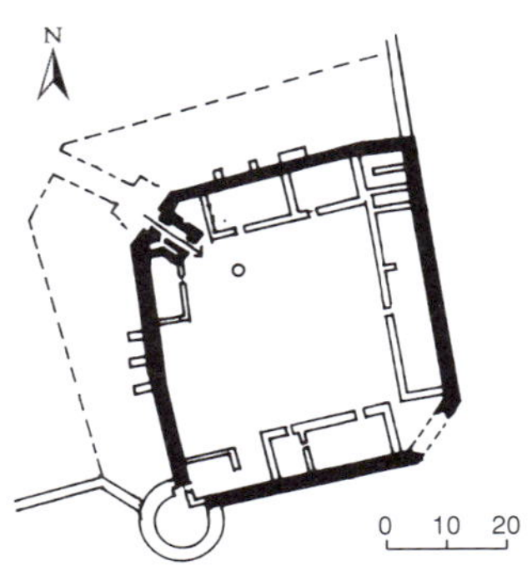

Schloss Alzey, Grundriss

Schloss Alzey

55232 Alzey
Landkreis Alzey-Worms

Im Nibelungenlied wird ein Volker von Alzey erwähnt. Der Ort, der auch Volkerstadt genannt wird, zählt zu den Nibelungenstädten. Er liegt in Rheinhessen am Westrand der nördlichen Oberrheinischen Tiefebene, gut 30 Kilometer südwestlich von Mainz und nordwestlich von Worms. Im Jahre 1278 wird eine Burg bezeugt, auf der Truchsess Werner von Alzey, Stifter des Zisterzienserinnenklosters Sion in Mauchenheim, gesessen hatte. 1190 bekamen die Ministerialen den Titel eines Truchsess von Alzey zuerkannt und waren vermutlich auch im staufischen Auftrag die Erbauer der Burg zu jener Zeit. 1260 wurde die Anlage als Raubnest zerstört und von den Pfalzgrafen wieder aufgebaut. Stauferherzog Friedrich II. übernahm das Reichsgut als einen wirtschaftlichen Gutshof. Quellen verweisen auch darauf, dass erst Friedrichs Sohn, Pfalzgraf Konrad, den Bau der Burg in Auftrag gegeben haben könnte. Nachdem dieser verstorben war, heiratete seine Tochter Agnes den Welfen Heinrich den Langen und Alzey kam in welfischen Besitz, 1214 an den Wittelsbacher

Schloss Alzey

Pfalzgrafen Ludwig I. Die Bauzeit einer vermutlichen Hügelburg konnte bis heute nicht ermittelt werden. Das Schloss ging aus dieser Reichsburg im 16. Jahrhundert durch Um- und Ausbau hervor, ein großartiger Bau und nach Heidelberg die zweite Residenz. Im Pfälzischen Erbfolgekrieg 1689 wurde das als Oberamtsverwaltung genutzte Schloss von den Franzosen in Brand gesetzt und gesprengt. Erst Anfang des 20. Jahrhunderts errichtete das Großherzogtum Hessen wieder die Anlage. Der Nord- und Südflügel entstand 1902 als Amtsgericht oder Finanzkasse neu. Zu den ältesten Teilen gehören die starke Ringmauer und der über Eck stehende Torturm an der Nordwestecke. Aus der Zeit Philipps des Aufrichtigen stammen der Saalbau im Nordflügel, die Wendeltreppe am Nordflügel, der Torturm und der Wehrgang der Ringmauer am Ostflügel. An der Westmauer stand vermutlich eine Burgkapelle. Das jüngste Gebäude entstand unter Kurfürst Friedrich II. von 1546 bis 1549, ein ursprünglich dreigeschossiger Südbau. Heute befinden sich hier das Mädcheninternat des Alzeyer Aufbaugymnasiums und im Nordbau das Amtsgericht von Alzey.

Burg Trifels

76855 Annweiler am Trifels
Landkreis Südliche Weinstraße

Die Reichs- und Felsenburg Trifels steht im Pfälzerwald über

Burg Trifels, Annweiler

Annweiler am Trifels

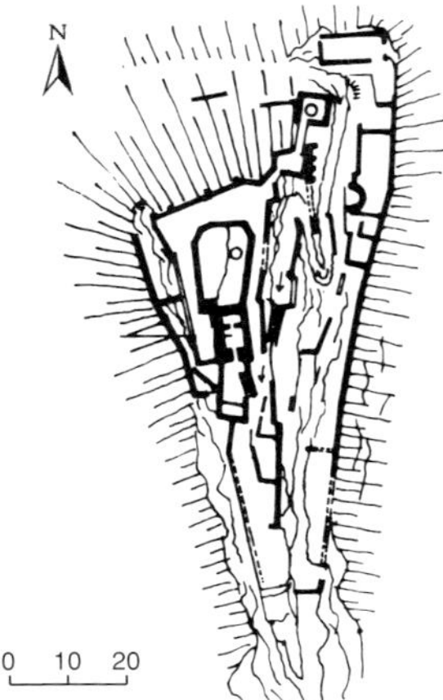

Burg Trifels, Annweiler am Trifels, Grundriss

der Kleinstadt Annweiler, westlich von Landau in der Pfalz. Von 1113 bis um 1310 hatte die Burg im Hochmittelalter den Status einer Reichsburg und ist heute ein geschütztes Kulturgut nach der Haager Konvention. Da sie im Besitz der Salier 1081 erstmals erwähnt wurde, ist ihre Entstehung in das 11. Jahrhundert zu datieren. Sie war zu jener Zeit im Besitz des fränkischen Edelherrn Diemar von Röttingen. Diemar stand im Investiturstreit auf Seiten der Kaisergegner. Nachdem er sich später in das Kloster Hirsau zurückgezogen hatte, übertrug dieser dem Gegenkönig Hermann von Salm den Trifels. Die Geschichte berichtet, dass Diemar durch die Ehe mit einer Schwester des Speyer Bischofs Johann von Kraichgau an die Burg Trifels gelangt sei. Die Mutter des Bischofs war eine Schwester Kaiser Heinrichs IV. Somit hatte Diemar die Nichte des Kaisers geehelicht. 1112 kam es zum Streit zwischen den einstigen Freunden Kaiser Heinrich V. und dem Mainzer Erzbischof Adalbert von Saarbrücken um den Besitz von Trifels und Madenburg. Ein Jahr später musste der Erzbischof die Burg Trifels dem Kaiser überlassen, der ihn obendrein bis 1115 auf der Burg in Haft hielt. Prominenterer Insasse war jedoch 1193/94 König Richard von England, auch Richard Löwenherz genannt, der auf der Heimreise vom Dritten Kreuzzug festgesetzt und an Kaiser Heinrich VI. ausgeliefert wurde. Gegen ein horrendes Lösegeld kam er wieder frei, doch noch weitere namhafte Persönlichkeiten lernten Trifels als Zwangsunterkunft kennen. Um 1190 erlebte die Burg eine Blütezeit unter Kaiser Friedrich I. Barbarossa, der den Bergfried neu erbauen ließ. Die Reichsburg wird unter ihm bis hin zu Friedrich II. uneinnehmbar ausgebaut. Barbarossa ließ 1186 den Brautschatz seiner Schwiegertochter Konstanze von Sizilien auf den Trifels bringen. Heinrich VI. verwahrte hier 1194 den sizilianisch-normannischen Kronschatz. Zwischen 1125 und 1298 brachte man mehrmals die Reichskleinodien, auch als „Reichsinsignien“ bezeichnet (Krone, Reichsapfel und Zepter), zur Sicherung unter. Im 13. Jahrhundert, gegen Ende der Stauferdynastie, verlor der Trifels an Bedeutung und kam 1410 durch Erbgang an das Wittelsbacher Herzogtum Pfalz-Zweibrücken und diente zur Unterbringung des herzoglichen Archivs. Ein durch Blitzschlag verursachtes Feuer vernichtete zum großen Teil im Jahre 1602 die Anlage, worauf die Burgruine Anfang des Dreißigjährigen Krieges noch als Zufluchtsstätte diente und nach ausgebrochener Pest 1635 verlassen wurde. Freiherr Joseph von Laßberg erhielt in der Burgkapelle 1786 von seinem Onkel den Ritterschlag. Die Bürger nutzten später die Ruine als Steinbruch. Schließlich begann das Königreich Bayern 1841 mit Sanierungsmaßnahmen an der einst vornehmsten Königsfeste der Stauferzeit, um den Trifels vor dem gänzlichen Verfall zu schützen. Während der Zeit des Nationalsozialismus baute man den Trifels 1938 wieder auf, indem man zuvor von 1935 bis 1937 Grabungen durchgeführt hatte. Das heutige Aussehen ist sicher nicht identisch mit der einstigen Burg, da es keine Belege diesbezüglich aus dieser Zeit gibt. Mit der weiteren Sanierung wurde 1954 bis 1970 fortgefahren und 2008 am Eingang eine Stauferstele eingeweiht. Heute befindet sich die Burg Trifels mit Gedenkstätte in der Obhut der Generaldirektion Kulturelles Erbe Rheinland-Pfalz, und zu besonderen Anlässen werden im Kaisersaal Konzerte gegeben.

Schloss Veldenz

55288 Armsheim
Verbandsgemeinde Wörrstadt
Landkreis Alzey-Worms

Armsheim liegt im Rheinhessischen Hügelland, etwa 15 Kilometer nordwestlich von Alzey und knapp 20 Kilometer von Bad Kreuznach. Die politischen, geistlichen und wirtschaftli-

Schloss Veldenz, Armsheim

chen Belange des Bereiches wurden geregelt von der St. Remigius-Kirche und den Ortsherren, den Grafen von Veldenz. Die Wasserburg war Mittelpunkt der Besitzungen in diesem Raum und Herrschaftssitz der Grafen. Um 1349 erhielt der Ort Stadtrechte und eine Befestigung durch Mauer und Türme. Es war die am sichersten befestigte Stadt im Nahegau. Errichtet wurde die Burg vermutlich mit der 1438 angelegten Ortsbefestigung. Der heutige Bau des ehemaligen Schlosses geht inschriftlich auf das Jahr 1574 zurück und stellt einen Massivbau mit Krüppelwalmdach und kurzem Querflügel dar. Die einstigen Gräben wurden zugeschüttet. Die Schlossanlage befindet sich im Privatbesitz einer Firma für die Herstellung und den Vertrieb von Außenleuchten, Toren und Metallbauteilen sowie Gartenhäusern, -möbeln und -pavillons.

Alte Burg, Aull

Alte Burg

65582 Aull

Verbandsgemeinde Diez
Rhein-Lahn-Kreis

Die ehemalige Wasserburg liegt in Aull, zwischen Taunus und Westerwald an der Lahn, im Süden angrenzend an die Stadt Diez. Mit der Trierer Ministerialenfamilie von Helfenstein wurde die Burg 1284 erstmals urkundlich erwähnt. Ursprünglich war die Alte Burg ein ehemaliges Hofgut, von der jedoch nichts erhalten blieb. Durch zahlreiche Umbauten veränderte die Anlage ihr Aussehen, welches auch an der Datierung 1558 am Portal ersichtlich ist. Durch einen erneuten Umbau im 18. Jahrhundert zeigt die heutige kleine Anlage eine spätgotische Architektur und ist eines der letzten Beispiele rheinischer Fachwerkburgen. Vermutlich befindet sich im Hauptbau mit zwei Fachwerkobergeschossen und Krüppelwalmdach noch spätmittelalterliche Substanz. Die zweigeschossigen Anbauten stammen aus der Mitte des 16. und 17. Jahrhunderts. Im Innern des Gebäudes liegt eine hölzerne Wendeltreppe mit gedrehter Spindel. Die Burg befindet sich in Privatbesitz, ist nicht zugänglich und wird bewohnt.

Schloss Ayl

54441 Ayl
Verbandsgemeinde Saarburg
Landkreis Trier-Saarburg

Nördlich von Saarburg, an der B 51 nach Konz liegend, findet man den erstmals im Jahre 1052 als „Eile" genannten Ort Ayl. Das Schloss liegt im unteren Ortsteil nahe der Straße Trier–Saarburg, das ehemals Hofgut des Domkapitels Trier war. Der barocke Herrensitz mit Rokokoelementen hat noch eine recht junge Geschichte. Der Gebäudekomplex, bestehend aus Wohngebäude und anschließenden Kelterhaus, wurde 1823 vom Trierer Domkapitel erbaut. Der weitläufige Park mit Gartenanlage und altem Baumbestand umschließt den Schlosskomplex. Justizrat Goertz erweiterte das Schloss als Besitzer im Jahre 1897 und gab diesem das heutige Aussehen. Das damalige Weingut ging 1927 an das bischöfliche Konvikt und befand sich bis kurz vor der Jahrhundertwende in dessen Besitz. Das stark vernachlässigte Anwesen wurde 1995 vom Konvikt verkauft und vom neuen Privatbesitzer bis 1999 für eine Seniorenresidenz saniert. Bis 2009 wurden unterschiedlichste Veranstaltungen und Kunstausstellungen angeboten.

Schloss Ayl

Burg Stahleck, Bacharach

Burg Stahleck

55422 Bacharach
Verbandsgemeinde Rhein-Nahe
Landkreis Mainz-Bingen

Die Höhenburg Stahleck steht im Mittelrheintal südlich der Stadt Bacharach, hoch über dem Rhein, und besitzt die Seltenheit eines wassergefüllten Halsgrabens. Ihr zusammengesetzter Name bedeutet aus dem Mittelhochdeutschen abgeleitet „unbezwingbare Burg auf einem Bergsporn". Kölner Erzbischöfe hatten ab dem Jahr 1000 vermutlich Bacharach im Besitz, die wohl zur Wende vom 11. zum 12. Jahrhundert eine Anlage als Sitz ihres Schutzvogts erbauten. Sie zählt zu den ältesten Burgengründungen am Mittelrhein. Urkunden von 1120/21 belegen einen Gozwin von Stalecke oder Cozwinus de Staelechae, der 1135 urkundlich erwähnt wurde und Lehnsnehmer der Burg Stahleck war. Der Mainfranke kam an die Burg durch Heirat mit Luitgard von Hengebach, der Witwe des 1102 verstorbenen Heinrichs I. von Katzenelnbogen, und nannte sich von nun an nach seinem neuen Besitz Goswin von Stahleck. Seit 1142 gehörte die Burg zur Pfalzgrafschaft, nachdem Goswins Sohn Hermann von seinem Schwager König Konrad III. zum Pfalzgrafen bei Rhein erhoben wurde. Dessen Nachfolger, Konrad von Hohenstaufen, erhielt von Kaiser Friedrich I. weitere Gebiete am Mittelrhein. Im Jahre 1194 heiratete Heinrich von Braunschweig, ältester Sohn Heinrichs des Löwen, auf der Burg heimlich die Tochter des Pfalzgrafen Konrad, Agnes von Hohenstaufen, womit auch die Aussöhnung zwischen Staufern und Welfen herbeigeführt werden sollte. 1214, nach dem Aussterben der pfälzischen Welfen, ging der Besitz an Otto von Wittelsbach, dessen Geschlecht ihn bis zum Reichsende besaß. König Karl IV. heiratete 1349 Anna, die Tochter des Pfalzgrafen Rudolf in Bacharach. Der Dreißigjährige Krieg hinterließ schwere Schäden auf der Burg. Die Franzosen sprengten 1689 unter Ludwig XIV. die Anlage, die im 19. Jahrhundert zur Ruine wurde. In den Jahren 1925 bis 1927 stellte man die Ring- und Schildmauer wieder her und die ergrabenen alten Grundmauern wurden zum Aufbau einer Jugendherberge genutzt. Der Unterbau des Bergfrieds, der von 1965 bis 1967 neu errichtet und überdacht wurde, ist noch ursprünglich romanisch. Heute zeigt sich dem Betrachter eine regelmäßig rechteckige Anlage des 12. Jahrhunderts mit Palas, einem frei im Burghof stehenden Bergfried, einer Schildmauer im Westen und lang gestrecktem Torzwinger in der Nordwestecke. Die erneuerte Schildmauer mit zwei polygonalen Ecktürmchen, überdachtem Wehrgang und schmalen hohen Schießscharten geht wohl in die erste Hälfte des 14. Jahrhunderts zurück. Seit 1920 besteht die Jugendherberge und heißt alle Besucher herzlich willkommen.

Schloss Bergzabern

76887 Bad Bergzabern

Landkreis Südliche Weinstraße

Schloss Bergzabern ist das Wahrzeichen der Stadt, die im Südosten nahe der französischen Grenze liegt. Vermutlich erbauten die Grafen von Saarbrücken im 12. und 13. Jahrhundert anstelle des heutigen

Schloss Bergzabern, Bad Bergzabern

Schlosses eine Wasserburg, die 1333 erstmals als „Feste Zabern by Lantecken“ erwähnt wurde. Die Wasserburg fiel 1385 an die Kurpfalz und ab 1410 residierten hier die Herzöge von Pfalz-Zweibrücken. Aufständische lothringische Bauern zerstörten 1525 die Burganlage, die Herzog Ludwig II. von Pfalz-Zweibrücken seit 1527 in der Art eines Burgschlosses wieder aufbauen ließ. Der Südflügel mit seinen zwei Rundtürmen, die als Geschütztürme dienten, war 1532 vollendet und erinnert stark an den Burgencharakter. Zu jener Zeit war das Schloss noch durch einen Wassergraben geschützt. Von 1561 bis 1579 wurden die Arbeiten unter den Herzögen Wolfgang und Johann I. nach Plänen von Alberlin Tretsch und den Baumeistern Martin Berwart und Hans Becht weiter fortgeführt. Eine weitgehende Zerstörung durch Brand brachte 1676 ein französischer Angriff, doch die Anlage wurde von 1720 bis 1725 wieder unter Herzog Gustav Leopold Samuel durch Jonas Erikson Sundahl barock auf- und umgebaut. Es entstand eine weitläufige Vierflügelanlage mit neuen Dächern und barocken Korbbogenfenstern um einen rechteckigen Binnenhof. An der Hofseite befindet sich in der Mitte ein kräftiger, fünfseitig vorspringender Treppenturm mit reich profiliertem spätgotischen Portal aus der Zeit von 1530. Schon 1794 eroberten Franzosen erneut das Schloss, welches 1803 als sogenanntes Nationalgut versteigert wurde. Es kam an die Stadt Bergzabern und wurde nochmals durch einen Brand 1909 stark beschädigt. Nach Renovierung nutzte man es als Schule, 1984 zog die Verbandsgemeindeverwaltung Bad Bergzabern nebst einem Standesamt ein.

Kurhaus Bad Bertrich

Kurfürstliches Schlösschen

56864 Bad Bertrich

Verbandsgemeinde Ulmen

Landkreis Cochem-Zell

Das Staatsbad Bad Bertrich mit seinem Schlösschen liegt in der südlichen Eifel im Ueßbachtal, nahe der Mosel. Es ist zu finden

Kurfürstliches Schlösschen, Bad Bertrich

im Dreieck westlich zwischen Cochem und Zell. Gebaut wurde das kleine Kurhaus im Stil früher französisch inspirierter Klassizistik 1786/87 im Auftrag des Kurfürsten Clemens Wenzeslaus nach Plänen des bereits in Dresden, Versailles und Paris tätigen Koblenzer Hofbaumeisters Andreas Gaertner. Es war der Lieblingssitz und Sommerresidenz des Kurfürsten mit repräsentativen Räumen und ansprechenden Badekabinen. Clemens Wenzeslaus wurde 1739 als Königssohn auf Schloss Hubertusburg in Sachsen geboren und war ein Enkel Augusts des Starken sowie mütterlicherseits Enkel des deutschen Kaisers Joseph I. Im Jahre 1794 floh er vor den französischen Revolutionstruppen in das Fürstbistum Augsburg, wo er seit 1768 als Bischof wirkte. Clemens Wenzeslaus, der große Förderer Bad Bertrichs, starb kurz vor seinem 73. Lebensjahr 1812 in Marktoberndorf. Das Gebäude ist ein klassizistischer Bau mit fast gleich gestalteter Hof- und Gartenfassade, im Typ eines kleinen Schlösschens. Das Erdgeschoss weist Streifenrustika auf. Der ehemalige Festsaal, heute Lesesaal, im ersten Stock und zwei große Spätrokoko-Spiegel mit prachtvollen Goldrahmen sind sehenswert. Das heutige Restaurant enthielt einst Badekabinen. Der Mittelrisalit umschließt im Erdgeschoss die Einfahrt und im Obergeschoss den durch eineinhalb Geschosse reichenden Saal. 1990 wird das Schlösschen als schutzwürdiges Kulturgut anerkannt. Im Sommer genießen nicht nur die Kurgäste die beliebten Konzerte. Ein Hotel mit Restaurant und das beschauliche Städtchen laden zum Verweilen ein.

Karlsburg

56130 Bad Ems
Rhein-Lahn-Kreis

Der Badeort an der unteren Lahn liegt auf beiden Seiten des Flusses zwischen Taunus und Westerwald sowie Teilen des Rheinischen Schiefergebirges. Die Stadt mit ihrer Karlsburg liegt im Naturpark Nassau, östlich von Koblenz. Das Stadtschloss Karlsburg wird auch Vier-Türme-Haus genannt, das 1696 Johann Karl von Thüngen ursprünglich als Badehaus zu bauen begann. Er kämpfte während der Zweiten Wiener Türkenbelagerung als Feldmarschall bei den kaiserlichen Truppen. Architekt war der kurtrierische Hofbaumeister Johann Christoph Sebastini. Mit den französischen Revolutionskriegen kam auch die Verwüstung der Schlossanlage, die 1804 der Oranien-Nassauische Rentmeister und Badeverwalter Goedecke und schon 1817 der Badearzt Thilenius käuflich erwarben. Die Karlsburg wurde umfassend saniert und zu einem Nobelhotel ausgebaut, bis das Schloss an die herzoglich-nassauische Domänenverwaltung überging, die es an einen Hotelier verpachtete. Hochgestellte und prominente Persönlichkeiten wie Zar Alexander II. von Russland, Kronprinz Friedrich von Preußen und Carl Maria von Weber fanden in dem Haus Erholung. Zar Alexander II. unterschrieb hier im Mai 1876 den Emser Erlass, der auf die Unterdrückung der ukrainischen Kultur durch das Verbot von Druckschriften und Aufführungen in der ukrainischen Sprache gerichtet war. Der mächtige, dreistöckige Rechteckbau mit hohem Walmdach und drei Gauben-Reihen hat an den Ecken turmartige einstöckige Aufbauten mit laternengekrönten Hauben. Das Hauptportal mit Allianzwappen liegt an der Ostseite. Das Vestibül besitzt eine dreigeteilte Stuckdecke. Das westlich angrenzende Badehaus ist im Kern aus dem Jahre 1845. Im Jahre 1956 erfolgten eine um-

Karlsburg, Bad Ems

Schloss Arenfels, Bad Hönningen

fassende Sanierung und ein kompletter Umbau im Innern. 1968 stellte man den Badebetrieb ein. Das Badehaus diente Abstellzwecken für die Kurgärtner. Im Jahre 2008 wurde es wieder renoviert und für das Kabarett Casablanca und ein Restaurant wurden Räumlichkeiten hergerichtet.

Schloss Arenfels

53557 Bad Hönningen
Landkreis Neuwied

Schloss Arenfels liegt oberhalb von Bad Hönningen, zwischen Koblenz und Bad Honnef an der B 42. Das auch früher als Arienfels genannte und im Weinberg liegende Schloss geht auf eine mittelalterliche Burg aus dem 13. Jahrhundert zurück und erhielt seine heutige Gestalt in der Zeit von 1849 bis 1855. Der Kölner Dombaumeister Ernst Friedrich Zwirner veränderte die bestehende Anlage im Stil der Neugotik umfassend. Es ist ein „Schloss des Jahres“, wie das brandenburgische Schloss in Doberlug-Kirchhain mit seinen 365 Fenstern, 52 Türen und zwölf Türmen, nur in anderer Zusammenstellung. 1258/59 errichtete Gerlach von Isenburg auf einem Felsplateau über dem Rhein eine erste kleine Wehranlage mit Bergfried und Halsgraben. Seine Mutter war Gräfin von Are-Hochstaden und Schwester Konrads von Hochstaden, des Erbauers des Kölner Domes. Eine erste urkundliche Erwähnung des heutigen Schlosses ist in der Bürgschaftserklärung des Gerlach von Isenburg für die Gräfin Mechthild von Sayn 1259 zu finden. Nachdem die Linie der Isenburg-Arenfels ausgestorben war, kam die Anlage als trierisches Lehen zu je einer Hälfte an Wied und Isenburg und 1670 an die Grafen und späteren Fürsten von der Leyen. Seit 1848 lag Arenfels in den Händen des Reichsgrafen Ludolf Friedrich von Westerholt. Im Kern ist die mittelalterliche Burg erhalten, die seit dem 16. Jahrhundert zum offenen hufeisenförmigen Schloss umgebaut wurde. Die einst geschweiften wurden 1849 von Ernst Friedrich Zwirner durch hohe getreppte Giebel ersetzt. Er gestaltete auch den gesamten Bau bis 1855 durchgreifend romanisch gotisierend. Um einen mittelalterlichen Charakter des Schlosses zu erreichen, fügte Zwirner zahlreiche Türmchen, Zinnen und Eckaufsätze im Gebäude ein. Auch der runde Bergfried des 13. Jahrhunderts wurde wieder aufgebaut und die Galerie sowie der Saalbau nach englischen Vorbildern gestaltet. Schäden des Zweiten Weltkrieges zeigen sich noch heute am Nordflügel. Der jetzige Besitzer, Antonius Freiherr Geyr von Schweppenburg, bemüht sich mit Hilfe von Landesdenkmalamt und der Deutschen Stiftung Denkmalschutz um die notwendigen Erhaltungsarbeiten.

Kauzenburg Rittergut Bangert

55545 Bad Kreuznach
Landkreis Bad Kreuznach

Bad Kreuznach ist eine Kreis- und Kurstadt zwischen Hunsrück, Rheinhessen und dem Nordpfälzer Bergland, südwestlich von Bingen. Gegründet wurde die **Kauzenburg** durch die Grafen von Sponheim zum Schutz des Nahe-Übergangs und der dabei entstandenen Siedlung. Reste von Mauerzügen zeugen noch von der Verbindung zwischen der Burg und der Siedlung. Die Höhenburg wurde 1206 erstmals in einer Urkunde erwähnt, mit einem Verbot des Baus eines Schlosses durch König Philipp von Schwaben. Beginnend mit diesem Jahr bis 1230 wurde eine erste Burganlage durch die Grafen Gottfried III. und Johann I. von Sponheim errichtet und war somit Residenz der vorderen Grafschaft Sponheim. Im 14. und

Kauzenburg, Bad Kreuznach

15. Jahrhundert wurde die Anlage ausgebaut und später durch Bastionen verstärkt. Geteilt wurde sie 1417 zwischen den Sponheimer Grafen und dem Kurfürsten und Pfalzgrafen Ludwig III. 20 Jahre später erfolgte eine erneute Teilung. Sie wurde unter dem Heidelberger Pfalzgrafen Ludwig IV., Friedrich III. von Veldenz und dem Markgrafen von Baden vollzogen. Während des Pfälzer Krieges verlor der Markgraf seinen Anteil und Kurfürst Philipp baute die Burg weiter aus. Als 1620 der Spanier Marquis Spinola Kreuznach und Burg im Dreißigjährigen Krieg eroberte, ließ er bis 1632 die Kauzenburg befestigen, die alsbald vom schwedischen König eingenommen wurde. Nur drei Jahre später übernahmen kaiserliche Truppen die Stadt und Burganlage. Noch zwei Mal wechselten 1639 die Franzosen unter General Duc de Longeville und 1641 die Kaiserlichen mit Gil de Haes die Feste. Mit dem Westfälischen Frieden kam die Burg an Baden und die Pfalz und das Schloss wurden erstmals als „Veste Kauzenburg" bezeichnet. Ihre endgültige Vernichtung kam unter dem französischen General Boufflеur, der sie 1688 sprengen und niederbrennen ließ. In den Jahren von 1969 bis 1972 wurden die wenigen erhaltenen Umfassungsmauern und gewölbten Kellerräume freigelegt und in den nach Plänen von Gottfried Böhm errichteten Bau zu einer Burggaststätte einbezogen.

Das **Rittergut** wurde 1326 erstmals urkundlich erwähnt und war zu Zeiten der Renaissance ein Wasserschloss. Der Bangert erstreckte sich über das Plateau

technik genutzt und kam später an die Stadt. Heute befinden sich auf dem Gutsgelände eine Römerhalle für Veranstaltungen, eine römische Villa, das PUK-Museum für Puppentheaterkultur, ein Café im Gütchen sowie das Schlossparkmuseum im Herrenhaus mit Ausstellungen, umgeben von einer gepflegten Parkanlage.

Rittergut Bangert, Bad Kreuznach

des Schlossberges über den bewaldeten Rücken der Haardt, des Salinen-Waldes und des Herrnwaldes. Im Jahre 1530 gehörte der Besitz einer Familie von Hardung. Prinzessin Henriette Amalie von Anhalt-Dessau erwarb 1771 dieses Anwesen, das 1802 Andreas van Recum erstand, der ein von Wasser, Gärten und Parkanlagen umgebenes klassizistisches Herrenhaus erbauen ließ. Anlässlich seiner Hochzeit erweiterte Otto Freiherr von Recum 1860 mit Anbauten und zinnenbekrönten Türmchen den Herrensitz. 1881 erwarb der Großindustrielle Carl Puricelli das Rittergut für seinen Sohn Heinrich. Es entstand der zweigeschossige Flügelbau mit Remise, Wohn- und Wirtschaftsgebäude. Karl Wilhelm Puricelli hatte das Gut bis 1903 in seinem Besitz. Nach dem Zweiten Weltkrieg wurde es vom Max-Planck-Institut für Landarbeit und Land-

Burg Balduinstein Schloss Schaumburg

65558 Balduinstein
Verbandsgemeinde Diez
Rhein-Lahn-Kreis

Burg Balduinstein ist eine ehemalige mittelalterliche Höhenburg, stehend auf einem Felsen oberhalb von Balduinstein und der unteren Lahn, südwestlich

Burg Balduinstein

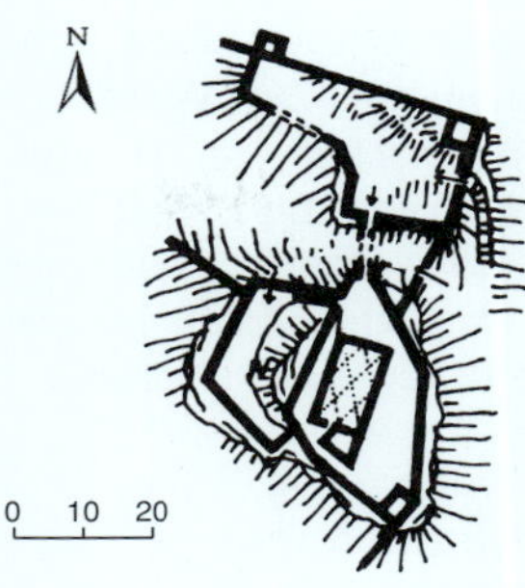

Burg Balduinstein, Grundriss

nahe Limburg. Wie schon der Name sagt, geht die Burg auf Balduin von Luxemburg, den Erzbischof von Trier zurück, der 1320 mit dem Bau einer Trutzburg begann. Zwei Jahre später bekam der Ort von Kaiser Ludwig dem Bayern das Stadtrecht verliehen und wurde zum Amt erhoben. Burg und Amt gingen 1335 an Ritter Dietrich von Staffel als Pfandlehen. Das Geschlecht hatte das Anwesen bis zu seinem Aussterben im Mannesstamm 1683 im Besitz. Darauf kam die Burg an die Ritter von Reifenberg und ab 1754 an die Ritter von Eltz-Rübenach. Als man 1443 mit dem Bau der Niederburg begann, verlor Burg Balduinstein zunehmend an Bedeutung. Noch mehrfach im 14. und 15. Jahrhundert ausgebaut und mit der Stadtbefestigung verbunden, begann Mitte des 17. Jahrhunderts ihr Verfall, worauf 1665 der Kurfürst die Abbruchgenehmigung erteilte. Die gut erhaltene malerische Ruine befindet sich in Privatbesitz, deren Nebengebäude als Jugendburg Balduinstein und zu Veranstaltungen genutzt werden.

Schloss Schaumburg liegt südlich von Balduinstein nahe Limburg an der Lahn und war ursprünglich eine Höhenburg. Sie war im Besitz der Grafen von Leiningen und 1197 zum Teil nassauisch und darauf virneburgisch. Die Isenburger besaßen seit 1232 einen Anteil an der Burg, der 1279 an Westerburg überging, im 15. Jahrhundert war das Anwesen ihr Gesamteigentum. Mehrfach wechselten in der Folge die Besitzer. Damit ergaben sich zahlreiche Veränderungen am Bau. Von 1850 bis 1855 gestaltete man die Anlage für Erzherzog Stephan von Österreich durch Carl Boos weitgehend in englischer Neugotik um. Es ist auch heute eine stattliche Anlage auf ho-

Schloss Schaumburg, Balduinstein

hem Berggipfel, deren gestreckter dreigeschossiger Hauptflügel mit schlanken achtseitigen Türmchen und zweiachsigem Mittelrisalit an der Hoffront 1850 völlig neu gestaltet wurde. Der Südosteckturm wurde etwas größer und stärker als Bergfried ausgebaut und ist besteigbar. Die Sandsteinstatue wurde von Peter Melander von Holzappel geschaffen. Die schwach geneigten Dächer sind hinter kleinen umlaufenden Zinnenkränzen verborgen. Von den verschiedenen Räumlichkeiten ist das Speisezimmer mit handgemalter Tapete und Deckenausmalung in neugotischer Ornamentik von 1855 hervorzuheben. Wittekind zu Waldeck und Pyrmont verkaufte im Jahr 1983 das Anwesen. Vom neuen Besitzer wurde die Schlossanlage wieder verkauft, nachdem die geplante Hoteleinrichtung mit angrenzendem Golfplatz nicht zustande kam. Der Verfall der Substanz schritt voran. 1990 wiederum veräußert, stand 2011 das Schloss ungenutzt und steht zum erneuten Verkauf, um den weiteren Verfall aufzuhalten.

Burg Naumburg

55758 Bärenbach

Verbandsgemeinde Kirn-Land
Landkreis Bad Kreuznach

In der Nähe von Bärenbach liegen im Naheland an der B 41, zwischen Idar-Oberstein und Kirn, auf einer Anhöhe die Relikte der einstigen Höhenburg Naumburg. Im Jahre 1065 schenkte König Heinrich IV. dem Bischof Einhart von Speyer neben anderen Besitzungen das Lehen des Eberhart von Neuen-

Burg Naumburg, Bärenbach

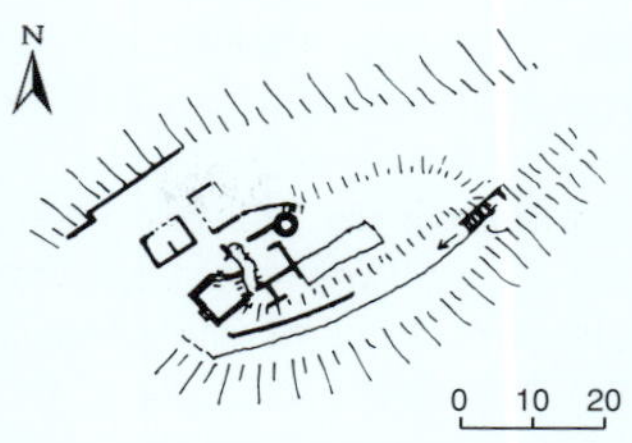

Burg Naumburg, Bärenbach, Grundriss

burg. Erstmals erwähnt wurde die Burg wohl 1146, als sich Raugraf Emicho „Graf von Nuenburc“ nannte. Zu Lehen bekam das Anwesen „Veste Nuenburg bei Kyr“ 1323 Erzbischof Balduin von Trier vom Raugrafen Konrad V. von der Stolzenberger Linie. Raugraf Heinrich von der Altenbaumburger Linie bestimmte im Jahre 1325 testamentarisch zugunsten seiner Frau und seiner Kinder sowie des Mannes seiner Stieftochter, Graf Philipp von Sponheim-Bolanden, über sein Allod (Gesamtbesitz). Ständiger Geldmangel der Raugrafen zwang sie zur teilweisen Veräußerung ihres Besitzes. Schließlich verloren sie auch wieder die Naumburg, die 1381 Raugraf Heinrich V., der letzte der Linie Altenbaumburg, an Graf Simon III. von Sponheim gab und die seitdem Verwaltungssitz wurde. Der Stamm der vorderen Grafschaft Sponheim starb 1417 mit Elisabeth, der Tochter des Grafen Simon III., aus. 1437 starb Johann von Sponheim-Starkenburg, der 1417 einen Teil der Burg erhalten hatte. Um 1500 erbaute man vermutlich im Burgbereich eine Kapelle. Die Markgrafen von Baden begannen 1710 mit Erneuerungsarbeiten. 1776 verlegte man den Amtssitz nach Herrstein und 1803 zerstörten französische Truppen die Burganlage. Von 1986 bis 1994 wurden umfangreiche Sicherungs- und Freilegungsarbeiten durchgeführt, die heute nur noch einige Grundmauern zeigen und einen kleinen aufgemauerten Turm.

Schloss Bassenheim

56220 Bassenheim
Verbandsgemeinde
Weißenthurm
Landkreis Mayen-Koblenz

Schloss Bassenheim liegt im gleichnamigen Ort, westlich von Koblenz und südlich von Neuwied. Bassenheim geht im Jahre

Schloss Bassenheim

970 als Lehen durch den Grafen von Sayn an den in seinen Diensten stehenden Ministerialen Ritter Walpot, der sich dort auch niederließ. Hier gab es bereits einen „Ritter von Bassenheim“, der später die heute verschwundene Niederburg im Bereich des Schlossparks erbaute. Mit den Walpots entstand an gleicher Stelle eine Wasserburg. Mit der Verdrängung der „Ritter von Bassenheim“ nahmen 1307 diese die Bezeichnung „von Bassenheim“ im Namen auf. 1317 wird erstmals urkundlich der neue Stammsitz als Oberschloss erwähnt. Die Burg wurde zwischen 1575 und 1614 zu einem Renaissanceschloss umgestaltet und 1638 erlangte Johann Lothar Waldbott von Bassenheim die Reichsfreiherrenwürde. Auch die Schreibweise ihres Namens Walpot hatte sich geändert. Im Jahre 1720 stiegen die hier Ansässigen zu Reichsgrafen auf. Der Besitz der Familie Waldbott kam 1861 an Karl Anton Fürst von Hohenzollern-Sigmaringen, 1873 erwarb diesen der Bankier Abraham von Oppenheim. Letzterer beauftragte den Architekten Julius Raschdorff, mit einem weitgehenden Neubau zu beginnen. Es entstand ein historisierender Bau, der 1910 in den Besitz der Familie Waldthausen gelangte, deren Nachkommen noch heute Besitzer sind. Von 1914 bis 1917 gestaltete der Trierer Architekt Brand das Schloss neubarock um und erweiterte es. Ein über Eck gestellter Turm mit zwei flachen Erkern ist mit der Jahreszahl 1614 datiert und nebenan befindet sich ein dritter Erker mit wappengeschmückter Brüstung. Der Bauteil mit Mansarddach, offener Bogenhalle und Ecktürmen ist jüngeren Datums. Der weiträumige Schlosspark wurde 1769 angelegt und im 19. Jahrhundert nach englischen Vorbildern mit altem Baumbestand und zwei Teichen umgestaltet. Die 200 Jahre alte Allee verbindet das Schloss mit dem Ende des 18. Jahrhunderts errichteten Teehaus. An der westlichen Parkmauer befindet sich das Mausoleum für Abraham und Charlotte von Oppenheim, die um 1880 Schlossbesitzer waren. Das Anwesen ist im Besitz der Familie von der Osten und für die Öffentlichkeit nur mit Genehmigung des Rentamtes zugänglich.

Burgruine Battenberg

67271 Battenberg
Verbandsgemeinde
Grünstadt-Land
Landkreis Bad Dürkheim

Die Reste der einstigen Höhenburg liegen auf einem Vorberg der Haardt am Nordostrand des Pfälzerwaldes, nördlich von Bad

Burgruine Battenberg

Dürkheim, nahe der A 6. Bereits 778 nach Christus wurde hier eine Ansiedlung erstmals im Lorscher Kodex erwähnt, eine der ältesten in der Pfalz. Im Frühmittelalter besaßen sie die Karolinger Gaugrafen, bis das Anwesen in salischen Königsbesitz übergegangen war. Graf Friedrich III. von Leiningen, der 1287 verstarb, soll die Burg gebaut haben. Nachdem sich das Leininger Haus 1309 geteilt hatte, gehörte Battenberg zur Leiningen-Hardenberger Linie, die ihren Sitz auf der Burg hatte. Bereits 1572 bezeichnete man die Anlage als alte Burg, die erstmals nachweislich als Schloss 1623 erwähnt wurde. Von diesem verblieb nach der Zerstörung im Pfälzischen Erbfolgekrieg 1689 nicht viel. Marschall Blücher schrieb Geschichte, indem er 1794 mit einem Husarenregiment hier die französischen Truppen vertrieb. Zeugen der Vergangenheit sind nur noch der unregelmäßige und vieleckige Bering, Reste eines Torbaus und eines noch mittelalterlichen Wohngebäudes mit Treppenturm. Die Ruine, von der man einen herrlichen Ausblick auf das umgebende Land hat, ist in Privatbesitz, doch durch die 1988 eröffnete Gutsschenke in der ehemaligen Remise öffentlich zugänglich.

Burg Metternich

56814 Beilstein
Verbandsgemeinde Cochem
Landkreis Cochem-Zell

Auf hohem, nach drei Seiten hin steil abfallendem Bergsporn über der Ortsgemeinde Beilstein liegt die weithin sichtbare Ruine der Burg Metternich, nur weni-

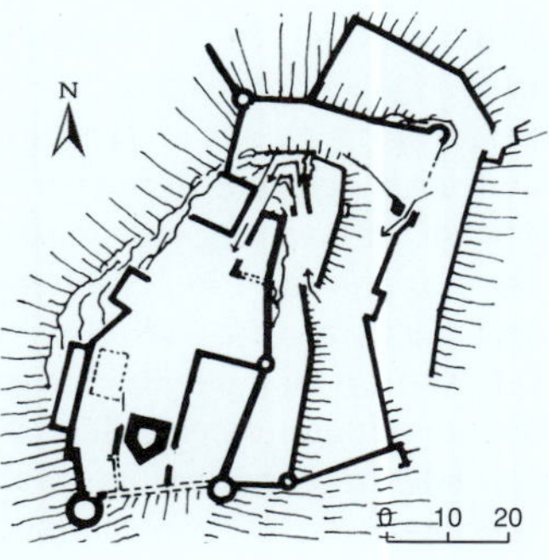

Burg Metternich, Beilstein, Grundriss

Beilstein

Burg Metternich, Beilstein

ge Kilometer südöstlich von Cochem und nördlich von Zell nahe der Mosel. Die Herren von Braunshorn sind seit 1268 als Lehensträger des Kölner Erzstiftes nachweislich als Burgbesitzer benannt. Durch die Heirat Kuno von Winnenburgs mit Lisa von Braunshorn, nach Erlöschen des Braunshorner Geschlechts im männlichen Stamm, kam die Herrschaft 1360 in seinen Besitz. Im Jahre 1371 ging die Anlage an Kurpfalz und nach dem Aussterben der Familie Winnenburg kamen die Reichsfreiherren von Metternich 1637 an die Herrschaft. Letzter Herr auf der Burg war der berühmte österreichische Staatskanzler und spätere Fürst von Metternich. Graf Montalt zerstörte 1689 im Französischen Erbfolgekrieg die Burg. Das Areal ist eine ausgedehnte Wehranlage mit Bergfried aus der Zeit um 1200. Weiterhin stehen noch die Ostmauer des Palas mit zwei Geschossen und Kamin sowie der Torbau im Norden und westlich davon die Vorburg mit Rundturm sowie größere Teile der Ring- und Zwingermauern. Der Fabrikant Ravene und der Geheime Baurat Enderle erwarben 1873 die Anlage und später kamen kurzfristig der Deutschamerikaner Kocke und seine Erben in den Besitz der Burg. Ihnen folgte ab 1922 der Weingutsbesitzer Koelzer von Beilstein. 1955 erwarb Gertrud Hütter das Anwesen. 1962 kam es in die Hände von Hans Sprenger. Durch die Familie Sprenger-Herzer wurde auf der Burg ein Restaurant mit Terrasse geschaffen. Von hier hat man einen grandiosen Blick ins Moseltal. Des Weiteren findet einmal jährlich im Sommer ein Burgfest mit Ritterspielen, Marktleuten, Gauklern und fahrendem Volk statt und zieht zahlreiche Besucher an.

Schloss Bekond

54340 Bekond

Verbandsgemeinde Schweich an der Römischen Weinstraße

Landkreis Trier-Saarburg

Nordöstlich von Trier über Schweich, nahe der A 1, ist Bekond und das Schloss mit seinem im Kern noch mittelalterlichen, dreigeschossigen Mittelbau des Herrenhauses zu finden. Die ehemalige Wasserburg wurde 1710 nach Entwurf des Kurtrierer Baudirektors Johann Philipp Honorius Ravensteyn für den Trierer Dompropst Karl Kaspar Freiherr von Kesselstatt von Johann Dekatusch neu errichtet. Es entstand ein eindrucksvoller Herrensitz an der „Römischen Weinstraße“, ein hervorragendes Beispiel des ländlichen Schlossbaus im 18. Jahrhundert. Der Mittelbau wird heute für Aufführungen von barocken und klassischen Kammerkonzerten genutzt. Diesem schließen sich seitlich kurze haubengekrönte Flügel an, die an der Gartenseite mit dem Hauptbau zu breiter Schaufront zusammengefasst sind und an der Hofseite zurücktreten. Eine Portalgruppe mit säulengetragenem Balkon befindet sich in der Mitte der Gartenfront. Am Portal der Hofseite die Wirtschaftsgebäude und die ehemalige Kapelle. Im Innern des Hauptbaus reiche Stuckdecken von Sebastian Beschauff aus der Erbauungszeit. Später wurden Nischen mit Rokokostuck für eiserne Öfen von Johann Peter Jäger eingebaut. In den Schlosspark, der im 19. Jahrhundert zu einem Landschaftsgarten umgestaltet wurde, baute man 1732 eine große Orangerie. Das Schlossgut befindet sich in Privatbesitz und hat einen Hofladen.

Schloss Bekond

Burgruine Landshut

54470 Bernkastel-Kues

Landkreis Bernkastel-Wittlich

Das staatlich anerkannte Heilbad im Moseltal, Geburtsort des mittelalterlichen Kirchenmannes und Philosophen Nikolaus von Kues (Cusanus), ist südlich von Cochem zu finden. Im 4. Jahrhundert n. Chr. befand sich anstelle der späteren Burg ein spätrömisches Kastell zur Sicherung des militärischen Nachschubs entlang der Mosel an die Rheingrenze des Römischen Reichs. Die Errichtung der Burg Landshut, hoch über Bernkastel und dem von Weinbergen umgebenen Tal, wurde 1280 vom Trierer Erzbischof Heinrich von Finstingen auf den Fundamenten der römischen Wehranlage begonnen. Vollendet wurde der Bau 1320 durch Kurfürst Balduin. Zuvor hatte Graf Heinrich von Salm alle seine Güter an den Trierer Erzbischof Heinrich von Finstingen verkauft. Die Burg erhielt ihren Namen erst im 16. Jahrhundert. Als die Anlage 1522 in einer Ritterfehde gegen den Erzbischof von Trier durch die Truppen Franz von Sickingens beschossen wurde, hielt die „Landes Hut" stand. Doch während des Dreißigjährigen Krieges und den Eroberungskriegen Ludwigs XIV. hatte man die Anlage

Burgruine Landshut, Bernkastel-Kues

stets besetzt, bis sie schließlich 1693 durch ein riesiges Feuer vernichtet und zur Ruine wurde. Die Ringmauern aus Schieferbruchstein sind noch teilweise bis zum Wehrgang erhalten geblieben. Im südlichen Eckbereich der Anlage stehen noch der hohe runde und begehbare Bergfried mit zwei Kuppelgewölben und Treppe. Östlich anschließend die Reste des Palas und an der Nordwestseite ein nach außen vorspringender Torbau. Von der Burg hat man einen grandiosen Blick auf das Moseltal. Die Burgruine ist seit 1920 im Besitz der Stadt und wird als Gast- und Raststätte genutzt.

Herrenhaus Bickendorf

54636 Bickendorf
Verbandsgemeinde
Bitburg-Land
Eifelkreis Bitburg-Prüm

Bickendorf, dessen Name auf die Zeit der fränkischen Landnahme ab dem 8. Jahrhundert zurückzuführen ist, liegt im Nimstal, wenige Kilometer nördlich der Kreisstadt Bitburg. Genannt wurde der Ort erstmals im Jahre 832 in einer Schenkungsurkunde des Klosters Echternach. Während der Feudalzeit war er Besitz der Herren von Enscheringen. Bickendorf gehörte vom 13. bis 18. Jahrhundert zur luxemburgischen Herrschaft. Die sogenannte Burg, das heutige barocke Gutshaus, mit Rokokoelementen aus der Mitte des 18. Jahrhunderts, ist wohl mit dem sehenswerten Garten das prächtigste Einzeldenkmal des Ortes. Zu jener Zeit wurde der Wohnsitz mit Mansardwalmdach und Oberlichtportal für die Gutsbesitzerfamilie du Sartz Vigneul errichtet. Mit der Nutzung als Schule schuf man 1850 einen weiteren Zugang zum Herrenhaus, der zu den Schulräumen und der darüber liegenden Lehrerwohnung führte, während der andere Bereich als Amtsraum und Bürgermeisterwohnung diente. Letzte Nutzung war die Einrichtung einer Kunstgalerie. Das Nebengebäude weist sehenswerte Rokokofenster auf.

Herrenhaus Bickendorf

Burg Klopp, Bingen am Rhein

Burg Klopp

55411 Bingen am Rhein

Landkreis Mainz-Bingen

Burg Klopp, eines der schönsten Wahrzeichen der Stadt, steht auf einer Anhöhe inmitten von Bingen, das seit 2002 zum UNESCO-Welterbe Oberes Mittelrheintal gehört. Erwähnt wurde die Höhenburg wohl in der Zeit ihrer Erbauung, zwischen 1240 und 1277, als Wohnsitz eines Klerikers auf dem Kloppberg. Unter ihrem heutigen Namen wird sie erstmals im Jahre 1282 erwähnt. Der Mainzer Erzbischof Dietrich Schenk von Erbach verkaufte 1438 Stadt und Burg an das Mainzer Domkapitel, worauf sie auch als Zwingburg diente und Sitz der Burgmannen war. Im Dreißigjährigen Krieg wurde die Anlage zerstört, 1653 wieder aufgebaut und 1689 im Pfälzischen Erbfolgekrieg von den Franzosen erneut niedergelegt. Während des Spanischen Erbfolgekrieges sprengte die Mainzer Besatzung 1711 die Reste der Burganlage. Im 19. Jahrhundert wurde die Ruine zur touristischen Attraktion für Rheinromantiker, worauf nach historischen Plänen von 1875 bis 1879 der Wiederaufbau erfolgte und die Anlage in den Besitz der Stadt überging. Seitdem ist hier der Sitz der Stadtverwaltung und es lädt ein Restaurant mit prächtiger Aussicht zum Verweilen ein. Im Wesentlichen stammen die heutigen Burggebäude aus der Zeit des Neuaufbaus. Nur der untere Teil des Bergfrieds und ein Stück Ringmauer mit Wehrgangkonsolen an der Südseite datieren aus der Entstehungszeit. Der Besuch des Burgmuseums mit Exponaten der Vor- und Frühgeschichte bis ins 19. Jahrhundert, mit besonders reichhaltigen römischen Funden, ärztliches Instrumentarium, kann mit einer Turmbesteigung verbunden werden.

Burg und Neues Schloss Birkenfeld

55765 Birkenfeld
Landkreis Birkenfeld

Die Kreisstadt liegt im Nahegebiet im südwestlichen Teil des Bundeslandes, nördlich des Flusses am Rande des Naturparks Saar-Hunsrück. Die fränkische Siedlung „Birkinvelt“ gehörte im 13. Jahrhundert zum Besitz der hinteren Grafschaft Sponheim. Im Jahre 1293 wird die **Burg Birkenfeld** erstmals erwähnt. Bischof Balduin entriss nach mehrmaligen Versuchen den Sponheimern die Landeshoheit, indem er 1328 eine Fehde begann und zu seiner Sicherung bei Birkenfeld eine Burg anlegte. Die von Balduin begonnene Anlage wurde von den Sponheimern ausgebaut und erstmalig 1330 in einem Brief Lorettas von Sponheim erwähnt. Kaiser Ludwig der Bayer erhob im Jahre 1332 Birkenfeld zur Stadt. 1437 bildete man nach dem Ableben des letzten Sponheimer Grafen eine gemeinsame Herrschaft mit dem Erben des Markgrafen von Baden und Graf von Veldenz. Pfalzgraf Karl I. wählte Burg Birkenfeld von 1584 bis 1600 zu seinem Regierungssitz und gründete die Seitenlinie Pfalz-Zweibrücken-Birkenfeld. Von der länglich ovalen Anlage der Burg, gelegen auf einem niedrigen Höhenrücken nahe der Stadt, sind nur die Reste einer doppelten Grabenanlage an der Westspitze und ein längerer Mauerzug der Ringmauer, aus dem zwei rechteckige Türme des 16. Jahrhunderts hervorspringen, erhalten. Einer dieser Türme wurde um 1980 als Aussichtsturm aufgestockt. Im Norden liegt der Torbau mit 1592 datiertem Treppenturm. Auf dem Gelände der Burg finden Feste statt.

In Karls Regierungszeit entstand ein gewaltiges **Neues Schloss** im Renaissancestil. Sein Sohn Pfalzgraf Georg Wilhelm regierte hier von 1616 bis 1669, vollendete den Bau und legte auch den Grundstein zu einer neuen Burgkapelle. Von 1669 bis 1671 kam Herzog Karl Otto nach, dem weitere bis zur Auflösung der Hofhaltung 1720

Burg Birkenfeld

folgten. Im Jahre 1776 teilte man die Herrschaft auf, wobei Birkenfeld zur Markgrafschaft Baden kam und 1806 das Schloss und Hofgut an einen Pariser Händler verkauft wurde. Nach einer Versteigerung wurde es größtenteils abgebrochen. Im Jahre 1817 bildete man das Fürstentum Birkenfeld, das dem Großherzogtum Oldenburg übertragen wurde. Der Großherzog wählte die Stadt als Sitz der Regierung. Er ließ das Neue Schloss in vornehmer, klassizistischer Bauweise von 1819 bis 1821 nach Plänen von Johann Wilhelm Leonhard Brofft, Professor am Städelschen Kunstinstitut in Frankfurt, erbauen. Es ist eine Dreiflügelanlage um einen zum Garten geöffneten Hof. Innen befinden sich der ehemalige Festsaal und Möbel der Biedermeierzeit. Das heutige Erscheinungsbild, nebst Brunnen, stammt aus der Zeit der Restaurierung 1995 bis 2001. Im historischen Bau befinden sich der Sitz der Kreisverwaltung sowie ein Trauzimmer.

Neues Schloss Birkenfeld

Burg Bollendorf
Schloss Weilerbach

54669 Bollendorf
Verbandsgemeinde Irrel
Eifelkreis Bitburg-Prüm

Der staatlich anerkannte Luftkurort liegt im Deutsch-Luxemburgischen Naturpark, direkt an der Grenze zum Nachbarstaat, südwestlich von Bitburg und nordwestlich von Echternach in Luxemburg. Einst war hier der Sitz der Propstei Echternach. Eine verbindliche Entstehungszeit der **Burg Bollendorf** konnte bisher nicht ermittelt werden. Von der mittelalterlichen Burganlage stehen heute noch Teile der Ringmauer und der Rest eines auf Felsen stehenden runden Turmes. Aus jüngerer Zeit sind ein Burgsaal, eine Burghalle und eine Ritterstube erhalten geblieben. Die heute bestehende Barockanlage birgt Reste der Anfang des 17. Jahrhunderts ausgebauten mittelalterlichen Burg. Abt Peter Richardt baute 1619 an der Südwestecke den Bau zu einem Wohnhaus um und brachte eine Wendeltreppe durch alle Stockwerke ein. Ab 1739 baute Abt Gregorius Schouppen das Herrenhaus zum Barockschloss um, das am Portal die Jahreszahl 1776 trägt. Seit 1797 ist die auf einem Felsvorsprung am Sauerufer gelegene Burg in Privatbesitz, die 1945 durch Beschuss beschädigt wurde. Im Erdgeschoss befindet sich ein Kamin mit ornamentierten Wappen aus der Zeit um 1620. Die den Hof umschließenden niedrigen Wirtschaftsgebäude des 18. Jahrhunderts wurden ausgebaut. Der Eckturm des Herrenhauses steht an der Wehrmauer. Im Westen befindet sich die Toreinfahrt mit schmiedeeisernem Gitter und an den Rundturm schließt sich eine barocke Gartenanlage an. Das Gartenhaus mit Mansarddach ist 1768 von Abt Michael Hormann errichtet worden. Die Anlage wird als Hotel und Restaurant genutzt.

Oben: Burg Bollendorf

Unten: Schloss Weilerbach, Bollendorf

Das kleine **Schloss Weilerbach** steht malerisch im Waldtal des Weilerbaches. Die Benediktinerabtei in Echternach hatte 1762 eine kleine Eisenhütte bei Bollendorf gekauft, der Abt Emmanuel Limpach eine neue, größere Hütte am nahe gelegenen Weilerbach von 1777 bis 1779 folgen ließ. Dem schloss sich 1780 der Bau des Schlosses Weilerbach als Sommerresidenz des Abtes und als Verwaltungssitz des Hüttenbetriebs an. Es wurde von dem Tiroler Paul Mungenast erbaut. Bei einem Artilleriebeschuss 1944/45 beschädigte man die Schlossanlage zur Ruine. Das Gebäude bekam 1960/61 ein neues Dach und stellt heute einen reizvollen Rokokobau mit

Bruchstein und Sandsteingliederungen dar. Es ist ein lang gestreckter Baukörper mit kurzen seitlichen Flügeln, Kellersockel und Mansarddach mit Uhrtürmchen. Eine doppelläufige Freitreppe führt in die vorspringende Vorhalle. Ein Wappengiebel und figürliche Fensterschlusssteine zieren den Mittelrisalit. Vor dem Schloss der lang gestreckte Fischweiher und ein seitlich hoch gelegener Garten mit zwei Gartenhäuschen. In der Remise befindet sich heute ein Museumscafé und im Schlossbereich gibt es zu besonderen Anlässen Konzerte. Es ist Eigentum der „Schloss-Weilerbach-Gesellschaft e. V." und weitgehend vermietet, sodass eine Innenbesichtigung nicht möglich ist.

Marksburg, Braubach

Marksburg
Schloss Philippsburg

56338 Braubach
Verbandsgemeinde Loreley
Rhein-Lahn-Kreis

Braubach, eine Kleinstadt am rechten Ufer des Rheins, liegt etwa zehn Kilometer südlich von Koblenz. Sie wurde 692 erstmals urkundlich als das Dorf „Briubach super fluvium Reni" erwähnt. Das beschauliche Altstädtchen gehört seit 2002 zum UNESCO-Welterbe Oberes Mittelrheintal. Urkundlich wurden erstmals im Jahre 1231 Burgmannen in Braubach erwähnt, so liegt es nahe, dass vor dieser Zeit die **Marksburg** existierte, wohl aber noch ein anderes Erscheinungsbild hatte. Die Anlage auf dem zum Dachsenhausener Tal steil abfallenden Schieferkegel war als pfalzgräfliches Lehen im Besitz der Herren von Eppstein. Gerhard II. von Eppstein nannte sich ab 1219 Gerhard von Braubach. Eine erste Befestigungsanlage entstand wohl durch die Edelherren von Braubach, die 1117 bis 1171 genannt werden. Mit den Grafen von Katzenelnbogen kamen 1283 auch die Umgestalter der bestehenden Burg. Graf Johann II. baute die Anlage im gotischen Stil um und gab ihr im Wesentlichen die

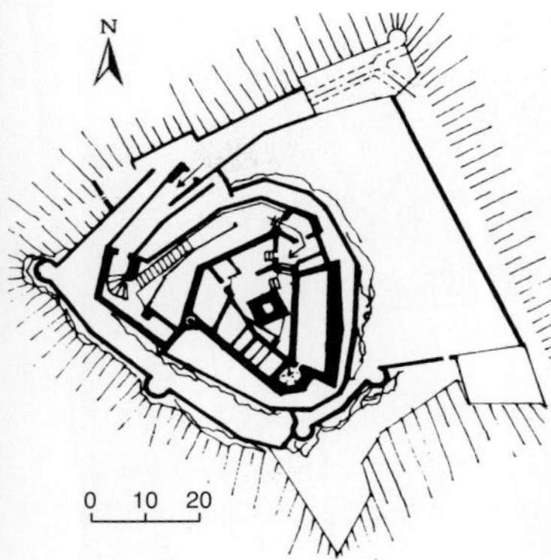

Marksburg, Braubach, Grundriss

heutige Gestalt, fertiggestellt durch seinen Sohn Diether VIII. Anlass ihrer Errichtung war, dem Ort einen Schutz zu geben. Als Philipp I. der Ältere von Katzenelnbogen der Burg einen Altar stiftete, wurde 1437 die Burgkapelle Sankt Markus erstmals erwähnt. Nachdem am Rheinufer unterhalb der Marksburg die Philippsburg entstand, gab man von 1574 bis in die nächsten zwei Jahrhunderte hinein der Höhenburg wiederum verschiedene Benennungen zur Unterscheidung der beiden Anlagen. Im 15. Jahrhundert kam es wegen Wohnzweckveränderungen zu weiteren Um- und Ausbauten durch Johann IV. von Katzenelnbogen. 1479 gelangte die Marksburg an die Landgrafschaft Hessen. Nach dem Dreißigjährigen Krieg wurde die heruntergekommene Marksburg wieder instand gesetzt, doch als Adelswohnsitz wurde sie nicht mehr bezogen. Im Jahre 1705 wurde die Burg durch einen Großbrand stark beschädigt. Als Johann der Streitbare verstarb, kam die Burganlage an die Landgrafen Hessen-Darmstadt. Die Höhenburg diente in den napoleonischen Zeiten als Festung und war schon im 18. Jahrhundert Invalidenunterkunft und Staatsgefängnis. Das Fürstentum Nassau-Usingen und das Herzogtum Nassau änderten 1803 und 1815 nichts an der bisherigen militärischen Verwendung. Nach dem Preußisch-Österreichischen Krieg kam die Marksburg 1866 an Preußen und begann in der Folgezeit zu verfallen. Schließlich nahm sich 1900 die Deutsche Burgenvereinigung, die sich 1899 gegründet hatte, auf Initiative des Geheimrats Professor Bodo Ebhardt und der Fürsprache Kaiser Wilhelms II. der Burg an. Sie hat ihren Sitz noch heute hier. Es wurden Maßnahmen zur Sicherung der Anlage durchgeführt und bis heute Arbeiten zur Herstellung des mittelalterlichen Aussehens geleistet. Dabei waren die Bauaufnahmen von 1607/08 durch Wilhelm Schäfer, genannt Dilich, von besonderer baugeschichtlicher und burgenkundlicher Bedeutung. Mit enormem Aufwand wurde ein Burgmuseum geschaffen, das eine geschlossene spätmittelalterliche

Schloss Philippsburg, Braubach

Burganlage zeigt. Der romanische Palas beherbergt die Geschäftsräume und Büros der Deutschen Burgenvereinigung. Von 1986 bis zum Frühjahr 2013 war Alexander Fürst zu Sayn-Wittgenstein-Sayn ihr Präsident, das Amt übernahm Frau Dr. Schock-Werner. Stolz ist man besonders darauf, dass in den 1990er-Jahren die Marksburg im Deutschen Kulturdorf Ueno auf der japanischen Insel Miyako-jima originalgetreu, ohne Torhaus und Zwinger, nachgebaut wurde.

Das **Schloss Philippsburg** steht am südlichen Stadtrand von Braubach, unterhalb der Marksburg nahe dem Rhein. Weitgehend umgebaut, ist von der originalen Bausubstanz, zu der der Treppenturm am westlichen Wohnbau und ein Torbau zählen, nur noch wenig erhalten. Seinen Namen erhielt das Schloss vom Landgrafen Philipp II. von Hessen-Rheinfels, der die Philippsburg als Witwensitz für seine Gemahlin, Anna Elisabeth von Pfalz-Simmern, in Auftrag gab. Errichtet hat das erste Renaissanceschloss am Rhein der hessische Baumeister Anton Dauer in der Zeit von 1568 bis 1571. Zwei Rundtürme und eine mit Schießscharten verse-he-ne Kurtine (Wall von Befestigungsanlagen) beschützten die Schlossanlage. Landgräfin Anna Elisabeth nutzte nach dem Tod Philipps das Schloss von 1583 bis 1602 als Wohnstätte. Landgraf Johann der Streitbare zog 1643 ein und nach dessen Tod 1651 verkam die Anlage. In den Jahren 1804/05 ließen die nassauischen Herren das Schloss Philippsburg unter dem Verlust des steilen Daches, der Zwerchhäuser mit dekorativen

Giebeln sowie des dritten Wohnhausgeschosses, renovieren. In der Folgezeit nutzte man das Objekt als Amtsgericht. 1822 kaufte der Unternehmer Johann Christian Heberlein das Anwesen und gestaltete es zum Hotel um, wobei der Hauptbau seine repräsentative Gestalt verlor. Weitere Verluste der Schlossanlage entstanden mit dem Bau der rechtsrheinischen Eisenbahnstrecke 1861. So riss man Teile der südlichen Vorburg mit dem „Muckenturm" sowie die Fortifikation an der Rheinfront ab. Es ist eine lang gestreckte Dreiflügelanlage, die durch spätere Umbauten und Abbrüche stark beeinträchtigt wurde. Seit 1999 hat hier das Europäische Burgeninstitut (EBI) seinen Sitz. Der Innenhof ist frei zugänglich.

Altes Schloss und Schloss

55559 Bretzenheim
Verbandsgemeinde Langenlonsheim
Landkreis Bad Kreuznach

Bretzenheim liegt an der Nahe, etwa zehn Kilometer vor deren Einmündung in den Rhein, nördlich von Bad Kreuznach und südlich von Bingen am Rhein. Bereits 1057 wurde der Ort, dessen beide Schlösser nahe dem Zentrum liegen, erstmals urkundlich erwähnt. Bis zum Jahre 1789 hatte das Kurfürstentum Köln die Grundherrschaft über die freie Reichsherrschaft Bretzenheim.

Die heutige Ruine des **Alten Schlosses** ist der Rest des ehemaligen Herrensitzes von Graf Emich von Daun-Falkenstein, der es zwischen 1589 und 1595 erbauen ließ und bis 1620 nutzte. Es war ein palastähnlicher Bau mit starken Ecktürmen, der 1688 im Pfälzischen Erbfolgekrieg durch Brand zerstört und zur Ruine wurde.

Anstelle des heutigen **Schlosses** befand sich hier bereits im 6. Jahrhundert ein fränkischer Gutshof, der bis 1772 ein Kurkölner Lehen war. Im Jahre 1057

Altes Schloss, Bretzenheim

Schloss, Bretzenheim

nutzten die Pfalzgrafen ihn als Vogtei. Der Erbauer war wie beim Alten Schloss Graf Emich, der 1596 gleich neben dem Alten ein neues Schloss erbaute. Graf von Velen ließ in der zweiten Hälfte des 17. Jahrhunderts einen neuen Schlosstrakt errichten, der jedoch nach 1820 zu einer Scheune umgebaut wurde. Fürst Karl August Friedrich Joseph von Bretzenheim ließ sie ab 1774 nach Plänen des Bauinspektors Johann Faxlunger zu einem schlichten Barockschloss umgestalten. Er besaß ein eigenes Münzrecht. Karl August, bisher mit dem Titel eines Grafen von Heydeck ausgestattet, wurde 1789 durch Kaiser Joseph II. in den Fürstenstand erhoben und war natürlicher Sohn des Kurfürsten Karl Theodor von der Pfalz. Den weiten Hof umschließen das zweigeschossige Herrenhaus mit Seitenflügel und achtseitigem Treppenturm von 1595, eine Scheune und Stallungen. Der zur Straßenseite in einer Mauer von Säulen flankierte Torbogen stammt aus der Zeit um 1590. Nach der Französischen Revolution endete die Herrschaft auf Bretzenheim und 1804 wurde die Schlossanlage Familienbesitz und als Weingut genutzt. Der an das Anwesen angrenzende ehemalige Lustgarten war im Mittelalter ein ummauerter Wildpark und Hausgarten der Grafen von Falkenstein, dessen Bereich heute bebaut ist. Der große Schlosskeller bietet viel Platz für Feiern, Tanz und Musik. Besonders in den Ferien bietet das Angebot „Kinderwelt" für die Kleinen viel Spaß.

Ehrenburg

56332 Brodenbach

Verbandsgemeinde Untermosel
Landkreis Mayen-Koblenz

Die Ehrenburg liegt in der Nähe von Brodenbach, zwischen Kobern-Gondorf und Cochem an der B 49. Bereits um 70 n. Chr. hatten die Römer auf dem Felsen eine Zuflucht geschaffen.

Errichtet wurde die Ehrenburg um 1160 durch den Trierer Erzbischof Hillin als Grenzburg und zum Schutz des Moselübergangs auf einem Felssporn im Ehrbachtal. Ein Streit mit Pfalzgraf Hermann von Stahleck endete 1161 durch den Schiedsspruch Kaiser Friedrichs I. Barbarossa mit der Bestätigung der Rechte Hillins und der Übergabe der Burg als Kurtrierer Lehen an den Pfalzgrafen, mit den Unterlehnsträgern der Herren von Ehrenburg. Nach deren Aussterben wurden im Lehensbrief des Kaisers die von Schönberg, 1426 die von Pyrmont und 1526 die von Eltz als Nachfolger festgelegt. Doch nach dem Tode des Hermann von Stahleck gab Barbarossa 1162 die Burg zunächst seinem Halbbruder Konrad von Hohenstaufen als pfälzisches Lehen. Im Jahre 1331 schlossen sich die Häuser Waldeck, Schöneck, Eltz und Ehrenberg zur Eltzer Fehde gegen den Erzbischof Balduin von Trier zusammen. Mit dem Frieden von 1335 wurde der alte Lehensbrief über die Ehrenburg erneuert. So kam nach dem Aussterben des Rittergeschlechts Ehrenburg die Anlage an Johann von Schönberg. Während der Koblenzer Fehde wurde die Burg teilweise zerstört und im Dreißigjährigen Krieg von den Spaniern besetzt. Freiherr von Clodt kam 1668 in den Besitz der Ehrenburg, die 1688 von französischen Soldaten besetzt, anschließend gesprengt und zur Ruine wurde. Der Besitz wechselte noch mehrmals, so mit Freiherrn von Stein 1798, von Kielmannsegge 1831 und 1867 mit den Grafen von Kanitz. Die

Ehrenburg, Brodenbach

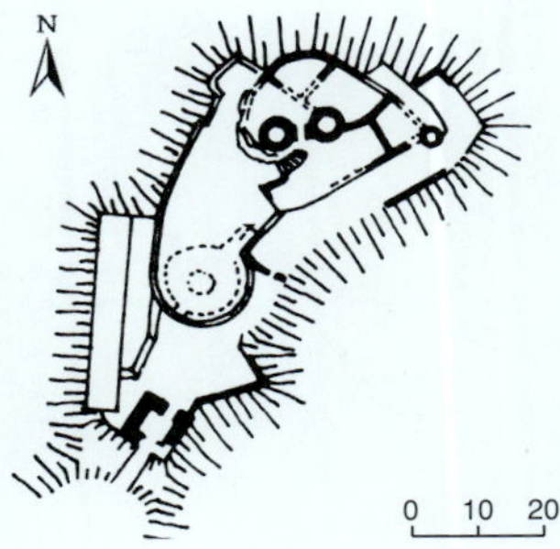

Ehrenburg, Brodenbach, Grundriss

Entstehung der Burg kann in drei Hauptbauzeiten eingeteilt werden, die sich um 1160, Anfang des 14. Jahrhunderts und Ende des 15. Jahrhunderts vollzogen. In diesen Zeiten entstanden die romanische Burg, der gotische Doppelturm und der sogenannte Rampenturm. Gerhard Kurz und Thomas Schulz-Anschütz kauften die Burg 1991, die seit 1992 vom Freundeskreis der Ehrenburg e.V. erhalten wird. Zahlreiche Veranstaltungen wie Ritterspektakel, Lesungen oder Tagungen und vieles andere werden hier durchgeführt, aber auch Interessantes für Kinder unter dem Motto „Lebendige Burg für Schulklassen" geboten. Die Unterburg wurde teilweise zum Hotel und Restaurant ausgebaut.

Schloss Brohleck
Schloss Schweppenburg

56656 Brohl-Lützing
Verbandsgemeinde Bad Breisig
Landkreis Ahrweiler

Schloss Brohleck, auch Augustaburg genannt, ist ein villenartiger Schlossbau aus dem Jahre 1891 und steht am Rhein oberhalb von Brohl-Lützing. Der Schlossinhaber Johann Burggraf von Rheineck trug 1325 seinen Besitz dem Trierer Erzbischof Balduin von Luxemburg zu Lehen an. 1402 erhielt ein Nachfahre des Johann von Rheineck das Lehen und es verblieb bis 1428 bei diesen Burggrafen. Es folgten ihnen nachweislich 1449 die von Metter-

Schloss Brohleck, Brohl-Lützing

nich zu Sommersberg. Mehr als zwei Jahrhunderte später kam 1664 das wohl pfälzische Afterlehen durch eine Eheschließung an die Herren von Hees, deren Erben den Besitz an den als Assessor beim kurfürstlichen Gerichtshof in Koblenz tätigen Carl Joseph Dinget verkauften. Dessen Enkel, die Gebrüder Stenzel, bewohnten Mitte des 19. Jahrhunderts Schloss Brohleck. Seit 1862 war Theodor Hochkeppel Eigentümer des Anwesens, das von diesem an die Geschwister von Schell ging, wiederum 1888 an J. B. Michiels veräußert wurde, der es schließlich umbaute und vergrößerte. Die Familie verpachtete das Schloss als Knabenpensionat. Als Münchner Bank fungierte es 1938, anschließend wurde eine Reichsführerinnenschule des Reichsarbeitsdienstes (RAD) im Schloss eingerichtet. Eine traurige Geschichte war es für die hier 1942 untergebrachten 100 jüdischen Bürger, die man später in die Konzentrationslager abtransportierte. Nach dem Zweiten Weltkrieg richtete man 1950 Wohnungen im Schloss für Brohler Familien ein. Seit 1970 stand die Anlage für einige Jahre ungenutzt und wurde dann von dem heutigen Besitzer instand gesetzt und restauriert. Im Schlossareal werden gelegentlich Konzerte gegeben, Veranstaltungen und Märkte durchgeführt und man kann standesamtlich heiraten und auch feiern. Eine schöne Aussicht ins Tal hat man vom Schlossplateau.

Schloss Schweppenburg, Brohl-Lützing

Schloss **Schweppenburg** steht in der Gemarkung Niederlützingen im unteren Teil des engen, felszerklüfteten Brohltals auf einem Felsvorsprung zwischen Bad Breisig und Andernach. 1365 wurde erstmals urkundlich die damalige Burg mit der Schweppenburger- beziehungsweise Mosenmühle erwähnt, worauf sie 1377 als kurkölnisches Lehen in den Besitz des Andernacher Schöffen Arnold von Schweppenburg kam. Mit einem Umbau von 1637 bis 1639 unter Bertram von Metternich im Barockstil erhielt die Burg ihre heutige Gestalt als Schlossanlage. Ab 1716 war sie im Besitz der Kölner Patrizierfamilie von Geyr, die sich seitdem nach der Burg Geyr von Schweppenburg nannte und deren Nachkommen die Burg noch heute bewohnen. Im Jahre 1785 legte man die alte wehrhafte Burganlage, die bereits als Wirtschaftsgebäude diente, nieder. Das Schloss ist ein dreistöckiger Bau auf hohem Sockelgeschoss von 1638, mit schönen geschweiften Giebeln und polygonalen Türmen. Der Privatbesitz kann von außen betrachtet werden.

Burg Bruch

54518 Bruch
Verbandsgemeinde
Wittlich-Land
Landkreis Bernkastel-Wittlich

Etwa zehn Kilometer westlich der Kreisstadt Wittlich liegt in der Eifel am Fernwanderweg Eifelsteig zu beiden Seiten der Salm der Ort Bruch, der erstmals 1138 urkundlich erwähnt wurde. Die Wasserburg, zuerst 1211 genannt, ist denkmalgeschützt und wurde vermutlich im 12. Jahrhundert erbaut, zu welcher Zeit auch die Eingangsseite mit dem Torhaus, der fünfgeschossige Eckturm und der hintere Rundturm zäh-

Burg Bruch

len. Ursprünglich war die Burganlage von einem Wall und Graben umgeben. Auch eine Kapelle aus der Zeit um 1300 gehörte zur Burg. Zuerst saßen hier die Erbauer, die Herren von Bruch, deren Besitz nach ihrem Aussterben 1334 als Lehen an Dietrich von Daun kam. Im Jahre 1539 ging die Anlage, die sich auch in luxemburgischer Landeshoheit befunden hatte, an Kurtrier zurück. Seit 1357 waren die Herren von Daun kurtrierische Vasallen und somit wurde auch die Burg eine Grenzburg von Trier gegen Luxemburg. Ab 1421 war Bruch im wechselnden Besitz und seit 1655 in den Händen der Freiherren und späteren Grafen von Kesselstatt. In der privat geführten zweigeteilten Anlage, bestehend aus Vor- und Kernburg, können Zimmer (Bed and Breakfast) gebucht werden.

Schloss Waldthausen, Budenheim

Schloss Waldthausen

55257 Budenheim
Landkreis Mainz-Bingen

Skulptur Schloss Waldthausen, Budenheim

Knapp zehn Kilometer westlich der Landeshauptstadt Mainz findet man in Rheinhessen, begrenzt vom nördlich vorbeifließenden Rhein und dem Lennebergwald, die verbandsfreie Gemeinde Budenheim. Das Schloss ist eine repräsentative Villa, die mit einigen Nebengebäuden zwischen 1908 und 1910 im Auftrag von Baron Martin Wilhelm von Waldthausen durch den Pforzheimer Architekten Hans

Bühling im Wald bei Budenheim errichtet wurde. Es ist ein in konservativem Stil gehaltener Bau der Spätphase des deutschen Kaiserreiches, mit einer Art staufischem Palas und vermischt mit Formen der deutschen Renaissance. Ein beherrschender bergfriedartiger Turm gibt dem Schloss eine gewaltig hochstrebende Note. Im Innern wurde das Schloss nach dem Zweiten Weltkrieg neoklassizistisch ausgebaut. Die Nebengebäude wie Torbau, Kesselhaus und Stall stehen im weitläufigen Park. Im Jahre 1982 kam das Anwesen an den Sparkassen- und Giroverband Rheinland-Pfalz. Dieser renovierte die Schlossvilla und 1988 nahm die Sparkassenakademie des Landes als Bildungs- und Begegnungszentrum hier ihren Sitz, mit einem Neubau im Schlosspark. Garten- und Parkanlagen sind für die Öffentlichkeit frei zugänglich und auch in der Villa finden häufig öffentliche Veranstaltungen wie Ausstellungen, Lesungen und Konzerte statt.

Schloss Burgbrohl

Schloss Burgbrohl

56659 Burgbrohl
Verbandsgemeinde Brohltal
Landkreis Ahrweiler

Schloss Burgbrohl liegt oberhalb des Ortes gleichen Namens auf einem Felsplateau, zwischen Bad Breisig und Andernach. Die Ortsgemeinde wurde erstmals urkundlich 1093 oder 1112 erwähnt, nachdem Volcoldus von Brule als Zeuge in der Gründungsurkunde des Klosters Laach durch den Pfalzgrafen Heinrich II. genannt wurde. Bereits 1289 hatte man schon ein Schloss erwähnt und 1338 trugen die Herren von Brohl den Besitz dem Markgrafen Wilhelm von Jülich zu Lehen auf, das bis 1794 bestand. Nach dem Tod der Elsa von Brohl, Letzte ihres Geschlechts, wurde das Anwesen testamentarisch auf die Familien Winnenburg, von Eltz und von Braunsberg aufgeteilt.

Schließlich kam nach dauerhaften Streitigkeiten die Burg 1551 an die Familie von Braunsberg. Wilhelm von Braunsberg wurde 1563 von Herzog Wilhelm von Jülich mit der Herrschaft erneut belehnt. Seit 1625 befand sich das Schloss im Besitz der Familie von Bourscheidt. 1689 steckten französische Truppen die Anlage in Brand. Mit dem Wiederaufbau von 1709/10 und der im 18. Jahrhundert geschlossenen Ehe zwischen Kasper Franz von Bourscheidt mit Isabella Gräfin von Schaesberg erlebte die Herrschaft einen Aufstieg. Auch eine neue Kellnerei entstand 1731 und zu Beginn des 19. Jahrhunderts ließ Ferdinand von Bourscheid den Felshügel von Futtermauern umgeben. Auf der Ebene wurden ein Park und Gärten angelegt. Mit dem Ableben des Johann Ludwig von Bourscheid 1836 erlosch das Geschlecht und der Besitz wurde an Franz Georg Weckbecker aus Münstermaifeld weiterveräußert. Noch im gleichen Jahr erwarb P. Menn aus Koblenz das Gut, das er 1838 an den Major Decker weiterverkaufte. Das Anwesen wechselte noch einige Male den Besitzer, bis es schließlich an Bernhard Grünwald kam, der alsbald das unvollendete Schloss zum Abschluss brachte. Es entstand eine auf älteren Grundmauern stehende barocke Anlage. Die ebenfalls barocken Wirtschaftsgebäude in der einst westlich vorgelagerten Vorburg bestehen zum Teil aus mittelalterlichen Mauern und der ehemalige Hauptbau wurde 1879 durch einen Ostflügel erweitert. Wiederum wechselten häufig die Besitzer. In den 1960er-Jahren wurde es von einem Männerorden als Kloster geführt. Als 1985 der österreichische Künstler Gottfried Helnwein das Schloss erwarb, begann er bald mit einer gründlichen Restaurierung der Gebäude und des Parks. Bis 1997 lebte er hier mit Familie, siedelte darauf nach Irland über und verkaufte 2006 seinen Besitz in Burgbrohl an den Wiener Geschäftsmann und Kunstsammler Alexander Schütz. Nochmals 2009 an ein Unternehmerehepaar Weber verkauft, wurde das Schloss zu einem Hotel umgestaltet. Neben Feierlichkeiten ist das Haus auch für Seminare und Konferenzen ausgestattet.

Schloss Burgbrohl

Burg Schwalbach, Burgschwalbach

Burg Schwalbach

65558 Burgschwalbach
Verbandsgemeinde Hahnstätten
Rhein-Lahn-Kreis

Gute zehn Kilometer südlich von Limburg an der Lahn findet man im Taunus am Palmbach Burgschwalbach mit seiner spätmittelalterlichen Burg. Sie wurde ab 1368 vom Grafen Eberhard V. von Katzenelnbogen zur Sicherung der Grenzen seines Terrains als letzte von diesem Geschlecht errichtet, wobei die umliegende Siedlung wohl bereits bestanden hatte. Kaiser Karl IV. verlieh dieser 1368 das Stadtrecht. Damit verbunden war das Recht zum Bau von Befestigungsanlagen und dem Ausrichten von Wochenmärkten. 1388 stiftete man einen Altar für die Burgkapelle St. Bartholomäus. 1479 starb das Geschlecht der Katzenelnbogen aus. Im Jahre 1536 kamen die Herren des Hauses Nassau an die Burg mit Amtsbezirk, die nach der Erbteilung 1594 Graf Wilhelm von Nassau-Weilburg erhielt, der sie zur Residenz machte. Witwensitz war Burg Schwalbach bis 1628 für seine Frau Erika, die eine Erneuerung der Burg vornahm. Bis in das Jahr 1720 bestand das Nassau-Weilburgische Amt. Als 1737 notwendige Reparaturen an der Burg anstanden, hatte sich die Verwaltung von Nassau-Usingen aus Geldmangel entschlossen, die Anlage verfallen zu lassen. Inventar, Holzbauteile sowie das Dach wurden versteigert. 1817 kaufte der Zimmermeister Georg Philipp Schnabel das Torhaus, dessen Familie 1858 auf der Burg ein Restaurant eröffnete. Von 1971 bis 1982 wurde die Burg instand gesetzt und der Palas zur Burgschenke ausgebaut. Im Turm befinden sich ein kuppelgewölbtes Verlies und darüber fünf Geschosse. Ein Tor führt zum Burghof und nordwestlich liegt ein schmaler Palas. Die Wehrmauern des Berings sind weitgehend erhalten geblieben. Die Burg zählt heute zu den schönsten Burgen im Taunus. Betreut und instand gehalten wird die Anlage durch die Generaldirektion Kulturelles Erbe Rheinland-Pfalz. Sie ist voraussichtlich bis 2015 wegen Rekonstruktionsarbeiten geschlossen.

Schloss Burrweiler

76835 Burrweiler
Verbandsgemeinde Edenkoben
Landkreis Südliche Weinstraße

Der staatlich anerkannte Fremdenverkehrsort liegt sieben Kilometer südlich von Edenkoben an der Haardt, unterhalb des Annaberges am Westrand der Rheinebene.
Er ist ein Weinort mit Charme und Reiz schon wegen seiner steilen und verwinkelten Gassen. Die erste urkundliche Erwähnung erfuhr der Ort 1210 als „Bubenwilre“ im Besitz der Herrschaft Geisburg. 1279 wurde die ehemalige Reichsburg Geisburg erstmals erwähnt, die 1401 von König Ruprecht mit mehreren Dörfern an die Herren von Dahn verlehnt wurde. Nachdem Bauern 1525 das Anwesen zerstörten, baute man in Burrweiler von 1550 bis 1577 unter Verwendung von Resten der Geisburg ein neues Schloss, in das die Verwaltung gelegt wurde. Das Geschlecht der Dahner starb 1603 mit dem Ritter Ludwig II. aus. Der Ort und das Schloss erfuhren mehrfache Besitzerwechsel, bis schließlich von 1657 bis 1794 die Grafen von der Leyen kamen und hier 1754 ein neues Schloss erbauen ließen. Es ist ein Gebäudekomplex in einfach gehaltenen For-

Schloss Burrweiler

men. Vom älteren Renaissancebau ist ein reicher doppelter Torbogen von 1577 erhalten geblieben. Die Bogeneinfassung zeigt herausgearbeitete Relieffiguren von Fabel- und Jagdtieren. Im Schloss befindet sich heute eine Winzergaststätte.

Schlösschen Busenberg

76891 Busenberg
Verbandsgemeinde
Dahner Felsenland
Landkreis Südwestpfalz

Zwischen Dahn und Bad Bergzabern findet man Busenberg an der B 427, im deutschen Teil des Wasgaus, dem südlichen Teil des Pfälzerwaldes, in der Region Dahner Felsenland. Der Name des Ortes tauchte erstmals 1408 urkundlich auf und wurde mit mehreren Dörfern als Lehensbesitz des Grafen Hamann von Zweibrücken-Bitsch erwähnt. Freiherr Franz Christof Eckbrecht von Dürkheim ließ sich hier ein bescheidenes Landhaus bauen, auch „Schlösschen" genannt, das noch heute ein bedeutendes Gebäude von Busenberg darstellt. Gebaut wurde der Herrensitz mit Steinen vom Drachenfels, eine gefällige Baugruppe an der Straße gelegen. Das Schlösschen steht heute leer und die künftige Nutzung ist noch unklar. Besucher, die nach Busenberg kommen, sollten einen kurzen Aufstieg zum Drachenfels mit seinen vielen charakteristischen Felsenkammern, den Türmen und dick bewehrten Schildmauern, wagen. Mit einer überwältigenden Aussicht in die herrliche Landschaft des Dahner Felsenlandes werden sie belohnt.

Schlösschen Busenberg

Reichsburg Cochem

56812 Cochem
Landkreis Cochem-Zell

Cochem wurde erstmals 866 in einer Schenkungsurkunde der Prümer Abtei erwähnt, deren Reichsburg als Wahrzeichen weithin sichtbar auf einem steil zur Mosel abfallenden Bergkegel steht. Sie gehört als Gipfelburg zum Typus der Höhenbur-

gen und diente im Mittelalter als Zollburg. Wahrscheinlich wurde sie um 1020, sicher vor 1056, vom Pfalzgrafen Ehrenfried (Ezzo, gestorben 1034) erbaut, oder wie auch vermutet, in der ersten Hälfte des 12. Jahrhunderts. Heinrich der Tolle, der Neffe Ezzos, ermordete 1061 im Wahnsinn seine Gemahlin auf der Burg. Unter Konrad III. wurde die Anlage 1151 in eine kaiserliche Reichsburg umgewandelt. Burgmannen und später königliche Ministerialen verwalteten in der Folge die Burg, bis 1282 König Rudolf von Habsburg sie belagerte und kurz darauf einnahm. Schon 1294 ging die Anlage als Pfand durch König Adolf von Nassau, der damit seine Königskrönung finanzierte, an den Trierer Erzbischof Bohemond I. von Warnesberg.

Adolfs Nachfolger, Albrecht I., konnte die Pfandschaft nicht einlösen. Er ernannte kurzerhand den Erzbischof zum Burggrafen von Cochem. Bis 1803 verblieb Burg Cochem als wichtige Landesburg bei Kurtrier. Die Burganlage wurde 1328 vom Trierer Erzbischof Balduin von Luxemburg an die Gräfin Loretta von Sponheim verpfändet, er löste sie jedoch ein Jahr später wieder ein. In der ersten Hälfte des 14. Jahrhunderts baute Balduin die Anlage erheblich aus. Das Trierer Erzstift kam endgültig durch Karl IV. an die Burg, mit dem Vermerk, dass sie ein Offenhaus des Kaisers bleiben sollte. Das Schicksal vieler Bur-

Reichsburg Cochem

gen an Rhein und Mosel ereilte auch die Reichsburg im Pfälzischen Erbfolgekrieg 1689, nachdem sie der Leutnant de Saxis in Brand gesteckt, unterminiert und gesprengt hatte. Der Berliner Kaufmann und spätere Geheime Kommerzienrat Louis Fréderic Jacques Ravené kaufte die Ruine. Er ließ sie von 1868 bis 1877 durch Hermann Ende und Julius Raschdorff im neugotischen Stil der Burgenromantik als Sommersitz für die Familie errichten. Im Jahre 1942 entriss ihm das preußische Justizministerium die Burg, dessen Reichsminister der Justiz, Otto Georg Thierack, 1943 eine NS-Schulungsstätte für Juristen einrichtete. Das Land Rheinland-Pfalz kam nach dem Zweiten Weltkrieg 1947 an die Burg und richtete eine Verwaltungsschule ein. Seit 1978 gehört der Stadt Cochem die Anlage, die heute von der Reichsburg GmbH verwaltet wird. Das hiesige Museum hat den Besuchern einen reichen Fundus an Sammlungen und Ausstellungen zu bieten. Zahlreiche Räume im Stile der Neorenaissance und Neobarock bezaubern mit ihren wertvollen Vertäfelungen, Teppichen, Tapisserien und Gemälden sowie Einrichtungsgegenständen. Der malerische Innenschmuck wurde von Ernst Ewald entworfen. Eines der wertvollsten Stücke ist ein großes Buffet mit Delfter Ware. Der Rittersaal besitzt seit 1905 ein barock stuckiertes Holztonnengewölbe, von zwölf hölzernen Säulen getragen. Vieles gibt es neben dem Jagd- und Waffenzimmer mit mittelalterlichen Rüstungen noch zu entdecken. Weiterhin können Räumlichkeiten für private Feiern angemietet werden. In der Burgkapelle kann man sich das Ja-Wort geben. Die Burgschänke sorgt für das leibliche Wohl und vor allem Kinder können sich im Sommer an den Flugvorführungen der Falknerei erfreuen. Die Reichsburg Cochem ist ein geschütztes Kulturgut nach der Haager Konvention.

Burgruine Altdahn
Burgruine Grafendahn
Burgruine Neudahn
Burgruine Tanstein

66994 Dahn
Verbandsgemeinde Dahner Felsenland
Landkreis Südwestpfalz

Die noch umfassenden Relikte der Dahner Burgen liegen hintereinander auf fünf im Wasgau befindlichen Rotsandsteinfelsen, mit Ausnahme der Ruine Neudahn, die vier Kilometer entfernt von den anderen auf einem bewaldeten Bergrücken steht. Die Stadt Dahn liegt zwischen Pirmasens und Bad Bergzabern im Tal des Dahner Felsenlandes, nur zehn Kilometer südlich des französischen Elsass.

Altdahn wurde im frühen 13. Jahrhundert erbaut und ist nicht, wie häufig genannt, die älteste Burg, aber die größte, die im 14. und 15. Jahrhundert mehrfach zerstört und wiederhergestellt wurde. Im 13. Jahrhundert stand das Geschlecht der Dahner Ritter in den Diensten der Bischöfe von Speyer. Nach 1488 verließ man die Anlage, die auf den beiden östlichen Burgfelsen liegt und von einem breiten Halsgraben an der Bergseite geschützt war. Heute findet man hier Reste einer Schildmauer aus Kleinquadern, wohl aus der ersten Hälfte des 12. Jahrhunderts, flankiert von zwei Rundtürmen mit Buckelquadern. Die Unterburg birgt zwei massige halbkreisförmige Tor- und Geschütztürme aus dem 15. Jahrhundert und in den Felsen gehauene Wachräume. Felsentreppen verbinden die Unterburg mit der Oberburg und der Palas mit schlankem Turm aus Buckelquadern liegt auf dem Westfelsen.

Grafendahn liegt in der Mitte, nur durch einen schmalen Felsspalt von Altdahn getrennt, und wurde mit Konrad Mursel von Dahn 1287 als neu erbaute Feste erwähnt. Diese neue Burg kam schon 1339 zum Teil als Ganerbenburg und 1345 vollständig aus dem Besitz der Dahner Ritter an den Grafen Johann II. von Sponheim, worauf sie ihren heutigen Namen erhielt. Die Burg Grafendahn ging zunächst 1464 an Kurpfalz, 1485 durch Verkauf an Hans von Trott, den Besitzer von Burg Berwartstein.

Burgruine Altdahn, Dahn

Im westlichen Teil liegt die älteste Burg namens **Tanstein**, deren frühstaufisches Mauerwerk in die erste Hälfte des

Burgruine Tanstein, Dahn

12. Jahrhunderts zurückgeht. Da eine andere Quelle besagt, dass 1328 ein Johann III. von Dahn die Burg als Ersatz für die in fremde Hände gekommene Burg Grafendahn errichten ließ, muss es entweder ein Neubau gewesen sein, oder Tanstein ist nicht die Älteste der hier stehenden Dahner Burgen. Bereits in der zweiten Hälfte des 16. Jahrhunderts war Tanstein verfallen. Heute sind nur noch wenig Mauerwerk, ein Brunnenschacht und Treppenaufgänge erhalten geblieben. Die Burgen, außer Grafendahn, blieben bis zum Aussterben des Dahner Rittergeschlechts 1603 in deren Besitz, worauf diese an den Bischof von Speyer als heimgefallenes Lehen kamen.

Knappe vier Kilometer nordwestlich vom Ort Dahn findet man die Burgruine **Neudahn**. Erbaut wurde sie als Speyer Lehensburg vermutlich in der ersten Hälfte des 13. Jahrhunderts von dem Sohn des Ritters Friedrich von Dahn, Heinrich Mursal. Dieser war auch der Begründer der Neudahner Linie. Die Burg wurde wohl um 1438 durch Brand vernichtet, bekam aber im 16. Jahrhundert eine Verstärkung, worauf sie 1552 König Heinrich II. von Frankreich besuchte. Die Anlage ging nach Erlöschen des Dahner Geschlechts an einen Speyer Amtmann, der sie bewohnte. Heute bestehen noch Mauerreste des Wohnbaus auf der Oberburg und Ringmauern mit zwei runden Flankierungstürmen und einem Wohnbau mit Treppenturm an der Unterburg. Die an den Felsen südlich angebaute Toranlage mit zwei runden Batterietürmen stammt aus dem 16. Jahrhundert.

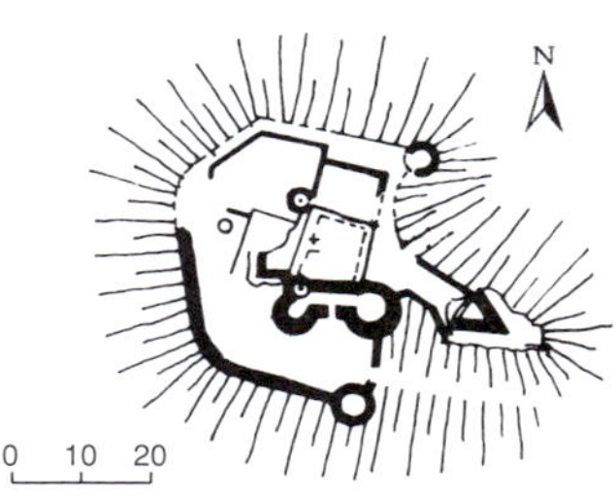

Burgruine Neudahn, Dahn, Grundriss

Im Pfälzischen Erbfolgekrieg 1689 zerstörte man endgültig alle hier stehenden Burgen, die zu Ruinen wurden. Heute befinden sich die Dahner Burgen, ein großer Anziehungspunkt für Besucher, in der Obhut der Generaldirektion Kulturelles Erbe Rheinland-Pfalz.

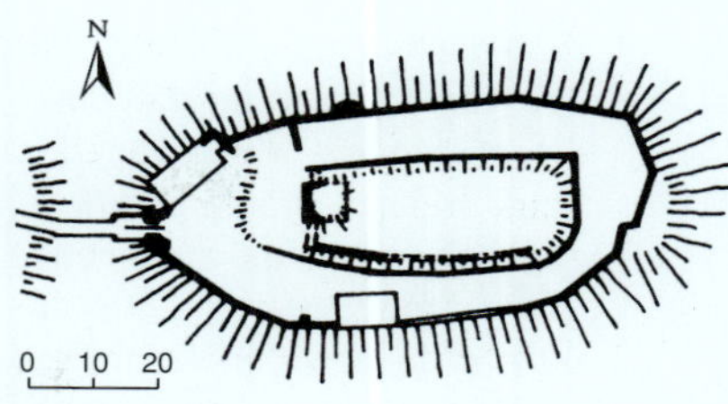

Burgruine Dasburg, Grundriss

Burgruine Dasburg

54689 Dasburg
Verbandsgemeinde Arzfeld
Eifelkreis Bitburg-Prüm

Auf der B 410 von Prüm kommend, in Richtung der luxemburgischen Staatsgrenze, findet man den 1222 erstmals urkundlich genannten Ort. Bei der Anfahrt hinab nach Dasburg hat man einen herrlichen Blick auf die gleichnamige Burgruine. Sie soll bereits um 850 gebaut worden sein und gilt als eine der ältesten Burgen in der Region. Erwähnt hatte man die Anlage bereits beim zweiten Normannensturm 892. Ursprünglich war die Burg von König Pippin im 13. Jahrhundert als Lehen an die Abtei Prüm gegeben worden, die später in den Besitz der Grafen von Vianden kam. Im 15. Jahrhundert folgte Graf Engelbert von Nassau durch Erbschaft. 1580 kamen die Grafen

Burgruine Dasburg

zu Mansfeld durch König Philipp von Spanien an die Burg, die aber 1604 wieder an das Haus Nassau-Oranien zurückgegeben wurde und an die englische Krone gelangte. Als die Burg 1794 von den Franzosen beschlagnahmt wurde, schenkte sie Napoleon 1811 dem Marschall von Oudinot. 1813 Verkauf auf Abbruch. Schließlich kam die Ruine 1815 an Preußen. Heute zeigt sich ein Bild mit äußerer Wehrmauer und zwei Halbtürmen, einem großen Hauptturm aus spätmittelalterlicher Zeit und Resten des Eingangstores. Die Dasburg befindet sich in der Obhut der Generaldirektion Kulturelles Erbe Rheinland-Pfalz in Rekonstruktion.

Grafenschloss, Diez

Grafenschloss Schloss Oranienstein

65582 Diez

Rhein-Lahn-Kreis

Diez grenzt unmittelbar an die hessische Stadt Limburg an der Lahn an und liegt 30 Kilometer östlich von Koblenz. Das **Grafenschloss**, in beherrschender Lage auf steilem Porphyrfelsen unmittelbar über der Altstadt, wurde vermutlich 1073 durch die Grafen des Niederlahngaus errichtet, zur Zeit als der minderjährige Heinrich IV. die deutsche Königskrone trug. Der mächtige Bergfried mit seinen vier Untergeschossen zeugt als letzter Bau von dieser Zeit. Die Ecktürmchen wurden in der Spätgotik aufgesetzt. Die Stauferkaiser förderten die Grafen von Diez, sodass sie zu großem politischen Einfluss gelangten. Als dieses Geschlecht 1386 im männlichen Stamm ausstarb, hatten sich 1388 die beiden nassauischen Linien in den Besitz geteilt. 1453 teilten sich noch

die Eppsteiner und die Grafen von Katzenelnbogen die Herrschaft, die 1564 Nassauer Alleinbesitz wurde. Residenz der Grafen und späteren Fürsten von Nassau-Diez war das Grafenschloss von 1607 bis 1743, worauf es Regierungsgebäude wurde. Von 1784 bis 1927 befand sich hier eine Strafanstalt. Nach 1866 ging die Schlossanlage in preußischen Staatsbesitz über. Heute beherbergt das Schloss das Nassauische Heimatmuseum mit Sammlungen zur Geologie, der Vor-, Stadt- und Landesgeschichte sowie Waffen, Porzellan und weitere Exponate, eine Jugendherberge, Standesamt sowie ein Restaurant. 1995 wurde mit der Restaurierung der Anlage begonnen.

Schloss Oranienstein ist eine auf steilen Felsen über der Lahn liegende hufeisenförmige Anlage mit Seitenflügeln und wurde dem Lustschloss Clagny bei Versailles nachgebaut. Es wurde erstmals 1153 erwähnt und war ein ehemaliges, wohl von den Grafen von Diez gestiftetes Benediktinerinnenkloster. Das reichsbegründete Kloster wurde 1564 aufgehoben und war 1634 zur Ruine verfallen. Anstelle der Kirche entstand der Hauptflügel des heutigen Schlosses unter Nutzung romanischen Mauerwerks von 1671 bis 1684 nach Plänen eines Mainzer Architekten als Witwensitz für die Fürstin Albertine Agnes von Nassau-Diez. Vermutlich baute man die Wohntrakte für die Fürstin Amalie,

Schloss Oranienstein, Diez

geb. Prinzessin von Anhalt-Dessau, ab 1704 bis 1709 durch Daniel Marot zum Schloss um. Auch erweitert wurde das Anwesen durch Verlängerung des Hauptbaus und Errichtung der beiden Seitenflügel, das die heutige Gestalt im Wesentlichen bestimmt. Fürstin Albertines großer Festsaal blieb erhalten. Nebenan wurde eine Treppe vom Hugenotten-Baumeister Johann Coulon nach Plänen Johann Arstens errichtet. Von 1867 bis 1918 befand sich im Schlossareal eine Kadettenanstalt und von 1874 bis 1876 entstanden zwei Kompanieflügel an den beiden Querflügeln. Im Jahre 1932 riss man Erstgenannte wieder ab. Sehenswert ist im östlichen Seitenflügel die zweigeschossige Schlosskapelle mit Spiegeldecke, reichem Stuckdekor und Gemälde. Die Gartenanlage wurde 1783 von Friedrich Ludwig von Skell umgestaltet. Das Schloss kann man nur zu ausgeschriebenen Veranstaltungen besuchen, da es sich auf dem Gelände der Bundeswehr befindet. Dabei ist der Besuch des Museums zur Geschichte des Hauses Nassau-Diez und seinen Beziehungen zu den niederländischen Königen und Königinnen sowie ein Schlossrundgang mit Führung möglich.

Bischöfliches Schloss Koeth-Wanscheidsches Schloss Sturmfedersches Schloss

67246 Dirmstein
Verbandsgemeinde
Grünstadt-Land
Landkreis Bad Dürkheim

Dirmstein liegt westlich von Grünstadt nördlich der A 6 und südöstlich von Frankenthal in der Oberrheinischen Tiefebene, im Nordosten der Pfalz. Erst-

Bischöfliches Schloss, Dirmstein

mals urkundlich erwähnt wurde der Ort im 8. Jahrhundert und nochmals 842. Dirmstein hatte nie zum Besitz der Grafen von Leiningen gehört, obwohl es heute zum Leiningerland zählt. Zahlreiche Herrensitze waren im Laufe der Jahrhunderte in diesem Ort vorhanden.

Das einstige **Bischöfliche Schloss** war der Sommersitz der Fürstbischöfe von Worms, von dem nur noch Reste im heutigen Hofgut bestehen und unter Denkmalschutz stehen. Das Anwesen liegt östlich des Ortes am Eckbach im Niederdorf. Der Schlossbereich hat sich von 1419 bis 1705 zusammen mit dem Oberdorf unter kurfürstlicher wie auch bischöflicher Herrschaft befunden und ist die älteste, teilweise erhaltene Anlage des Ortes. Erhalten geblieben ist von der spätmittelalterlichen Wasserburg ein Rundturm mit Schlüssel- und Brillenscharten, der 1598 verändert wurde. Das nach der Zerstörung im Bauernkrieg 1525 wieder aufgebaute Wohnhaus ist bis auf den tonnengewölbten Keller und den Stumpf eines sechseckigen Treppenturms mit Stabwerkportal wieder verschwunden. Als Ersatz diente darauf das ehemalige Amtshaus aus dem 16. Jahrhundert. Die Arkaden vom Remisengebäude an der Hofseite aus der Zeit um 1600 wurden im späten 18. Jahrhundert vermauert. In Privatbesitz befindlich, ist das Areal nur von außen zu besichtigen.

Koeth-Wanscheidsches Schloss, Dirmstein

Das in Spätbarock und Klassizismus gestaltete und denkmalgeschützte **Koeth-Wanscheidsche Schloss**, eigentlich ein Herrenhaus, stammt aus der Zeit zwischen 1640 und 1650. Es steht am Nordwestrand des historischen Ortskerns, dem heutigen Oberdorf. Im Untergeschoss befinden sich ein Kelterraum und tonnengewölbte Keller, im Obergeschoss die Wohnräume. Vor der langen Nordfront mit Dreieckgiebel und einem 1837 zugeschütteten Stadtgraben legte man den englischen Garten mit Teich an. Große klassizistische Blendarkaden der Zeit um 1820 fassen die den Hof flankierenden Wirtschaftsgebäude zusammen.

Mitte des 18. Jahrhunderts besaß der baden-durlachische Hof-

Sturmfedersches Schloss, Dirmstein

rat Wolfgang Wilhelm von Rießmann das Schloss. Bereits vor diesem Herrensitz muss es an gleicher Stelle einen Vorgängerbau gegeben haben, wie Untersuchungen bezeugen, der wohl 1689 im Pfälzischen Erbfolgekrieg von den Franzosen niedergebrannt wurde. Von Rießmann gab in der zweiten Hälfte des 18. Jahrhunderts den Besitz an die Familie von Haumüller, die im 17. Jahrhundert in den erblichen Adelsstand erhoben wurde. Um 1770 hatte das Anwesen der Kurpfälzer Offizier Georg August Heinrich von Kinkel im Besitz. Um es vor den Franzosen zu retten, übernahm es 1796 sein Bruder Heinrich August von Kinkel, der niederländischer Vizeadmiral und Gesandter war und somit diplomatische Immunität genoss. Im Jahre 1802 ging der Besitz an Joseph von Camuzi und später an dessen Sohn Gideon. 1824 und 1837 kaufte der Bürgermeister weitere Ländereien hinzu und mit seiner Familie erweiterte er das Schlossareal von 1868 bis 1874. Nachdem der Bau jahrzehntelang dem Verfall preisgegeben war, begann man 2001 mit der Bestandssicherung zu einer künftigen Nutzung.

Das **Sturmfedersche Schloss** mit dem Michelstor ist ein schlossähnliches Herrenhaus aus der Barockzeit mit Elementen des Frühklassizismus und steht im historischen Ortskern. Hier stand ebenfalls ein Vorgängerbau des 13. Jahrhunderts als befestigte Hofanlage mit Wehrtürmen eines Ritters Lerch von Dirmstein. Er war ein Nachkomme des Caspar Lerch IV. und der Sohn des Caspar Lerch III., die am Renaissanceportal verewigt wurden. Über Jahrhunderte wurde die bestehende Anlage oft erneuert und mit Elementen der einzelnen Stilepochen geziert. Freiherr Marsilius Franz Sturmfeder von Oppenweiler nahm 1736 umfassendere Veränderungen am Herrenhaus vor. Seine Nachfolger bauten es um 1780 zum heutigen Schloss aus. Während der Französischen Revolution Ende des 18. Jahrhunderts wurden die Besitzer enteignet und die Anlage versteigert. Das Anwesen erhielt 1809 Agnes Würtz, die Witwe des Mennoniten Christian Möllinger aus Monsheim. Über deren Tochter Katharina und ihren Mann Johann Janson sowie deren Nachfahren kam das Schloss schließlich 1970 an die Gemeinde. Nach erfolgter Restaurierung wurden die Ortsverwaltung, der Ratssaal und das Gemeindearchiv, eine Bankfiliale, eine Zweigstelle der Musikschule, eine Außenstelle der Volkshochschule und die Gemeindebücherei untergebracht. Auch für kulturelle Veranstaltungen, wie Klavierkonzerte, wird der historische Bau genutzt.

Burg Gollenfels

55444 Dörrebach
Verbandsgemeinde Stromberg
Landkreis Bad Kreuznach

Burg Gollenfels ist eine Felsenburg über dem Guldenbachtal am Rande des Soonwaldes. Sie liegt gegenüber der Stromburg über dem Ort Dörrebach im Hunsrück. Entstanden ist die Anlage im 10./11. Jahrhundert auf Fundamenten einer alten Römerfestung, die vermutlich zur Sicherung einer Heerstraße von Mainz nach Trier errichtet wurde. Schließlich wurde die Burganlage 1156 erstmals urkundlich in Verbindung mit pfalzgräflichen Ministerialen erwähnt, die sie verwalteten. Von 1348 bis 1618 saßen hier die Herren von Steinkallenfels. Ein Johann von Stein soll im Jahre 1450 hier gewohnt haben. Spanische Truppen zerstörten auf Befehl von Kaiser Matthias von Habsburg 1614 während des Jülich-Klevischen Erbfolgestreits die Burganlage. Fünf Jahre darauf entstand durch die Herren von Hammerstein, die hier von 1618 bis 1685 lebten, eine neue Burg auf dem Gollenfels. Von 1705 bis 1804 hatten die Grafen von Ingelheim den Besitz inne und bei den schweren Kämpfen gegen die Franzosen 1793 wurde sie glücklicherweise nicht zerstört. Strategisch war sie aber nicht mehr von Bedeutung und 1848 wurde in der Anlage ein Soldatenwohnquartier einge-

Burg Gollenfels, Dörrebach

richtet. Noch einige Jahre nach dem Zweiten Weltkrieg war die Burg bewohnt. Später ging sie in Privatbesitz über, gilt seit 2002 als baufällig und wurde gesperrt. Einst stand hier ein mächtiger Wohnturm mit anliegendem zweigeschossigen Wohnhaus und im Winkel stehendem halbkreisförmigen Treppenturm sowie Wirtschaftsgebäuden im rückwärtigen Bereich des Burghofes. Das Portal und die Fenster gestaltete man in Renaissanceformen.

Burg Dreis, Dreis-Brück

Burg Dreis

54552 Dreis-Brück
Verbandsgemeinde Daun
Landkreis Vulkaneifel

Der staatlich anerkannte Fremdenverkehrsort Dreis liegt im Dreieck nördlich von Daun und Gerolstein, am Kreuzungsbereich von B 410 und B 421. Wann der Ort Dreis entstand, liegt im Dunkeln, sein Ursprung geht wohl in die Karolingerzeit zurück. Erstmals urkundlich erwähnt wurde der Flecken im Jahre 1143. Erst zwei Jahrhunderte später bekam Brück seine Ersterwähnung. Beide Ortsteile gehörten einst zur Herrschaft der Grafen von Manderscheid, die zu jener Zeit Besitzer der Grafschaft Kerpen waren und später durch Erbteilung zum Herzogtum Arenberg kamen. Die im Renaissancestil gestaltete Burg Dreis entstand 1597 als Sitz eines Schultheißen genannten Grafens. Es ist ein dreigeschossiges Giebelhaus mit rundem Treppenturm und weiteren den Bau zierenden Türmchen im Dachbereich, eingekeilt zwischen Bauernhöfen und Einfamilienhäusern an der Hauptstraße. Während der Recherchen zum vorliegenden Buch stand die neu sanierte Burg Dreis zum Verkauf und war unbewohnt.

Burg Dudeldorf

Burg Dudeldorf

54647 Dudeldorf
Verbandsgemeinde
Bitburg-Land
Eifelkreis Bitburg-Prüm

Dudeldorf liegt in der Eifel, östlich von Bitburg an der B 50 in Richtung Wittlich, und wurde 816 als „Duodelonis villa" erstmals urkundlich erwähnt. Die Burg steht nordwestlich der ehemaligen Stadtbefestigung und wurde 1345 errichtet. Noch im 12. Jahrhundert bestand die Anlage aus zwei Burgen und seit 1052 ist ein Anshelm von Dudeldorf genannt. Dieses Geschlecht starb im 14. Jahrhundert aus. Wohl nach einer Zerstörung stellte man die Burg in den Jahren 1451 bis 1553 wieder her. Im 17. und 18. Jahrhundert befand sich die Burg im Besitz der Braun von Schmidtburg. Der spätmittelalterliche, ursprünglich wohl höhere Wohnturm wurde 1734 verändert und durch eine zweiflügelige Herrenhausanlage durch Balthasar Seberger im Auftrag von Wolf Heinrich Gottfried Braun von Schmidtburg erweitert. Ein Hof mit Torbogen und ein Garten mit Pavillon ergänzen die Anlage und der Bergfried zeigt am Obergeschoss der Außenwand die Ankerzahlen 1734. Den südlichen Flügel baute man in der ersten Hälfte des 19. Jahrhunderts zur Volksschule mit Lehrerwohnungen um. Weitere Umbauten erfolgten in den Jahren 1847, 1853 und 1886. Heute ist der historische Bau teilweise in Privatbesitz und wird bewohnt. Der Innenhof sowie das Wirtschaftsgebäude dienen kulturellen Veranstaltungen. Der Bauteil mit Turm gehört der Ortsgemeinde und kann für Hochzeiten gebucht werden.

Ebernburg

Ebernburg

Ebernburg

55583 Ebernburg
Stadt Bad Münster a. St.
Landkreis Bad Kreuznach

Südlich von Bad Kreuznach findet man den Stadtteil Ebernburg der Stadt Bad Münster am Stein-Ebernburg, dessen Name sich von der Burg herleitet. Eine erste urkundliche Erwähnung mit der Bezeichnung „Ebernburc“ stammt aus dem Jahre 1209 und kann nicht eindeutig der Burg oder dem Ort zugeschrieben werden. Die Burg liegt am südöstlichen Ortsrand auf einem Bergvorsprung oberhalb des Nahetals. Nachweislich gesichert ist, dass sie 1338 vom Raugraf Ruprecht und Graf Johann von Sponheim-Kreuznach erbaut wurde. Hier muss es sich wohl um eine neue Burganlage oder eine Erweiterung handeln, denn belegt ist, dass 1214 die Grafen von Saarbrücken aus dem Hause Leiningen hier Besitzer einer Burg waren. Sie gehörte im Jahre 1312 den Raugrafen von der Altenbaumburg. 1448 gelangte die Herrschaft Ebernburg als Pfand- und später Lehnsbesitz an die Sickinger und

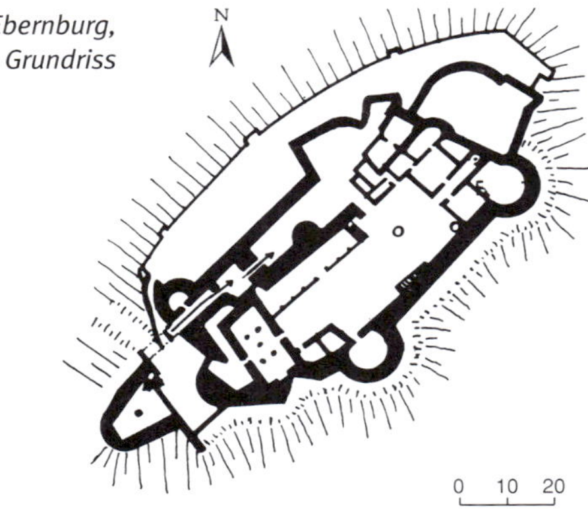

Ebernburg, Grundriss

war bis 1750 in ihren Händen. Einen Ausbau bekam die Anlage unter Schweickhardt von Sickingen und seinem Sohn Franz 1482 zu einer neuzeitlichen Festung. Franz von Sickingen, ein berühmter Söldnerführer und Hauptmann der Oberrheinischen Ritterschaft, wurde auf der Burg geboren. Sie war von 1520 bis 1522 auch Zuflucht für seinen Freund Ulrich von Hutten, ebenso für die Reformatoren Martin Putzer, Johannes Schwebel, Johannes Oekolampad und Kaspar Aquila, der hier in der Burgkapelle erstmals während der Messe deutsche Texte las. In der Trierer Fehde 1523 wurde die Burg durch die gegen Franz verbündeten Fürsten erobert und eingeäschert, doch 1542 an seine Söhne zurückgegeben und wieder aufgebaut. Erneut geschleift wurde die Burganlage 1697 von französischen Truppen. In den Folgejahren diente sie als Steinbruch. 1750 kam Kurpfalz an die ruinöse Burg. Dazwischen aus ihren Händen gekommen, ging sie erneut 1771 an Kurpfalz zurück. Der Gutsbesitzer und Bürgermeister von Feilbingert, Karl Günther, wurde 1838 neuer Besitzer der Ebernburg und ließ sie im einstigen Erscheinungsbild mit Wohnhaus, Wirtschaftsgebäude und Gaststätte errichten. Die Familie Günther verkaufte 1914 die Burganlage nebst Inventar an die Ebernburg-Stiftung, von der sie zur Pacht an den Ebernburg-Verein e.V. weitergegeben wurde. Ab 1936 baute man die Anlage zur evangelischen Tagungsstätte aus. Der Ausbau der Burg zur heutigen Beschaffenheit erfolgte nach dem Zweiten Weltkrieg und 1977 schloss sich eine umfassende Instandsetzung an. Neben Mittelaltermärkten und Ritterspielen werden auf der Burg auch Lesungen gehalten und Familienfeiern ausgestaltet. Die Landesvereinigung für ländliche Erwachsenenbildung in Rheinland-Pfalz hat hier ebenfalls ihren Sitz.

Herrenhaus Edenkoben
Schloss Ludwigshöhe

67480 Edenkoben

Landkreis Südliche Weinstraße

Edenkoben, ein staatlich anerkannter Luftkurort und Weinort, ist am Ostrand des Pfälzer Wal-

Herrenhaus Edenkoben

Edenkoben

des gelegen, nördlich von Landau in der Pfalz und südlich von Neustadt an der Weinstraße.

Das **Herrenhaus** am Rande von Edenkoben wurde 1837 als Getreidemühle erbaut und ist neben Ludwigshöhe eine Stütze des Edenkobener Kulturlebens. In der Folge diente es als Kurhaus, Gartenwirtschaft und Weingut. 1987 wurde die einstige Bergelmühle vom Kultusministerium Rheinland-Pfalz zur Förderung von Kunst und Kultur zum Künstlerhaus erwählt. Im Jahre 1995 erwarb die Stiftung Rheinland-Pfalz für Kultur das Anwesen, baute es zu einem Ort der Literatur und der Kunst aus und zog 1997 ein. Auch werden im Haus Klavierabende gegeben und eine Besichtigung des historischen Gebäudes ist ebenfalls möglich.

Ludwigshöhe war das Sommerschloss der Wittelsbacher, in der 1816 mit Bayern vereinigten Pfalz. Eigentlich ist es eine Villa, doch da sie dem König Ludwig I. von Bayern als Sommersitz diente, nannte man den Bau seither das kleine Schloss, das er sich 1846 am Rande des Gebirgszuges der Haardt nach italienischem Vorbild im Stil des Historismus errichten ließ. Die Pläne lieferte der Architekt Friedrich Wilhelm von Gärtner. Baumeister war Joseph Hoffmann aus Ludwigshafen am Rhein. Erst 1852 war wegen des Ablebens des Architekten 1847 und der Abdankung des Bauherren zu Gunsten seines Sohnes Maximilian II. das Objekt durch Leo von Klenze fertiggestellt worden. 1923 ging die Villa an den Wittelsbacher Ausgleichsfond und 1975 über das

Schloss Ludwigshöhe, Edenkoben

Land Rheinland-Pfalz an die Verwaltung der Staatlichen Schlösser, heute in der Obhut der Generaldirektion Kulturelles Erbe Rheinland-Pfalz. Zu besichtigen ist die Max-Slevogt-Galerie mit 130 Werken. Konzerte und wechselnde Ausstellungen ziehen zahlreiche Besucher in das schön gelegene Areal. 2007 wurde im Gewölbekeller die Sammlung Hinder/Reimers des 20. Jahrhunderts untergebracht. Ein Freiluftcafé mit Aussicht auf die Oberrheinische Tiefebene lädt zum Verweilen ein. Jährlich findet Ende August ein Schlossfest zum Geburtstag von König Ludwig I. statt. Sehenswert im Innern des kleinen Schlosses sind die vielfältigen Malereien, der Speisesaal und die Wohnräume des Königspaares.

Oben: Wasserschloss Edesheim

Unten: Wasserschloss Edesheim, Garten

Wasserschloss Edesheim

67483 Edesheim

Verbandsgemeinde Edenkoben
Landkreis Südliche Weinstraße

 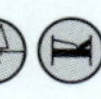  

Edesheim liegt im Modenbachtal am östlichen Rand des Pfälzer Waldes, zwischen Neustadt an der Weinstraße und Landau. Bereits 714 findet Edesheim unter der Bezeichnung „villa Auduino“ bzw. „Auduinovilla“ Erwähnung in einer Urkunde der Abtei Weißenburg, die bis zum 15. Jahrhundert im Besitz der damals bestehenden Anlage war. Im 14. Jahrhundert wurde mit den Bischöfen von Speyer eine ehemalige Wasserburg genannt. 1487 befand sich hier der Amtssitz und im Pfälzischen Erbfolgekrieg 1694 wurde der nun zum Schloss gestaltete Besitz durch die Franzosen vollständig zerstört. 1748 riss man den zur Bedeutungslosigkeit verkommenen Bau ab. Im 19. Jahrhundert wurde ein neues Schloss in malerischer Umgebung und zeitgemäßem Stil ge-

Festung Ehrenbreitstein

baut, das mehrfach die Besitzer wechselte. Die Innenausstattung aus der Zeit um 1810 ist in klassizistischen Formen gehalten, deren reiche Supraporten, eine davon mit Stuckrelief des schlafenden Eros, sehenswert sind. Im Jahr 2000 bekam der Schlossbau eine komplette Sanierung zum Hotel. Die Unternehmensgruppe Dr. Lohbeck hat das Schloss mit seinem Hotel und reichem Angebot an Kultur und Sport zu einem Anziehungspunkt mit Schlossfestspielen auf der Seebühne, Konzerten, Theateraufführungen, Comedy gemacht. Das Restaurant ist mit seinem Krimi-Dinner sehr beliebt.

Festung Ehrenbreitstein

56077 Ehrenbreitstein
Stadt Koblenz
Kreisfreie Stadt

Die Festung liegt auf einer abfallenden Bergzunge gegenüber der Moselmündung und war eine der stärksten nach 1815 in Europa errichteten Anlagen und Teil der Gesamtbefestigung von Koblenz. Schon Ende des 10. Jahrhunderts wurde durch Erembert, ein Mitglied des salischen Kaiserhauses, eine Befestigungsanlage begonnen. Im Jahre 1020 ging die zunächst noch kleine Anlage an den Erzbischof Poppo von Trier, die unter Erzbischof Hillin ausgebaut und durch die auf den südlich vorgelagerten Felsen errichtete Burg Helfenstein verstärkt wurde. Die ersten Verstärkungsanlagen entstanden 1511 unter Kurfürst Richard von Greifenklau, die später unter Kaspar von der Leyen und Johann Hugo von Orsbeck umfassend ausgebaut und weiter von Johann H. Lollio sowie den kurtrierischen Festungsbaumeistern Johann Christian Sebastiani und J. Hon. Ravensteyn befestigt wurden. Kurfürst Philipp Christof von Soetern wechselte im Dreißigjährigen Krieg zu den Franzosen und besetzte die Festung. Das Erzbistum Trier erhielt 1650 die Anlage, die von 1676 bis 1786 ständige Residenz der Trierer Erzbischöfe war, von Kaiser Ferdinand III. zurück. Balthasar Neumann und Hofbaumeister Johann Seiz errichteten die vorgelagerten, nach Kurfürst Franz Georg benannten Schönbornwerke. Der preußische König Friedrich Wilhelm I. besuchte 1729 die Festung. Da die Franzosen 1799 diese nicht einnehmen konnten, hungerten sie die kurtrierische Besatzung auf der Feste aus, die 1801 nach der Einnahme völlig zerstört wurde. 1815 beschloss der Wiener Kongress den Anschluss der rheinischen Provinzen an Preußen. In den Jahren 1816 bis 1832 wurde unter der preußischen Armee die Neubefestigung zuerst unter Leitung des Generalleutnants von Rauch, dann ab 1816 durch Generalmajor von Aster vorwiegend in barocken Formen vorgenommen. Im Jahre 1888 hob man die Festung auf und Ehrenbreitstein verlor seine Bedeutung, doch eine Schleifung konnte 1922 aufgrund vehementer Proteste und durch den amerikanischen General Allen verhindert werden. Während des Zweiten Weltkrieges diente die Anlage als Zufluchtsort. Das Amt für Denkmalschutz übernahm 1970 den Ehrenbreitstein und begann mit umfassenden Renovierungen. Heute befinden sich auf Ehrenbreitstein ein Museum, eine Jugendherberge und ein Restaurant, zu denen man

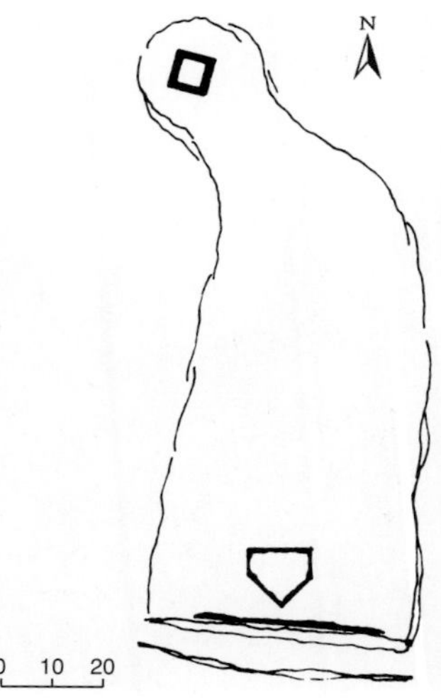

Festung Ehrenbreitstein, Grundriss (Reste der Burg aus dem 21. Jh.)

auch bequem von der Stadt mit einer Seilbahn gelangt. Zahlreiche Veranstaltungen, Theateraufführungen, Konzerte und vieles mehr bieten den Bürgern und Gästen von Koblenz eine reiche kulturelle Abwechslung. Unter der Obhut der Generaldirektion Kulturelles Erbe Rheinland-Pfalz ist der Ehrenbreitstein auch deren Sitz.

Jagdschloss Bergfeld

54533 Eisenschmitt a. d. Salm
Verbandsgemeinde Manderscheid
Landkreis Bernkastel-Wittlich

Eisenschmitt an der Salm wurde 1372 als „Yssensmyt uff der Salmen" erstmals urkundlich erwähnt und ist nordöstlich von Bitburg im European Geopark zu finden. Der Ort war ein Teil des damaligen Herzogtums Luxemburg, dessen Staatsgebiet sich bis 1794 zur Salm und an die Lieser erstreckte. Bereits im Jahre 1900 hatte der größte Arbeitgeber im Ort und Waldbesitzer, der Düsseldorfer Unternehmer Hugo von Gahlen, das nordwestlich der Ortslage im Wald liegende Jagdschloss Bergfeld erbaut. Zu seinen prominentesten Gästen zählte der deutsche Kaiser Wilhelm II. Architekt des prächtigen Schlosses war Max Wöhler, ebenfalls ein Düsseldorfer. Der westlich liegende erste Schlossteil wurde 1911 erweitert und als Wohnsitz ausgebaut. Ein separater Bau kam 1914 mit einer Kegelbahn hinzu. Das Ehepaar Gahlen wohnte hier bis 1938. Der Schlossbesitzer verstarb, nachdem er einige Jahre

Jagdschloss Bergfeld, Eisenschmitt a. d. Salm

Schloss Engers

allein auf seinem Anwesen verbracht hatte. Im Zweiten Weltkrieg nutzte man das Gebäude als Sitz des Generalstabs der VII. Armee und bis 1998 besaßen die Nachkommen mit der Familie von Berghes das Anwesen. Nach dem Zweiten Weltkrieg besetzten das Schloss zunächst die Franzosen und Amerikaner, darauf kam es an den Caritasverband und wurde als Tuberkulose-Heilanstalt geführt. Von 1962 bis 1998 nutzte es die Josefs-Gesellschaft und unterhielt hier durch die Schönstätter Marienschwestern ein Internat für schwerst- und körperbehinderte Kinder. Danach kam das im Romantikstil erbaute Jagdschloss Bergfeld in private Hände und kann nicht besichtigt werden. Ein kleiner Park mit altem und seltenem Baumbestand grenzt an den Franzosenwald.

Schloss Engers

56566 Engers
Stadt Neuwied
Landkreis Neuwied

Engers liegt am Fuß des Westerwalds, zwischen Neuwied und Bendorf, nur wenige Kilometer von Koblenz entfernt und gilt als die älteste römische Siedlung am rechten Rheinufer. 1371 erwarb der Erzbischof von Trier, Kuno von Falkenstein, von Graf Wilhelm von Wied die Stadt Engers und ließ am Rheinufer die Burg Kunostein errichten. Später verlegte dessen Bruder Werner von Falkenstein die Zollstation von Schloss Stolzenfels zur Burg Kunostein. Das Schloss steht unmittelbar am Rhein. Der Trierer Erzbischof und Kurfürst Johann Philipp von Walderdorff hat es zwischen 1759 und 1764 als Jagd-, Lust- und spätbarockes Sommerschloss nach Plänen von Johannes Seiz, Hofbaumeister und Architekt im Kurfürstentum Trier, erbauen lassen. Die Burg, von der heute noch der Graue Turm der alten Zollstation erhalten ist, riss man 1758 ab. Gemeinsam mit den genannten Architekten wirkten am prächtigen Bau der Hofstuckateur Michael Eytel, der Koblenzer Maler Januarius Zick und der Bildhauer Ferdinand Dietz sowie weitere mit. Der Kurfürst hielt sich nur im September zur Jagdsaison im Schloss auf, sonst war es meist ungenutzt. Von Walderdorff starb 1768 und mit dem Ende des Kurfürstentums wurde die Schlossanlage 1803 dem Fürsten zu Nassau-Weilburg als Sommerresidenz zugesprochen. Im Innern der Anlage befindet sich ein Treppenhaus mit reichem schmiedeeisernen Geländer und im Obergeschoss des Mittelrisalits der zweigeschossige ehemalige Festsaal mit original erhaltenem Deckenfresko. Die Stuckaturen von 1760 sind in lockerem Rocaille geschaffen. Im preußischen Besitz nutzte man das Anwesen zwischen 1862 und 1914 als Kriegsschule und während des Ersten Weltkrieges als Reservelazarett. 1928 übernahm die Anlage durch Kauf die Josefs-Gesellschaft für Behindertenfürsorge, um eine Heim-, Heil- und Lehranstalt einzurichten. Schließlich wurde es eine Orthopädische Klinik, die bis 1988 bestand, und hinzu kam die Christiane-Herzog-Schule für Körperbehinderte. Nachdem die Generaldirektion Kulturelles Erbe Rheinland-Pfalz das Schlossgebäude übernahm, wurde 1995 die Landesstiftung Villa Musica untergebracht. Es entstand ein Museum mit alten Musikinstrumenten und Gemälden kurtrierischer Fürsten. Schlossführungen durch die Prunkräume, Open-Air-Veranstaltungen im Schlosshof sowie Theatervorstellungen sind Besuchermagneten. Das Gästehaus und ein Restaurant runden das Angebot für Bewohner und Touristen ab.

Burg Berwartstein

76891 Erlenbach

Verbandsgemeinde
Dahner Felsenland
Landkreis Südwestpfalz

Erlenbach mit seiner Felsenburg Berwartstein findet man auf halber Strecke zwischen Dahn und Bad Bergzabern an einer Nebenstraße der B 427 im südlichen Pfälzerwald. Die Burganlage liegt auf einem hohen bewaldeten Bergrücken oberhalb der Ortsgemeinde Erlenbach bei Dahn. Kaiser Friedrich I. Barbarossa hatte

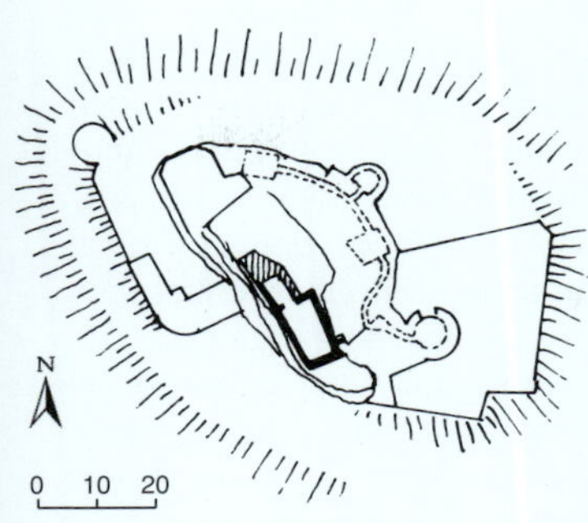

Burg Berwartstein, Erlenbach, Grundriss

1152 dem Speyer Bischof Günther die Reichsburg geschenkt, die im 13. Jahrhundert im Besitz eines Ministerialgeschlechts war. Dieses hatte sich nach der Burg benannt. Nachdem 1314 Verbündete der Städte Hagenau und Straßburg das Raubnest eroberten und zerstörten, wurde es wieder aufgebaut. Die Burg kam von 1347 bis 1472 an die Abtei Weißenburg im Elsass, dann in die Hände des Pfälzischen Kurfürsten, der sie 1480 an seinen Marschall, den Thüringer Ritter Hans Drott, verlieh. Nachdem dieser die Befestigungen der Burg verstärkt hatte, wurde sie sein Stützpunkt für zahlreiche gegen Weißenburg gerichtete Kriegs- und Raubzüge. Der kurfürstliche Marschall, Heerführer und Raubritter Hans Drott starb 1503, und 1591 fiel auch sein einstiges Raubritternest einem Brand durch Blitzschlag zum Opfer, der die Anlage zur Ruine machte. Kaiser Ferdinand III. gab die Burgruine mit der zugehörigen Herrschaft den Schenken von Waldenburg, die das Lehen bis zur französischen Revolution innehatten. Erst 300 Jahre später baute man die Burg wieder auf, die sich seit dem 18. Jahrhundert in Privatbesitz befand und von 1893 bis 1895 durch Theodor von Baginski zu Wohnzwecken ausgebaut wurde. Nochmals beschädigt wurde Burg Berwartstein im Zweiten Weltkrieg. Heute kann man hier eine völlig intakte Küche und eine Waffen- und Folterkammer besichtigen. Im Rittersaal richtete man eine urige Gaststätte ein, deren 500 Jahre alter Speiseaufzug noch

Burg Berwartstein, Erlenbach, Grundriss

heute funktioniert. Die Gesamtanlage ist zu zwei Dritteln in Fels gehauen. Es ist die einzige Burg im Wasgau, die wieder aufgebaut wurde und bewohnt wird.

Schloss Ahrenthal

53489 Franken
Stadt Sinzig
Landkreis Ahrweiler

Franken ist der südlichste Ortsbezirk von Sinzig, gelegen auf den Randhöhen der Eifel im Quellgebiet des Frankenbaches, und war einst vermutlich eine fränkische Siedlung aus der Merowingerzeit. Urkundlich erwähnt wurde der Ort erstmals mit seiner Kirche 1131. Das Wasserschloss Ahrenthal liegt im Harbachtal zwischen Sinzig und dem hiesigen Stadtteil. Es geht auf den Reichsministerialen Rolman I. von Sinzig zu Ahrendahl (frühere Schreibweise) zurück. Erwähnt wurde eine erste Wasserburganlage 1331 unter dem Namen Bovendorf, als Ritter Wilhelm Rolman I. von Sinzig diese dem Kölner Erzbischof Heinrich II. von Virneburg zu Lehen auftrug. Rolmans Sohn Heinrich fügte dem Anwesen 1336 eine Vorburg mit Zugbrücke und Wehrmauer hinzu. Bald schwand auch die Ortsbezeichnung Bovendorf und nannte sich fortan Ahrenthal, so auch die Besitzer. Ab 1356 wurde die Anlage Reichslehen und die Brüder Heinrich II. von Ahrenthal und Salentin teilten den Besitz auf. Nach dem Tode Heinrichs II. ging dessen Anteil durch Heirat seiner Tochter Margarete mit Otto Heinrich von Wiltberg an dieses Geschlecht über. Mit Kunibert starben 1512 die Herren von Sinzig zu Ahrendahl in männlicher Linie aus, sodass die Gesamtanlage an die von Wiltberg kam. Diese ersetzten den spätmittelalterlichen Wohnturm im 16. Jahrhundert durch einen Dreiflügelbau im Renaissancestil mit vier runden Ecktürmen und die Vorgängeranlage wurde in den Neubau einbezogen. 1621 starb auch diese Familie mit Adolf von Wiltberg aus, deren Nachfolger 1631 Friedrich Wilhelm von Efferen wurde. Acht Jahre später folgte auf der Burg nach Friedrichs Tod Wilhelm von Hillesheim, ein 1712 in den Reichsgrafenstand erhobener Besitzer. Erste größere Schäden traten durch 1651 eingestürzte renaissance Teile des Hauptgebäudes und am Turm des Brauhauses ein, doch Menschen kamen nicht zu Schaden. Da man finanziell den Wiederaufbau nicht stemmen konnte, hatte man spätestens 1668 die Burg verlassen. 1428 befand sich das Anwesen im Lehensrecht des Trierer Kurfürsten, dessen Nachfolger die

Schloss Ahrenthal, Franken

Jülicher Herzöge waren und bis 1702 Ahrenthal zu Lehen hatten. Die Herrschaft ging in unmittelbares Reichslehen über. Franz Caspar Wilhelm von Hillesheim ließ 1728 vom kurpfälzischen Hofbaumeister Johann Adam Breunig eine Um- und Neugestaltung der Bauten und der barocken Gartenanlage vornehmen. Die älteste Schwester des vorherigen Besitzers, Anna Elisabeth Augusta Maria, heiratete 1756 Ambrosius Franz von Spee. Das Anwesen ging an diesen über, wurde aber wenig genutzt, da sich sein Stammsitz auf Schloss Heltorf befand. Wilhelm Reichsgraf von Spee ließ um 1890 das ruinöse Renaissancegebäude abreißen und an gleicher Stelle das Schlossgebäude nach Plänen der Architekten Bernhard Tüshaus und Leo von Abbema aus Düsseldorf erbauen. Im Jahre 1920 brannten die Gebäude der Vorburg bis auf die Außenmauern nieder und wurden bis auf eine spärliche Innenausstattung wieder aufgebaut. Von 1921 bis 1923 bekam der Schlossbau eine umfassende Renovierung. Der Druck des Berghangs zerstörte 1954 die Remise und 1973 brach der östliche Eckturm der Wirtschaftsgebäude zusammen, den man 1981 wieder errichten ließ. Ab dem Jahre 2004 begann man mit umfassenden Sanierungs- und Restaurierungsarbeiten am Hauptgebäude, das als Seminarzentrum und Bildungseinrichtung genutzt wird, mit sportlichen und kulturellen Freizeitangeboten.

Freusburg

Freusburg

57548 Freusburg
Stadt Kirchen
Landkreis Altenkirchen

Die frühmittelalterliche Höhenburg liegt auf einer Bergkuppe hoch über dem Tal der Sieg und Freusburg, einem Stadtteil von Kirchen. Erstmals erwähnt wurde die Burg im Jahre 913, doch die eigentliche Anlage entstand um 1100 und im Jahre 1131 wurde sie mit Graf Eberhard von Froitzberg (Freusburg) genannt. Namentlich erwähnt wurde sie erstmals bei einer Erbteilung 1247. Graf Heinrich IV. von Sayn ließ die Burg um 1580 um den „Heinrichsbau" erweitern. Die Burg wurde 1376 Kurtrierer Lehen, das sie 1606 als heimgefallen einzog und schließlich auch 1626 das Amt Freusburg besetzte. Die Witwe des Grafen von Sayn konnte den Besitz 1633 zurückgewinnen, verlor diesen jedoch wieder 1637 an Kurtrier. In den Wirren des Dreißigjährigen Krieges wechselten häufig die Besitzer. 1652 Gerichtshof, der 1856 nach Kirchen verlegt wurde. Mit dem Westfälischen Frieden ging der Besitz an die Sayn'schen Erbtöchter zurück, war bis 1802 Amtssitz der Reichsgrafen Sayn-Altenkirchen und fiel dann an Nassau. Mit dem Wiener Kongress kam das Gebiet an Preußen, das König Friedrich Wilhelm III. in Besitz nahm, und die Burg diente ab 1896 dem preußischen Forstfiskus als Wohnung. 1928 wurde die Burganlage als Jugendherberge eröffnet, nachdem sie Wilhelm Münker für den Jugendherbergs-Gau Westfalen vom preu-

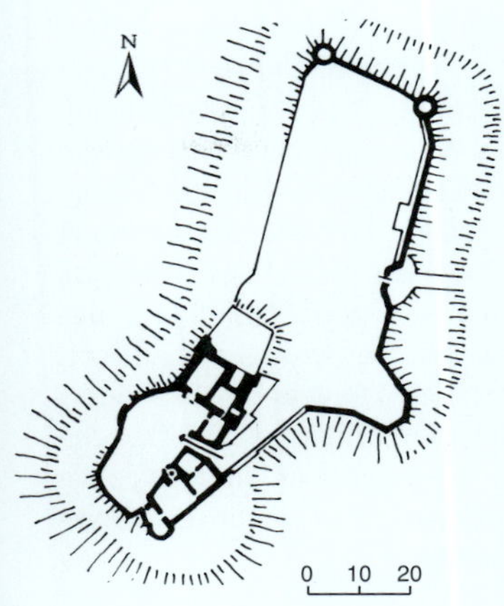

Freusburg, Grundriss

ßischen Staat erstritten hatte. 1981 stellte man den Betrieb ein, worauf die Anlage modernisiert und vom Bundespräsidenten Richard von Weizsäcker 1986 wieder eröffnet wurde. Eine prächtige Aussicht bietet sich dem Besucher auf die umliegende Waldlandschaft und in das Siegtal.

Schloss Friedewald

57520 Friedewald
Verbandsgemeinde Daaden
Landkreis Altenkirchen

Friedewald mit seinem Schloss liegt nordöstlich von Hachenburg im Norden des Landes, im Hohen Westerwald. In diesem Gebiet und im Daadetal konnten erst im 14. Jahrhundert die Grafen von Sayn ihre Landeshoheit sichern. Der treue Gefolgsmann des Königs und späteren Kaisers Ludwig von Bayern, Graf Johann zu Sayn, starb 1324. Gottfried II. von Sayn erwirkte die Stadtrechte für den Ort im gleichen Jahr und König Ludwig gab die Erlaubnis zur Gründung einer Schutz- und Trutzburg. Im Jahre 1350 gelang es dem Grafen mit Hilfe des Erzbischofs Balduin von Trier, das Raubritternest des Albert von Seelbach in der Nähe zu zerstören. Seit 1367 war der Besitz Kölner Lehen und 1609 wurde die Anlage verstärkt. Im Dreißigjährigen Krieg war das Schloss letzter Zufluchtsort für die Grafschaft. 1671 kam Friedewald zur Reichsgrafschaft Sayn-Altenkirchen, die bis 1791 hier ihren Hauptsitz hatte. Das Renaissanceschloss entstand um 1580 durch Graf Heinrich von Sayn als repräsentativer Ersatz für die mittelalterliche Burganlage.

Schloss Friedewald

Der aus dem Adelsgeschlecht der Sayn-Wittgenstein-Sayn stammende Alexander Graf von Hachenburg kaufte 1885 die Burgruine und errichtete sie wieder im einstigen Stil, zog nach zehn Jahren dort ein und baute sie weiter aus. Dehio bezeichnet die Anlage als ein besonderes Beispiel deutscher Fürstenschlösser des Manierismus, einer Übergangsform zwischen der Renaissance und dem Barock. Im Jahre 1912 verkaufte der Graf das Schloss an Prinz Otto von Sayn-Wittgenstein-Berleburg. Im Jahre 1933 wurde die Innenausstattung auf einer Auktion verkauft und nach dem Zweiten Weltkrieg diente das Schloss als Privatwohnsitz, als Lehrerbildungsanstalt und Lazarett. 1949 zog die Evangelische Sozialakademie Friedewald im Schloss ein. Auch die Stiftung Sozialer Protestantismus nutzt einen Teil der Anlage seit 2004 und seit 2000 beherbergt das historische Anwesen ein Hotel mit vielen Angeboten. Besonders die Krimi-Dinner und Märkte ziehen Besucher an. In der Kapelle werden auch Trauungen vorgenommen.

Wildenburg, Friesenhagen

Wildenburg

51598 Friesenhagen
Verbandsgemeinde Kirchen
Landkreis Altenkirchen

Friesenhagen liegt westlich von Freudenberg im Wildenburger Land und ist die nördlichste Gemeinde von Rheinland-Pfalz. Der Besitz des Wildenburger Landes war in den Händen der Herren von Wildenburg, die im frühen 13. Jahrhundert als Herren von Aremberg Vögte des Werdener Besitzes waren. Sie bauten die Höhenburg und benannten sich 1239 nach ihr. Als letzter dieses Geschlechts starb 1418 Hermann von Wildenburg und seine Neffen traten das Erbe an. Es waren die Kinder seiner Schwester Jutta, die seit 1387 mit Johann von Hatzfeldt

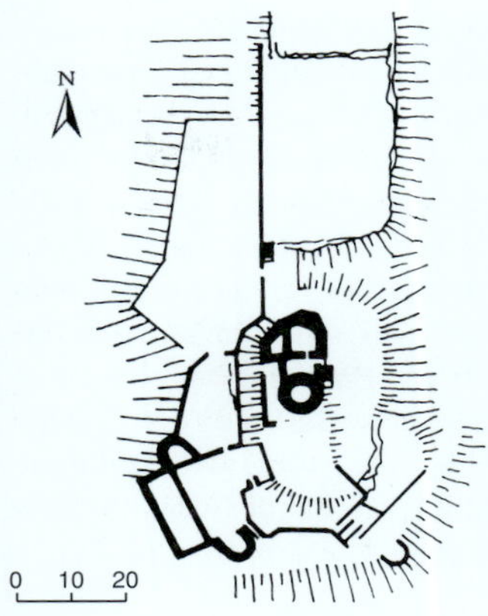

Wildenburg, Friesenhagen, Grundriss

vermählt war. Die Burg war somit bis 1806 im Besitz dieser Familie. Danach kam das Wildenburger Land an das Großherzogtum Berg und 1815 an Preußen. Anschließend verfiel die Anlage, nachdem sie verlassen und Ende des 19. Jahrhunderts als Steinbruch genutzt wurde. Erhalten blieben außer Mauerzügen der Turm und Gebäudereste, die aus der Zeit des 14. bis 18. Jahrhunderts stammen. So auch der hohe Bergfried mit Barockhaube sowie eine Bastion des 15./16. Jahrhunderts, die 1757 und 1932/33 ausgebaut wurde. Im Jahre 1946 kam das Anwesen an das Land Rheinland-Pfalz. Die Vorburg, in der sich die von Hatzfeldt'sche Försterei befindet, kann von außen besichtigt werden.

Schloss Fußgönheim

67136 Fußgönheim
Verbandsgemeinde Maxdorf
Rhein-Pfalz-Kreis

Westlich von Ludwigshafen am Rhein liegt in der Oberrheinischen Tiefebene am östlichen

Schloss Fußgönheim

Ortsrand von Fußgönheim das Schloss. Gebaut wurde es in den Jahren 1728 bis 1731 für den kurpfälzischen Hofkanzler Jakob Tilmann, Freiherr von Hallberg, als hufeisenförmige Anlage in schlichten ländlichen Formen. Im Jahre 1741 wurde die barocke Schlosskirche St. Jakobus Major mit Rundbogenfenstern und Giebelportal fertiggestellt. Nachdem das Schloss 1815 zwangsversteigert wurde, wechselte es in der Folge häufig den Besitzer und wurde als Laden, Scheune und Lager genutzt, diente aber auch als Zigarrenfabrik, Kriegsgefangenenlager und als Raiffeisenmagazin. Im Jahre 1972 erwarb den historischen Bau die katholische Kirchengemeinde Fußgönheim, die das Schloss mit Unterstützung des Heimat- und Kulturfördervereins aufwendig restaurieren ließ. Dabei wurde der Mittelteil der Schlosskirche 1973/74 zur katholischen Pfarrkirche umgebaut. Der Kulturförderverein richtete in verschiedenen Gebäudeteilen ein Heimat-, Kartoffel- sowie ein Freilichtmuseum ein. Auch finden hier verschiedene Märkte statt und die Schlossscheune dient Veranstaltungen. An der Kirche befindet sich die Familiengruft derer von Hallberg. Der ehemalige Schlossgarten, in den Jahren 1983 und 1984 wieder hergestellt, ist für die Öffentlichkeit zugänglich.

Schloss Ardeck, Gau Algesheim

Schloss Ardeck

55435 Gau Algesheim

Landkreis Mainz-Bingen

Keine drei Kilometer vom Rhein entfernt, am Rande der Mainz-Ingelheimer Rheinebene, auf den Terrassen zum Rheinhessischen Westplateau, liegt Gau-Algesheim, zwischen Ingelheim und Bingen, nahe der B 41. Die am Ortsrand gelegene ehemalige Burg, das heutige Schloss Ardeck, entstand vermutlich aus einer 1112 erwähnten Wasserburg der Mainzer Erzbischöfe. Genannt wurde diese in schriftlichen Quellen als „Moseburg", doch als Vorgängerbau ist sie für das heutige Schloss nicht nachgewiesen. Im Jahre 1248 wird von einem Burglehen berichtet und 1316 ein Burggraf sowie 1343 ein Amtmann bezeugt. 1350 wird hier eine Burgkapelle erwähnt. Auch die bauliche Entwicklung der bestehenden Anlage ist nicht eindeutig geklärt. Als wahrscheinlich gilt aber für Burg Ardeck, dass während des Pontifikats des Mainzer Erzbischofs Dietrich Schenk zu Erbach die Anlage um die Mitte des 15. Jahrhunderts zeitweise von ihm als Nebenresidenz genutzt wurde. Er ließ sie großzügig schlossartig um- und ausbauen. Es war ursprünglich eine annähernd kreisförmige Anlage mit Bergfried und zwei Tortürmen, von der ein lang gestreckter ehemaliger Wohnbau mit Stufengiebel, zwei runde Ecktürme des 16. Jahrhunderts und ein Torbogen erhalten geblieben sind. Im Jahre 1466 war Algesheim Eigentum des Grafen Philipp von Katzenelnbogen und Diez, das 1480 von Erzbischof Diether von Isenburg eingelöst und noch im gleichen Jahr dem Herzog Albrecht von Sachsen verpfändet wurde. Nach dessen Ableben gingen Ort und Burg 1484 wieder an das Erzstift zurück. Schwer getroffen wurden die Menschen 1646 während des Dreißigjährigen Krieges durch Brandschatzung und Plünderung, dem die Pest folgte. Anschließend wurde Gau Algesheim von den Franzosen besetzt. Das Großherzogtum Hessen bekam 1816 Gau Algesheim, das später zu Rheinland-Pfalz zurückkam. Das Schloss diente in der Folgezeit ab 1972 als Sitz der Verbandsgemeindeverwaltung. 1998 richtete man einen Kindergarten ein, von 2000 bis 2002 wurde die Anlage zu einem Bürgerzentrum umgestaltet. Seit 2002 ist im Schloss Ardeck das Rheinhessische Fahrradmuseum untergebracht, es gibt Sonderausstellungen und Konzerte.

Schloss Gelsdorf

Schloss Gelsdorf

53501 Gelsdorf
Gemeinde Grafschaft
Landkreis Ahrweiler

Unmittelbar am Meckenheimer Autobahnkreuz, südlich von Meckenheim, ist in der Voreifel Gelsdorf mit seinem kleinen spätbarocken Herrensitz zu finden. Es ist ein Schloss nach französischem Muster mit Backsteinfassaden und Natursteindekor und stellt eine bemerkenswerte Baukunst dar. Erstmals wird 1220 eine Wasserburg als Stammsitz der Herren von Gelsdorf urkundlich erwähnt. Aus dieser Familie stammen im 13. und 14. Jahrhundert Lehnsleute des Erzstifts Köln. Im Besitz der Burg war in der zweiten Hälfte des 14. Jahrhunderts Johann von Saffenburg, dessen Erbe an den Grafen von Virneburg fiel. Im Jahre 1554 kam Graf Dietrich von Manderscheid an das Anwesen. 1716 wird Freiherr Lothar Friedrich von Hundheim mit der Burg belehnt und sie schließlich 1734 an Johann Bernhard von Halberg verkauft. Bald darauf kam Konstantin von Gruben an den Besitz und baute 1766 die dreiflügelige Wasserschlossanlage mit Herrenhaus, Vorburg, Gesindehaus, Ställen, Remisen und Wassergräben. 1820 verpfändeten seine Enkelinnen das Anwesen, worauf es später Freiherr von Geyr bei einer Zwangsversteigerung erwarb. Den Herrensitz teilten sich die Gemeinde und die Kirche als Schule und Pfarrhaus nach der Parzellierung des Grundstücks 1840. Ein Brand vernichtete 1979 die Innenausstattung vollständig, worauf man die Ruine einem Interessenten verkaufte, der das Schloss von 1982 bis 1993 als Wohnanlage wieder aufbaute.

Schloss Gemünden

55490 Gemünden
Verbandsgemeinde Kirchberg
Rhein-Hunsrück-Kreis

Gemünden liegt am südwestlichen Rand des Soonwaldes, der zum Rheinischen Schiefergebirge gehört, zwischen

Schloss Gemünden

Kirchberg im Nordwesten und Simmertal im Südosten. Die Schlossanlage steht beherrschend auf einem Bergsporn über dem Ort und wurde wohl im 12. Jahrhundert von den Grafen von Sponheim begründet. Als diese 1417 ausgestorben waren, kam der Besitz an Kurpfalz, Simmern und Baden und wurde 1514 an die Familie Schenk von Schmidtburg verkauft. 1814 erwarben von den Schmidtburgs, genau nach drei Jahrhunderten, die von Salis-Soglio das Anwesen. Das älteste Burghaus in der westlichen Hauptburg um 1300 wurde von den Franzosen zerstört und ist heute noch Ruine. Erhalten blieben der tonnengewölbte Keller und die heutige Kapelle sowie die Stümpfe der beiden Rundtürme an den Ecken. Der um 1520 erneuerte „neue Bau“ ist das Wohnschloss mit vier runden Ecktürmen. Es war ursprünglich zweigeschossig und wurde nach der Zerstörung im Pfälzischen Erbfolgekrieg 1689 durch den Kurtrierer Hofbaumeister Hans Georg Judas von 1718 bis 1728 dreigeschossig wieder aufgebaut. An der Südostseite befindet sich das Portal mit Dreiecksgiebel. Die Kapelle birgt das Grabmal für Fritz von Schmidtburg, gestorben 1538. Im Schloss befinden sich ein gusseiserner Ofen und Möbel sowie eine Waffensammlung aus Schloss Soglio in der Schweiz, dessen Besitzer der Freiherr von Salis-Soglio ist. Für Feierlichkeiten, wie Eheschließungen, können Räumlichkeiten gemietet werden.

Grimburg

Grimburg

54413 Grimburg
Verbandsgemeinde Hermeskeil
Landkreis Trier-Saarburg

Grimburg liegt im Naturpark Saar-Hunsrück, südlich von Hermeskeil, direkt an der Landesgrenze zum Saarland. Die Geschichte Grimburgs ist stark mit der Entstehungsgeschichte der Burg verknüpft. Sie wurde vermutlich 1150 von den Edelherren von Saarbrücken errichtet. Im Jahre 1190 baute Erzbischof Johann I. die zu der Zeit zerstörte Burg wieder auf und 1220 befand sich hier eine feste Besatzung von zehn Mannen. Von 1258 bis 1268 lebte auf der Burg ein Kaplan oder Priester. Um 1332 verlieh König Ludwig der Bayer das Stadtrecht für Grimburg. Kaiser Maximilian I. hielt sich 1512 mit seinem Gefolge in der Burganlage auf und 1522 nahm diese der Reichsritter Franz von Sickingen kampflos ein. 1585 bekam die Burgkapelle durch Kurfürst Johann VII. von Schönenberg eine Erneuerung und wurde erweitert. Mit Hexenprozessen und Inhaftierung im Hexenturm um 1600 verweist die Burg auf ihre Schattenseite, worüber man sich im ortsansässigen Hexenmuseum informieren kann. Starke Verluste wurden während des Dreißigjährigen Krieges von 1618 bis 1648 verzeichnet und die Burg litt unter der Besatzung. Im Jahre 1648 wird der Gastwirt, Bierbrauer und Zöllner Matthias Lauer aus Wadrill vom Erzbischof und Kurfürst Philipp Christoph von Sötern als Obermeier des Amtes eingesetzt, dessen Verwaltung 1690 verlegt wurde. Nach eintretendem Verfall diente die Burg viele Jahre als Steinbruch, bis sich 1978 der Förderverein ihrer annahm und mit der Freilegung und der Wiederbelebung der Burg begann.

Schloss Guntersblum

Schloss Guntersblum

67583 Guntersblum

Landkreis Mainz-Bingen

Guntersblum liegt auf der linken Rheinseite zwischen Mainz und Worms, nahe der B 9 in Rheinhessen. Erste Erwähnung erfährt Guntersblum im Lorscher Codex in der Zeit zwischen 830 und 850. Nach dem Pfälzischen Erbfolgekrieg sah sich die Ortsherrschaft der Grafschaft Leiningen-Dagsburg-Falkenburg veranlasst, Guntersblum zu ihrer Residenz zu wählen. Jacob von Campoing, Erb- und Eigentumsherr von Mettenheim, kaufte hier einen Gutshof und 1708 stand der Rohbau der damaligen Residenz. Das Haus Leiningen-Dagsburg-Falkenburg konnte die

Schloss Hachenburg

Baufortsetzung nicht finanzieren, sodass die Ehefrau des Bauherrn Carl Ludwig, Reichsgräfin Anna Sabina von Nostitz, eine Hofdame der Kurfürstin Anna Sophie von Dänemark und Norwegen, hilfreich einsprang. Mit Beginn der Innenausstattung starb 1709 ihr Gemahl im Großen Nordischen Krieg. Schließlich verkaufte 1717 Anna Sabina von Nostitz das gesamte Anwesen nebst neuem Schloss an den kurpfälzischen Geheimen Rat, Oberjägermeister und Oberamtmann Karl von Venningen. Das Leininger Geschlecht kam 1787 mit Graf Wilhelm Carl von Leiningen-Guntersblum wieder an das Schloss, der dieses bis 1789 umfassend renovieren und ausbauen ließ. Es wurde Herberge zunächst für Angehörige der gräflichen Familie und danach auch für Fremde. Schließlich verkauften 1833 die Leininger ihr stattliches, lang gestrecktes Barockschloss mit Mansarddach an die Guntersblumer Gemeinde, die es 1834 als neues Rathaus einweihte. Im Kellergeschoss befindet sich ein großzügiger Veranstaltungsbereich. Noch heute ist es Sitz der Verbandsgemeinde mit Standesamt und Arbeitsbereich des Ortsbürgermeisters. Rund um das Schloss gibt es jährlich verschiedene Feste und Märkte.

Schloss Hachenburg

57627 Hachenburg

Westerwaldkreis

Gelegen im Westerwald, zwischen Koblenz im Süden und Siegen im Norden, ist Hachenburg mit seinem Schloss zu finden. Anfangs stand hier eine Burg, die 1180 Graf Heinrich II. von Sayn am Ostrand der Grafschaft zum Schutz der Ost-/Weststraße gründete und die in der Folge Sitz des Geschlechts war. Vollendet hatte den Bau sein Sohn Heinrich III. von Sayn 1212, der parallel das benachbarte Zisterzienserkloster Marienstatt erbauen ließ. Genannt wurde die Burg erstmals 1222. Im Jahre 1314 verlieh Kaiser Ludwig der Bayer dem Ort das Stadtrecht, als er noch aus dem heutigen Altstadtbereich bestand. Er wurde erstmals 1343 urkundlich erwähnt. 1654 vernichtete ein Großbrand erhebliche Teile der Innenstadt, einschließlich der Burg. Die Grafen Salentin von Manderscheid und Georg Friedrich von Sayn-Hachenburg ließen die Stadt wieder aufbauen und die Burg als Barockschloss gestalten, das bis 1799 Residenz der Linie Sayn-Hachenburg war. Der Nassau-Weilburger Architekt Julius Ludwig Rothweil erweiterte die ursprünglich weitläufige hufeisenförmige Anlage mit Burggarten auf Anweisung von Graf Georg Friedrich zu Sayn 1717 bis 1726 zu der heutigen symmetrischen Baugruppe. Während der Jahrhunderte brachen zahlreiche Feuer in der Stadt aus und unter den verschiedenen Kriegen litten die Menschen große Not. Im 20. Jahrhundert wechselte das Schloss mehrfach den Besitzer. Das Landschaftsmuseum Westerwald mit naturkundlichen und geologischen Sammlungen sowie ur- und frühgeschichtlichen Funden war zeitweise im ehemaligen Jagdzeughaus im Schlossgarten untergebracht. Seit 1974 ist in der gewaltigen Baugruppe aus fünf Flügeln, mit angeordneten Eckbauten, die Hochschule der Deutschen Bundesbank untergebracht. Der Hof öffnet sich mit einer Terrasse hin zum ehemaligen Park. Am historischen Bau wurden in den Jahren 1971/72 und 1978 bis 1980 eingreifende Umbaumaßnahmen im Inneren und der Anbau neuer Gebäudeflügel an das Wohnschloss und an die Vorburg vorgenommen. Eine Außenbesichtigung wird gestattet.

Schloss Hahnheim

55286 Hahnheim
Verbandsgemeinde
Nierstein-Oppenheim
Landkreis Mainz-Bingen

Hahnheim liegt zwischen Wörrstadt und Oppenheim, südlich von Mainz. Das ehemalige Renaissanceschloss mit dem Treppenturm vom Ende des 16. Jahrhunderts wurde im 19. Jahrhundert verändert und 1961 rückgebaut. Es war ein ländlicher Adelssitz der Herren von Dienheim, die über den Ort herrschten. In der Linie dieses Geschlechts befanden sich hochgestellte Persönlichkeiten wie Kurpfälzer und Kurmainzer Amtmänner sowie Domherren. Eberhard von Dienheim war von 1581 bis 1610 Bischof von Speyer. Mitte des 16. Jahrhunderts kaufte der Kurmainzer Rat Albrecht von Dienheim den Ort mit Kirche und Pfarrrecht. Dessen Sohn Johann Heinrich erwirkte den Bau einer Kirche in Hahnheim. Er errichtete 1590 auch das Schloss, worauf das Portal neben dem Treppenturm verweist. Es war ursprünglich von einer Wehrmauer umgeben und ein bestehender Schalenturm wurde bei der Restaurierung in den 1960er-Jahren abgebrochen. Auch dieser Bau wurde 1689 wie viele andere niedergebrannt. Der in Mainz wohnende Ludwig Carl von Dienheim ließ ihn Mitte des 18. Jahrhunderts notdürftig wieder herstellen. Im 19. Jahrhundert besaßen verschiedene Besitzer das Schloss, trotzdem hatte sich der bauliche Zustand bis in das 20. Jahrhundert hinein weiter verschlechtert. Mit Professor Dr. Meissner, dem großherzoglichen Denkmalpfleger, kam auch der Retter des Schlossbaus. Er stellte das Gebäude unter Denkmalschutz, doch der damalige Besitzer Schilling verweigerte eine Erneuerung der Anlage. Der Metzgermeister von Hahnheim, Philipp Schömbs, kaufte 1919 den Herrensitz. Der Bau verlor 1961 bei einem Unwetter das Dach. Ein Herr Sucker erlöste 1963 das Schloss von seinem tristen Dasein und begann mit der originalgetreuen Restaurierung, die nach zehn Jahren beendet war. Doch wieder stand der Bau einige Jahre ungenutzt. Neue Besitzer wurden die Grafen zu Sayn-Wittgenstein. Heute ist das Schloss eine private Wohnanlage.

Schloss Hahnheim

Wasserschloss Hahnstätten

Wasserschloss Hahnstätten

65623 Hahnstätten
Rhein-Lahn-Kreis

Hahnstätten liegt an der B 54, südlich von Limburg an der Lahn. Die erste Burg ließ Kuno Rödel von Reifenberg 1362 an einem Seitenarm der Aar errichten. 1392 eroberte, verwüstete und plünderte Ruprecht, Pfalzgraf bei Rhein, mehrere Orte, darunter auch Hahnstätten. Die kleine neue Wasserburg des 16. Jahrhunderts wurde durch die Herren von Schönburg erbaut. Erst im 18. Jahrhundert erfolgte ein Umbau der Burg zum Schloss. Zum Jahreswechsel 1815/16 kam das Wasserschloss in den Besitz des Freiherrn Marschall von Bieberstein, nach dem fortan das Anwesen als „Bieberstein'sches Schloss" bezeichnet wurde. Besessen hat es diese Familie bis 1969. Mit dieser Herrschaft gab es auch einen merklichen Aufschwung im Dorf, doch schon 1834 verstarb der Freiherr und Staatsminister von Bieberstein. Ihm zu Ehren beteiligten sich die Einwohner aktiv am Bau seiner kleinen zweijochigen neugotischen Grabkapelle mit Sterngewölbe. Das Anwesen mit drei zweistöckigen Flügeln um den annähernd quadratischen Hof und mit haubengedecktem Treppenturm hat 1969 ein Privatmann erworben, der das Schloss zu Wohnzwecken umgestaltete. Es ist für Außenstehende nicht zugänglich.

Schloss Hambach

67434 Hambach
Stadt Neustadt a. d. W.
Landkreis Südliche Weinstraße

Hambach ist der südliche Stadtteil von Neustadt an der Weinstraße und gilt als Wiege der deutschen Demokratie, da hier 1832 auf dem Schloss das Hambacher Fest, eine Freiheitskundgebung, stattfand. Seit 1935 gilt der Ort als Winzerdorf. Errichtet wurde die Burg um 1030, die man zu jener Zeit auch Kästenburg nannte und die wohl unter Kaiser Konrad II. als salische Reichsburg gegründet wurde.

1100 gelangte sie als Schenkung in den Besitz des Hochstifts von Speyer. Im späten Mittelalter war die von den Fürstbischöfen im 13. Jahrhundert ausgebaute Burg ein bevorzugter Aufenthaltsort und Sitz eines Amtmanns. Während des Bauernkriegs wurde sie 1525 geplündert, 1552 durch Markgraf Albrecht-Alcibiades von Brandenburg-Bayreuth zerstört, behelfsmäßig wieder hergestellt und schließlich 1688 im Pfälzischen Erbfolgekrieg erneut und endgültig zerstört. Im Jahre 1797 erklärte man die Ruine zum französischen Nationalgut und 1815 fiel sie an das Königreich Bayern. Der Abbruch der Anlage wurde verhindert und das Anwesen an 16 Neustädter Bürger verkauft. Bedeutendes Ereignis war das bereits genannte Hambacher Fest, als 30 000 Bürger unter der schwarz-rot-goldenen Flagge für die Freiheit und Einheit Deutschlands demonstrierten. Mit der Freiheit und Einheit wurde es noch nichts, doch die Burg bekam einen neuen Herren. Die Pfälzer schenkten die Ruine 1842 dem bayrischen Kronprinzen Maximilian als Hochzeitsgabe und von 1844 bis 1846 folgte der Ausbau nach Plänen von August von Voit und Friedrich Ziebland zur Sommerresidenz, blieb jedoch unvollendet. Die Gesamtanlage verfiel daher weiter, kam ab 1952 in das Eigentum des Kreises Neustadt, worauf erste Maßnahmen zur Sicherung getroffen wurden. Von 1979 bis 1982 bekam die Burg eine durchgreifende Restaurierung und wurde innen vollständig ausgebaut. Einst war die Burg im 12. und 13. Jahrhundert eine großartige Anlage mit drei Ringmauern und Zwingern, aus deren Zeit nur die Kernburg, der Bergfried und der Hohe Mantel erhalten geblieben sind. Der Palas an der Ostseite enthält in seinen beiden unteren Geschossen weitgehend das originale Mauerwerk. Der Festsaal im Nordflügel des Palas ist aus der jüngsten Ausbauzeit. Die Stiftung

Schloss Hambach

„Hambacher Schloss“ macht sich sehr verdient um die Erhaltung der kulturhistorischen Gedenkstätte und zum Ort politischer und kultureller Veranstaltungen. Schlosswanderungen werden durchgeführt und Trauungen vollzogen, Räume für Feierlichkeiten zur Verfügung gestellt, Konzerte gegeben, Foren durchgeführt und bei den Kleinen ist das Kindertheater beliebt.

Schloss Hamm

54636 Hamm
Verbandsgemeinde
Bitburg-Land
Eifelkreis Bitburg-Prüm

Hamm liegt im Naturpark Südeifel, ungefähr zehn Kilometer nordwestlich der Kreisstadt Bitburg. Die erste urkundliche Erwähnung geht auf das Jahr 893 im Prümer Urbar (einem Güterverzeichnis der Benediktinerabtei Prüm) zurück. Schon 1052 wurde die Lehensburg der Grafen von Vianden im Besitz der mit ihnen verwandten Herren von Hamm genannt. Nach deren Aussterben 1371 ging sie an die von Milburg, dann 1583 an die von Horst und 1698 an die Grafen von Lannoy. Es ist noch heute eine der größten bewohnten Eifelburgen in herrlicher Lage auf einem lang gestreckten, von der Prüm in einer großen Schleife umflossenen Bergrücken. Die mächtige Schlossanlage ist im Kern spätmittelalterlich und im heutigen Erscheinungsbild von 1895/96. Der rechteckige Bering mit zwei runden Halbtürmen stammt wohl im Wesentlichen aus dem 14. Jahrhundert. Ein Zugang im Nordwesten führt durch zwei Tortürme in den Burghof, vorbei an der 1700 er-

Schloss Hamm

Hardenburg

neuerten Kapelle. Das einstige Wohnhaus aus dem 14. Jahrhundert stand an der Nordseite des Burghofs und wurde 1586 verändert. Den Garten mit Schalenbrunnen legte man 1891 an. 1945 wurde ein Teil der Anlage durch Brandstiftung zerstört, von der nur zwei schlanke runde Treppentürme und die westliche Schmalwand erhalten geblieben sind. Die ursprüngliche Ausstattung des Wohnhauses fiel dem Feuer zum Opfer. Der rechteckige Saalbau zwischen dem linken Treppenturm und der Kapelle ist mit vier schönen bandartigen Kreuzrippengewölben auf Säulendiensten, wohl aus dem 15. Jahrhundert, geziert. Im Schloss, das sich in Privatbesitz befindet, können für Festlichkeiten und Lesungen Räume gemietet und Eheschließungen in der Kapelle vollzogen werden.

Hardenburg

67098 Hardenburg
Stadt Bad Dürkheim
Landkreis Bad Dürkheim

Die Hardenburg am Ostrand des Pfälzerwaldes, nahe der Kreisstadt Bad Dürkheim, ist auch noch als Ruine eine der mächtigsten Burgen der Pfalz. Sie gehörte einst den Grafen von Leiningen und wurde nach Erwerb der Schirmvogtei über Kloster Limburg 1205 auf dessen Grund und Boden durch den Grafen Friedrich II. von Saarbrücken gegründet.
Dieser führte nach dem Tode seines Schwiegervaters den Namen Leiningen weiter. Erworben wurde das Gelände erst 1249, doch 1214 erstmals erwähnt. Im Jahre 1317 wurde die Burg Stammsitz der jüngeren Linie

Leiningen-Hardenburg. Unter den Grafen Emich VII. und ein halbes Jahrhundert später unter Emich VIII. wurde sie erweitert und für den Kampf mit Geschützen verstärkt. Von 1560 bis 1725 nutzten sie die Leininger als gräfliche Residenz. 1692 wurden die Außenwerke von den abziehenden Franzosen gesprengt. 1725 zogen die Leininger in das neu erbaute Schloss in Dürkheim ein. Nachdem die Burg 1794 in Brand gesteckt worden war, verfiel sie zur Ruine und kam 1820 in Staatseigentum. Die heutige Erscheinung der Burg geht auf den Ausbau des späten 15. und frühen 16. Jahrhunderts zurück. Aus dieser Zeit stammen die drei runden Geschütztürme an den Ecken der Hauptburg. Auch die gewaltige Westbastion an der Bergseite des mittelalterlichen Halsgrabens und der Bollwerksturm zählten in diese Zeit. Die hintere Vorburg mit zwei Rundtürmen liegt östlich der Hauptburg und südlich davon der 1587 angelegte ehemalige Burggarten. Heute befindet sich die Hardenburg in der Obhut der Generaldirektion Kulturelles Erbe Rheinland-Pfalz und wird laufenden Sanierungen unterzogen. Besucher können sich hier an Burgfesten und Musikveranstaltungen erfreuen und das Areal erkunden.

Burg Windeck, Heidesheim

Burg Windeck Schloss Heidesheim

55262 Heidesheim

Landkreis Mainz-Bingen

Westlich der Landeshauptstadt Mainz liegt im Norden von Rheinhessen Heidesheim, am sogenannten Rheinknie.

Wer Nachfolgebesitzer der Burg Windeck nach dem Aussterben der Herren von Winterau wurde, ist noch unerforscht. Doch ist wohl anzunehmen, dass Herdegen I. von Winternheim den viereckigen Wehrturm vor 1150 erbaut haben könnte. Im Jahre 1414 ging die Burg mit einem Drittel des Gerichts Heidesheim an den Mainzer Erzbischof Jo-

Schloss Heidesheim

hann II. von Nassau. Der erzbischöfliche Amtmann Johann Langwert von Simmern zog 1481 in das Schloss und Heinrich von Stockheim nach 1577 in die Schlossmühle. Die im Besitz der kurfürstlichen Hofkammer befindliche Burg blieb vermutlich ungenutzt. 1629 kam die Burg und das Hofgut mit einem Achtel des Heidesheimer Zehnten als Erbbestand an Samuel Becker, Kellermeister der Martinsburg zu Mainz. Nach dem Ende des Dreißigjährigen Krieges, nach 1650, gelangte Burg Windeck an die Freiherren von Bockenheim, die sie gut 150 Jahre in Erbpacht besaßen. Schließlich kam die Gemeinde Heidesheim 1993 an die Burg und ließ den ruinösen Bau mit viel Engagement des Vereins Heimatmuseum Burg Windeck e.V. restaurieren. Sie ist ein bedeutsames, gut erhaltenes Beispiel einer ursprünglich von Wassergräben umgebenen Turmburg frühmittelalterlichen Typs. Erhalten blieben der quadratische hohe Wohnturm und die ihn kreisförmig umgebende Ringmauer, später durch ein Wohnhaus überbaut. Am südwestlichen Ortsrand von Heidesheim, am Fuß der Flur Sommerau, liegt die Schlossmühle, ein eingefriedetes herrschaftliches Anwesen aus dem 13. Jahrhundert. Hier besaß Ritter Werner von Winterau Land, das er 1317 seinen Söhnen hinterließ.

1577 ließ der Mainzer Domkantor Heinrich von Stockheim an Stelle eines einfachen Mühlengebäudes das noch heute erhaltene **Renaissanceschloss** und den Kapellenturm errichten, das ihm als Amtssitz und Wohnung diente. Zugleich beherbergte das Hauptgebäude eine Mühle. Im Jahre 1677 kam das Stockheimische Wohnhaus samt Zubehör an den Mainzer Kurfürsten Damian Hartard von der Leyen, dessen Nachfahren es bis 1802 besaßen. 1918 verkauften die Erben von August Krebs die Schlossmühle an den Wiesbadener Ingenieur Michael Schön. In der Mitte des 19. Jahrhunderts war das weitläufige, teilweise terrassierte Gelände von einer Ringmauer mit spätgotischem Torbogen umschlossen. Das völlig verwahrloste Anwesen kam 1970 an ein Ingelheimer Pharmaunternehmen, das es zu einem repräsentativen Wohnsitz für ein Mitglied der Unternehmensleitung sanieren ließ. Das Anwesen ist für die Öffentlichkeit nicht zugänglich.

Schloss Herrnsheim

67550 Herrnsheim
Stadt Worms
Kreisfreie Stadt

Erst im 16. Jahrhundert gibt es eine gesicherte urkundliche Erwähnung eines Schlosses im heutigen Stadtteil Herrnsheim von Worms, im Wonnegau von Rheinhessen. Es ist einer der bedeutendsten Schlossbauten der ersten Hälfte des 19. Jahrhunderts im Land, bemerkenswert auch wegen seiner zeitgenössischen Ausstattung und des weiträumigen Parks. 1557 war es der Kämmerer von Worms, Eberhard von Dalberg, der ein

Schloss Herrnsheim

Testament bezeugen ließ, doch für eine Vorgängerburg fehlt jeglicher Beweis. Dass es hier jedoch einen Hof gegeben haben muss, geht aus einer Urkunde des 14. Jahrhunderts hervor. Einen wehrhaften Bau soll der Wormser Stadtkämmerer Philipp von Dalberg 1460 als Residenz erbaut haben. Von ihm stammt der noch heute vorhandene Rundturm am westlichen Ende der Gartenfront. Erhebliche Beschädigungen erhielt das Schloss im Dreißigjährigen Krieg, der Ort wurde 1635 als öd und desolat bezeichnet. Es war französisches Prinzip, eingenommene Bauten grundsätzlich niederzubrennen, so ereilte auch 1689 im Pfälzischen Erbfolgekrieg das Herrensheimer Schloss das gleiche Schicksal. Ab 1711 wurde nach Plänen des Mainzer Architekten Kaspar Herwarthel mit dem Wiederaufbau begonnen, doch das Schloss bereits 1792 erneut durch General Custine stark beschädigt. Einen großartigen Umbau im Empire-Stil, nach Plänen von Jakob Friedrich Dyckerhoff, erhielt das Schloss ab 1808 für Emmerich Joseph von Dalberg. Man stockte das Schloss auf drei Geschosse auf und gestaltete die Fassade komplett neu. Für Emmerich Josephs Tochter Marianne und ihren zweiten Gemahl Lord Leveson wurden von 1842 bis 1845 nach Plänen des Mainzer Kreis- und Provinzialbaumeisters Ignaz Opfermann eine Terrasse angebaut und der Rundturm zur Bibliothek ausgebaut. Lord Dalberg-Acton verkaufte den Besitz 1883 an den Lederfabrikanten Cornelius Wilhelm von Heyl zu Herrnsheim, der als Freiherr in den Adelsstand erhoben wurde. Seit 1957 ist der Herrensitz im Besitz der Stadt Worms. Diese ließ die Schlossanlage instand setzen und legte ein Schlossmuseum in den Bau. Die Stadt führt im Schloss und Park repräsentative und kulturelle Veranstaltungen durch. In der Orangerie befindet sich eine gastronomische Einrichtung und im Schlosskeller zeigt man Ausstellungen. Räumlichkeiten für Feste können gemietet werden. Im Park befinden sich Werke vom Gartenarchitekten Friedrich Ludwig von Sckell wie Schillerturm, Badehaus, Pavillon sowie Rhenusbrunnen aus der Zeit um 1806. Die Teichanlage wurde von 1992 bis 1994 aufwendig saniert.

Schloss Herrnsheim, Orangerie

Burg Herrstein

Burg Herrstein

55756 Herrstein
Landkreis Birkenfeld

Südlich des Idarwalds im Hunsrück, an der Deutschen Edelsteinstraße im Naheland, liegt das vom Fischbach durchflossene Städtchen Herrstein, südwestlich von Idar-Oberstein und nördlich von Nohfelden. Die Burg wurde 1279 erstmals urkundlich noch als „Herestyn" erwähnt und gehörte mit dem Ort zur Grafschaft Sponheim. Die regelmäßige quadratische Anlage besaß ursprünglich vier runde Ecktürme und wurde in der zweiten Hälfte des 13. Jahrhunderts gegründet. Anfang des 14. Jahrhunderts hatte Loretta von Salm den Grafen Heinrich II. von Sponheim-Starkenburg geheiratet, worauf ihnen Schloss Herrstein und dazugehörige Dörfer zugewiesen wurden. Die Burg sollte auch als künftiger Witwensitz Lorettas gelten, worauf sie nicht lange warten musste. Früh zur Witwe geworden, kämpfte sie gegen die Gebietsansprüche des mächtigen Erzbischofs Balduin, entführte ihn und erzwang sich somit Respekt und ihre Rechte. Daraufhin ging sie als eine der mutigsten Frauen des Mittelalters in die Geschichte ein. In der Schlosskirche befindet sich die Ruhestätte der letzten Gräfin Walpurga von Sponheim, die hier ihre Witwenjahre von 1437 bis 1456 verbrachte. Anstelle des schlichten Barockschlosses stand vermutlich bis zum teilweisen Einsturz 1737 ein gotisches Schloss. Es stellte ein seltenes Beispiel des „Castelltyps" dar. Der Stumpfe Turm an der Nordseite ist jetzt der Glockenturm der Kirche, dem 1959 das steile Kegeldach neu aufgesetzt wurde. An der Südostseite steht der Schinderhannesturm mit dem Rundbogenfries, vorkragendem Obergeschoss mit Treppenaufgang und anstelle des vierten Eckturms das neue Schloss. Letzteres war seit 1742 Amtshaus, ein mächtiger, schlichter Barockbau mit Mansarddach. Der Wehrgang wurde

1973 restauriert. Heute finden jährlich Mittelalterfeste vor dem früheren Schloss statt.

Schloss Herxheim

76863 Herxheim

Landkreis Südliche Weinstraße

Die kleine Stadt Herxheim liegt östlich der A 65 und südöstlich von Landau in der Pfalz. Im Jahre 1057 kam der Ort durch Schenkung des salischen Kaisers Heinrich IV. in geistlichen Besitz des Hochstifts Speyer und verblieb bei diesem gut 600 Jahre. Das ehemalige Schloss stammt aus der Zeit um 1770. Über den Bauherrn und Eigentümer konnten keine Angaben ermittelt werden. Zu vermuten ist, dass der historische Bau während der langen Zeit in speyerischem Besitz, auch vorher schon christlich geführt wurde. Im Jahre 1855 kamen die ersten Frauen, welche im ‚Armenhaus' soziale Arbeit leisteten. Sie waren Schwestern aus Niederbronn und trugen noch französische Namen wie Flavie, Sevère und Roberte. „Von der Wiege bis zur Bahre" wurde die erste Ausstellung, die in den provisorischen Räumen des heutigen Museums Herxheim gezeigt wurde. Als St.-Josefsheim (Altenheim) dürfte der Bau somit auch schon auf eine längere Geschichte zurückgreifen können, dem in jüngerer Zeit ein umfangreicher Neubau im rückwärtigen Bereich angegliedert wurde. Um den einfachen Bau mit spätbarockem Krüppelwalmdach und steinerner Immakulata, auf hohem Sockel an der Ecke, ranken sich zahlreiche Lebensgeschichten. Das frühere Schloss diente zeitweise als Suppenküche, Kinderbewahranstalt, als Nähschule, Waisenheim, Kranken- und Armenhaus, Behindertenheim, Wöchnerinnenstation bis hin zum heutigen Altenzentrum St.-Josefsheim.

Schloss Herxheim

Schloss Dhaun

55606 Hochstetten-Dhaun
Verbandsgemeinde Kirn-Land
Landkreis Bad Kreuznach

Das Schloss und der Ortsteil liegen hoch über dem Kellenbachtal, zwischen dem nördlich gelegenen Hunsrück und der südlich gelegenen Pfalz. Das Schloss gilt als die größte Anlage ihrer Art im Nahetal. Erwähnt wurde es erstmals 1215 als Burg, die von den Wildgrafen als Vögte der Trierer Abtei St. Maximin errichtet wurde. Ab 1263 nutzten die Anlage verschiedene Seitenlinien und hier kam es von 1337 bis 1342 zur Dhauner Fehde zwischen den Wildgrafen und dem Trierer Erzbischof Balduin. Im Jahre 1729 begann man mit dem Ausbau zum Renaissanceschloss unter Wildgraf Karl und seit 1750 war es Witwensitz. Geplündert wurde die Anlage 1794 und 1804 als Nationaleigentum versteigert sowie größtenteils abgebrochen. Anstelle der Vorburg entstand ein englischer Garten und von 1971 bis 1977 baute man die noch bestehende Anlage zur Heimvolkshochschule aus. Begibt man sich hinauf zum Schloss, kommt man durch einen Zwinger, vorbei an der Ruine der Georgskapelle von 1608, und erreicht den oberen Torbau von 1526 mit Spitzbogenfries und wappengeschmücktem Gusserker. Danach kommt man durch

Schloss Dhaun, Hochstetten-Dhaun

Burg Hohenecken

den erwähnten Garten zum wieder aufgebauten und veränderten Rittersaal, über dessen Portal das Ehrenwappen des Rheingrafen Philipp Franz, gestorben 1561, prunkt. Die Hofmauer trägt einen mächtigen Wappenlöwen aus Sandstein des 18. Jahrhunderts. Erhalten geblieben sind von der mittelalterlichen Burganlage im Bereich der Oberburg Ruinen der 1661 eingeweihten St.-Georgskapelle und das Küchenhaus sowie zwei Bastionen und der Bering mit Wehrtürmen und Toranlage. Am ehemaligen Palas blieb im Westflügel das Eingangsportal erhalten. Die Schlossakademie lädt seit 1957 als Heimvolkshochschule zu Seminaren im Bereich der Jugend- und Erwachsenenbildung ein. Auch die Kommunalakademie Rheinland-Pfalz und die Volkssternwarte Schloss Dhaun haben hier eine Unterkunft gefunden. Der Rittersaal steht für Festlichkeiten aller Art zur Verfügung.

Burg Hohenecken

67661 Hohenecken
Stadt Kaiserslautern
Kreisfreie Stadt

Hohenecken liegt im Pfälzerwald, dessen gleichnamige Burg über dem Stadtteil auf einem Ausläufer des Schlossbergs thront. Zu finden ist der Ort südwestlich von Kaiserslautern. Ende des 12. Jahrhunderts begann man vermutlich mit dem Bau der Reichsburg zum Schutze der Straße von Kaiserslautern nach Weißenburg. Verliehen wurde sie zu Beginn des 13. Jahr-

Burg Grenzau, Höhr-Grenzhausen

hunderts an einen Kaiserslauterer Ministerialen, dessen Geschlecht sich fortan von Hohenecken nannte. Erstmals erwähnt wurde die Burg 1212 mit dem Geschlecht von Hohenecken, das bis 1665 in ihrem Besitz war. Ab dem 14. Jahrhundert teilten sie den Besitz mit zahlreichen Ganerben. Nachdem auch hier 1689 die Franzosen wüteten, zerstörten sie die Burg fast vollständig. Es ist eine dennoch gut erhaltene Anlage der Stauferzeit, die im 15./16. Jahrhundert einen Umbau erfuhr, deren Oberburg sich auf einem nur wenige Meter hohen Felsen befand und von einem fünfseitigen Bergfried überragt wurde. Die ehemalige Unterburg zeigt noch Reste eines Gebäudes aus dem 16. Jahrhundert und ebenso Relikte der Ringmauer. Die katholische Rochuskapelle ist ein einfach dreiseitig geschlossener Saal mit Dachreiter von 1748. Vom beliebten Ausflugsziel hat man eine herrliche Sicht auf die Umgebung.

Burg Grenzau

56203 Höhr-Grenzhausen
Westerwaldkreis

Höhr-Grenzhausen ist der Mittelpunkt der keramischen Industrie im Kannenbäckerland und wird auch als „Kannenbäckerstadt“ bezeichnet. Sie liegt nördlich von Koblenz nahe der A 48. Burg Grenzau ist die Ruine einer Spornburg nördlich von Höhr-Grenzhausen, gelegen auf steilem Felsvorsprung, vom Saynbach umflossen, und besitzt als einzige Burg Deutschlands einen dreieckigen Bergfried. Es war Heinrich I. von Isen-

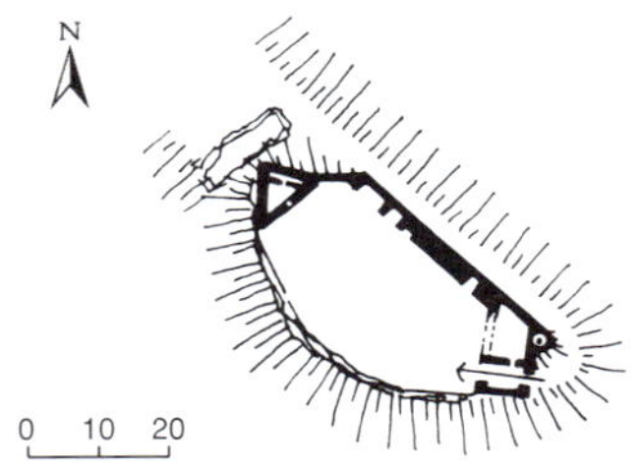

Burg Grenzau, Höhr-Grenzhausen, Grundriss

burg, der die Anlage um 1210 als Burg Gransioie erbauen ließ, die ihre erste urkundliche Erwähnung 1213 hatte. Im Jahre 1324 lebte hier die mittlere Linie der Herren von Isenburg-Grenzau. Erzbischof Balduin von Trier eroberte 1346 während der Grenzauer Fehde die Anlage. Ein Jahr später erkannte Philipp I. die Lehnsherrschaft an. Auch 1439 lebten die Grafen von Isenburg in der älteren salentinischen Linie auf Burg Grenzau und 1460 erhielt Gerlach II. die Burg von Kurtrier zurück. Die Angehörigen der jüngeren salentinischen Linie lebten 1557 auf Grenzau und verstärkten die Befestigungsanlagen. Im Dreißigjährigen Krieg setzten 1635 französische Truppen die Burg in Brand und 1664 fiel die fast ruinöse Anlage nach dem Ableben des Grafen Ernst von Isenburg-Grenzau wieder an Kurtrier. Gegen Ende des 18. Jahrhunderts galt sie als verfallen. Die Burgkapelle brach man 1788 ab und errichtete sie an anderer Stelle neu. 1793 stürzte das Dach des Schlossturmes ein. 1803 kam die Anlage in den Besitz von Nassau-Weilburg, 1866 an Preußen. Im Jahre 1925 erwarb sie der Regierungsbaumeister Rudolph Arthur Zichner aus Wiesbaden, der sie dem Nerother Wandervogel (Jugendbewegung) zur Verfügung stellte. Knappe 30 Jahre später erwarb das Anwesen Hans Spiegel und begann mit Erhaltungsmaßnahmen. Seit seinem Tod 1987 betreut eine Familiengesellschaft die Burg. Auf der Burg werden Führungen angeboten und im Museum kann man eine gute Sammlung rheinischen, vor allem Westerwälder Steinzeugs besichtigen, das meist auf der Burg ausgegraben wurde. Aber auch hessisches, fränkisches und sächsisches Steinzeug sowie Eisengusskunst des 19. Jahrhunderts, wie Kaminplatten, können besichtigt werden.

Burgruine Ardeck

65558 Holzheim

Verbandsgemeinde Diez

Rhein-Lahn-Kreis

Holzheim liegt an der Aar, nur drei Kilometer südöstlich von Diez, und wurde 772 erstmals

Burgruine Ardeck, Holzheim

Burgruine Ardeck, Holzheim, Grundriss

schriftlich in einer Schenkungsurkunde erwähnt. Die spätmittelalterliche Burgruine der einstigen Burg Ardeck ist eine Höhenburg auf frei zugänglicher Anhöhe und wurde vermutlich anstelle einer 1248 zerstörten Burg errichtet. Sie war im Mittelalter Landesburg der Grafschaft Diez und erfuhr 1395 die erste urkundliche Nennung in einer Chronik durch Tilemann Elhen von Wolfhagen. Die Burg wurde wohl auch in diesem Jahr durch Graf Adolf von Nassau-Diez erbaut und war eine Schutzburg gegen Katzenelnbogen. Die Familie des Dietrich von Diez hatte ab 1467 auf dem Anwesen ihren Hauptsitz, den sie von den Herren der Grafschaft als Lehen erhielt. Bis 1727 wechselten im Lehensbesitz der Burg weitere Mitglieder dieses Geschlechts. Das Anwesen blieb danach unbewohnt, verfiel und galt 1740 als gänzlich ruinös. Heute zeigt sich dem Betrachter eine kleine, unregelmäßig rechteckige Anlage, an deren östlicher Angriffseite sich eine Schildmauer mit rundem Eckturm und an der westlichen Spitze ein schlanker runder Hauptturm befindet. Darüber hinaus verfügt die im Besitz der Gemeinde Holzheim befindliche Ruine über zahlreiche Wehrgänge mit Zinnen und Rundbogenfries.

Burg Bosselstein, Idar-Oberstein

Burg Bosselstein Schloss Oberstein

55743 Idar-Oberstein
Landkreis Birkenfeld

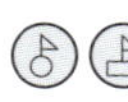  

Idar-Oberstein ist als Edelstein- und Garnisonsstadt bekannt und liegt am südlichen Rand des Hunsrücks beiderseits der Nahe.

Die **Burg Bosselstein**, in der Obhut der Generaldirektion Kulturelles Erbe Rheinland-Pfalz, auch als Altes Schloss bezeichnet, steht auf steil hervorragender Felsnase über dem oberen Stadtteil Oberstein, etwas unterhalb neben dem Schloss Oberstein. Benannt wurde die heutige Ruine einst nach dem Beinamen der Bossel, einer der beiden Obersteiner Linien. Errichtet wurde die Burg im 12. Jahrhundert durch die Herren von Stein und erstmals aus Anlass der Auftragung als Lehen an Kurtrier 1197 erwähnt. Ab 1600 wurde die Anlage nicht mehr bewohnt, verfiel und kam als Ruine 1945 an das Land. Erhalten blieben Reste eines runden Bergfrieds und wenige Umfassungsmauern, ein Turmstumpf und Reste des Palas. Der Bosselstein mit Vorwerk und zwei Halsgräben war im Mittelalter nur schwer einnehmbar. Die Anlage befindet sich gegenwärtig in Sanierung.

Schloss Oberstein wurde um 1320 erbaut und war eigentlich eine 1336 erstmals urkundlich erwähnte mittelalterliche Burg, westlich vom Alten Schloss über dem Stadtteil gelegen. Sie wurde ständiger Wohnsitz der Herren von Daun-Oberstein, die 1230 in die Uradelsfamilie derer von Stein einheirateten. Bis in das Jahr 1624 saß dieses Geschlecht auf dem Schloss, danach wurde es zum Verwaltungssitz eines Vogtes. Die Franzosen bauten die Anlage während der Reunionskriege nach 1680 als Festung aus. 1697 wurden die vier Ecktürme gesprengt und die Kellermagazine geschleift. Schließlich brannte der Schlossbau 1855 aus und wurde von 1920 bis 1956 nach notdürftiger Sanierung als Jugendherberge genutzt. 1961 stürzte ein Teil der Ostmauer ein und anschließend setzte sich der Verfall fort, bis engagierte Bürger 1981 den Niedergang aufhielten, vor allem der 1963 gegründete Burgenverein Schloss

Schloss Oberstein, Idar-Oberstein

Oberstein e.V. Im Jahre 1998 wurde die Stadt Eigentümer von Schloss Oberstein. Bis heute wurden einige Räume ansprechend restauriert, die man für Feiern und Seminare nutzen kann. Vor der Schlosskulisse findet jährlich der Theatersommer Schloss Oberstein statt und eine Gaststätte beköstigt die Besucher.

Kaiserpfalz

55218 Ingelheim am Rhein
Landkreis Mainz-Bingen

In Ingelheim am Rhein, 15 Kilometer westlich von Mainz, befand sich seit der zweiten Hälfte des 8. Jahrhunderts eine Kaiserpfalz und diente den Kaisern und Königen bis ins 11. Jahrhundert hinein als Aufenthalts- und Regierungsort. Wegen der Nähe zu Mainz war das zur Kirche gehörende, 807 erstmals genannte Hofgut für den König als Krongut daher von großer Wichtigkeit. Es war Schauplatz zahlreicher Reichsversammlungen, vor allem unter Ludwig dem Frommen und Otto dem Großen. Heinrich III. hatte hier 1043 seine Eheschließung mit Agnes von Poitou gefeiert und 1105 dankte Heinrich IV. gezwungenermaßen ab. Mit der ottonischen Herrschaft wurden auch die Besuche in Ingelheim häufiger. Auch Friedrich I. Barbarossa war vermutlich 1154 oder 1163 ein Mal in Ingelheim, wohl zu einem Treffen mit Hildegard von Bingen. Über längere Zeit gibt es keinen Nachweis zur Kaiserpfalz, bis sich Karl IV. 1354 als letzter Herrscher hier aufhielt. Den Kaisern folgten in der Herrschaft die Grafen von Ingel-

Kaiserpfalz, Ingelheim am Rhein

heim und mit ihnen eine Blütezeit des Ingelheimer Oberhofs im Spätmittelalter. Nachdem man die Anlage erneuert hatte, diente die wohl von Burgmannen bewohnte Pfalz vor allem der Territorialpolitik und der Sicherung. Nach der Zerstörung 1689 haben sich noch Reste von Gebäudeteilen und Wehrmauern erhalten. Im Jahre 2004 richtete man ein Museum an der Kaiserpfalz mit der Goldmünze Karls des Großen, der Ingelheimer Riemenzunge sowie Marmor- und Porphyrresten ein. Auch wird ein Modell der Pfalz gezeigt. Besucher können eine Besichtigung auf dem historischen Rundweg um die Ausgrabungsstellen vornehmen.

Burg Isenburg

Burg Isenburg

56271 Isenburg

Verbandsgemeinde Dierdorf

Landkreis Neuwied

Die Geschichte des Dorfes, das auf halber Strecke zwischen Bendorf am Rhein und Dierdorf zu finden ist, hat eine enge Verbindung mit den Herren von Isenburg. Die gleichnamige Burg in der Mitte des Ortes ist gleichzeitig dessen Wahrzeichen und steht auf einem hohen Bergvorsprung am Zusammenfluss des Ommels-, Wiebels-

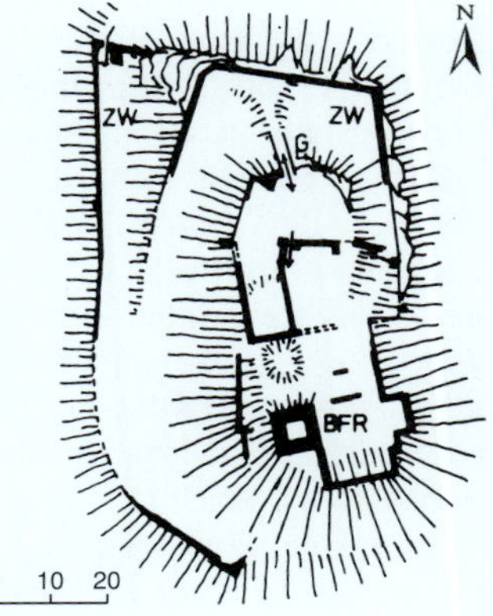

Burg Isenburg, Grundriss

und Iserbachs mit dem Saynbach. Ihre Ersterwähnung findet sich in einer Urkunde des Erzbischofs Bruno von Trier aus dem Jahre 1103. Noch vor der Entstehung der Burg um 1100, vermutlich durch Reinbold und Gerlach von Isenburg als Stammsitz erbaut, tauchten beide bereits in einer Urkunde des Erzbischofs Poppo von Trier 1041 und 1042 auf. Das Geschlecht teilte sich schnell in verschiedene Zweige. Damit wurde die Anlage zur Ganerbenburg. Zum Ende des 12. Jahrhunderts standen innerhalb des Berings vier verschiedene wohnturmartige Häuser für die Linien Isenburg, Wied, Kobern und Grenzau.

Bewohnt war der Herrensitz noch 1633, als spanische Truppen ihn besetzten, doch nicht zerstörten. Schließlich verfiel die Isenburg 1664 nach dem Tode von Graf Ernst, der keine Nachkommen hinterließ. Eine Folge dessen war 1771 der Einsturz der südlichen Hälfte des Bergfrieds mit Treppenhaus. Nachweisbare Rechnungen von 1783 bis 1810 verweisen auf den Abbau als Steinbruch. Erhalten blieben der Torturm der Vorburg, Reste des Bergfrieds und von Wohn- und Wirtschaftsgebäuden. Der 2005 gegründete Förderverein „Freundeskreis der Isenburg e. V.“ setzt sich für die Erhaltung der Ruine ein. Sie ist Eigentum der Fürsten von Wied.

Burg Liebenstein
Burg Sterrenberg

56341 Kamp-Bornhofen
Verbandsgemeinde Loreley
Rhein-Lahn-Kreis

Kamp-Bornhofen liegt am Rhein im UNESCO-Welterbe Oberes Mittelrheintal, südlich von Braubach und südöstlich von Boppard auf der gegenüberliegenden Rheinseite.

Jeder hier kennt die Geschichte der „Feindlichen Brüder“, deren Burgen im Volksmund so genannt werden und hoch über dem Rhein thronen. **Ruine Liebenstein** liegt auf gleichem Felsgrat östlich von Sterrenberg aus der Sicht vom Rhein gesehen. Rudolf Freiherr von Preuschen von und zu Liebenstein ließ an der Burg 1977/78 umfangreiche Restaurierungsarbeiten vornehmen. Sie ist jüngeren Datums als ihre Nachbarin. Mit dem Übergang der Burg

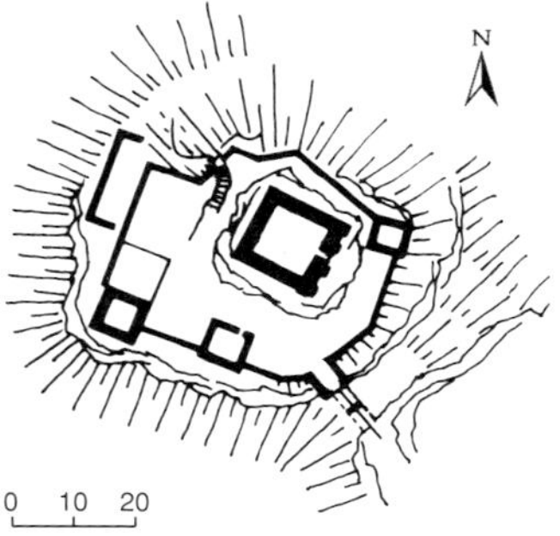

Burg Liebenstein, Kamp-Bornhofen, Grundriss

Sterrenberg an Kurtrier standen nun die beiden Burgen gegeneinander. Liebenstein wurde 1295 erstmals erwähnt und wurde wohl im 13. Jahrhundert als Vorburg zur Burg Sterrenberg errichtet, dessen beide Anlagen die Herren von Bolanden, spätere Sponheim-Dannenfels zu Lehen hatten. Ausbauen ließ die Anlage in den Jahren 1284 bis 1290 Albrecht von Löwenstein, Ehemann der Luccardis von Bolanden. Werner VI. von Bolanden auf Burg Sterrenberg bemühte sich, der Nichte den Besitz streitig zu machen. Zu jener Zeit verkaufte Graf Heinrich von Sponheim-Dannenfels, Erbe des Hauses Bolanden, die Anlage an die von Sterrenberg, die sich später von Liebenstein nannten. Im Jahre 1529 war die Burg stark verfallen und unbewohnbar. Einer der bedeutenden Lehensträger war Franz Friedrich von Liebenstein, Hofmeister, Oberamtmann und oberster Befehlshaber der Stadt und Burg Saarbrücken, der 1596 verstarb. Nach Aussterben der Liebensteiner 1637 ging die Burganlage an den Kurmainzer Kanzler Gerhard von Waldenburg und wegen dessen Kinderlosigkeit kam sie 1783 als Lehen an Georg Ernst Ludwig von Preuschen. Heute findet man eine Burganlage mit Schildmauer und fast zerfalle-

Burg Liebenstein, Kamp-Bornhofen

Burg Sterrenberg, Kamp-Bornhofen

nem quadratischen Bergfried vor. Im unregelmäßigen Bering stehen an dessen Westecke ein siebenstöckiger quadratischer Wohnturm des 14. Jahrhunderts und Reste einer Toranlage sowie unterhalb der Schildmauer des Halsgrabens die Ruine eines quadratischen Turmes. Dieses Kulturdenkmal befindet sich in Privatbesitz und kann auf eine Hotelanlage, ein Restaurant mit Café, ein Standesamt sowie eine herrliche Aussicht verweisen.

Heute gehört die auf einem Felsgrat gelegene **Ruine Sterrenberg** dem Land und ist in Obhut der Generaldirektion Kulturelles Erbe Rheinland-Pfalz. Sie war vermutlich vor 1110 Reichsburg und um 1295 Reichslehen derer von Bolanden, darauf im Besitz der Grafen von Sponheim-Dannenfels. Nach dem Grafengeschlecht kam die Anlage 1315 zum Teil und 1320 ganz an Kurtrier und war noch 1492 Kurtrierer Amt. Seit 1568 wurde die Burg nicht mehr bewohnt und verfiel. Seit 1587 erzählt man sich die Geschichte von den feindlichen Brüdern, was keineswegs mit rivalisierenden Brüdern zu tun hatte, sondern mit den Grafen von Sponheim und den Erzbischöfen von Trier als unterschiedlichen Landesherren. In den Jahren von 1968 bis 1978 begannen auf der Burg Instandsetzungsarbeiten und der teilweise Ausbau der Anlage. Der mächtige quadratische Bergfried wurde 1974 auf die ursprüngliche Höhe aufgestockt und verputzt. Er steht in einem engen Zwinger auf hohem Felssockel, den ein rechteckiger Bering umgibt. Die Burgschenke ist ein gotisierender Neubau von 1972. Zwei Schildmauern richten sich an der Südostseite gegen die Burg Liebenstein, die jeweils das Burgportal enthalten. Von der Terrasse hat man eine prächtige Aussicht in das Rheintal und auf Bad Salzig.

Burg Kastellaun

56288 Kastellaun

Rhein-Hunsrück-Kreis

Die Kleinstadt Kastellaun liegt im vorderen Hunsrück, auf halber Strecke zwischen Boppard und Kirchberg an der B 327, beziehungsweise südöstlich von Cochem. Erstmals urkundlich genannt wurde der Ort 1226 als „Kestilun“. Die gleichnamige, 1266 erstmals erwähnte und auf einem Schieferfelsen gelegene Burg, die bis 1417 zur vorderen Grafschaft gehörte, erbauten die Grafen von Sponheim. Simon II. von Sponheim und seine Gemahlin Elisabeth machten 1301

Burg Kastellaun

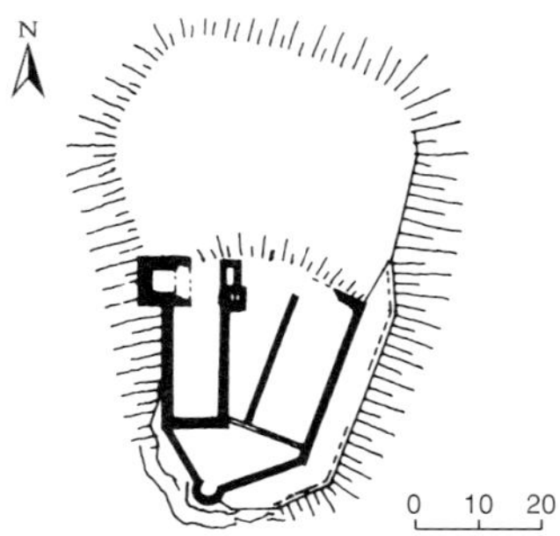

Burg Kastellaun, Grundriss

Burg und Stadt zu ihrer Residenz. Er verlieh dem Ort 1305 das Stadtrecht, auch erwirkte er vom Kaiser Heinrich VII. 1309 das Marktrecht. Im Jahre 1321 belagerte Erzbischof Balduin von Luxemburg die Stadt und Burg und baute 1325 gegen Kastellaun die Burg Balduinseck bei Buch. Walram von Sponheim verließ 1340 die Anlage und ging nach Bad Kreuznach. Danach lebten auf der Burg bis 1594 verschiedene Amtmänner. 1689 wurde die Anlage durch Franzosen zerstört, worauf sie in der Folge als Steinbruch diente und 1755 als Steinhaufen bezeichnet wurde. Erhalten sind Baureste aus dem 14. Jahrhundert mit Ober- und Niederburg, durch einen Felssockel getrennt. Die Oberburg besteht nur noch aus der Westwand des Palas und der Westhälfte eines anschließenden Rechteckturms. Unter dem Palas befindet sich ein tonnengewölbter Keller mit Zugangstreppe. 1820 gelangte die Ruine in Privatbesitz und 1884 kam sie an die Stadt. Von 1990 bis 1993 wurden der Burgberg und die Gemäuer grundlegend saniert und 1997 das Mehrzweckgebäude errichtet. Im Jahre 2007 erfolgte die Einweihung des „Hauses der regionalen Geschichte“ mit einem Dokumentationszentrum zu Kelten und Römern. Heute befinden sich hier ein Museum, ein Hotel mit Gaststätte und eine Burgbühne für verschiedene Veranstaltungen.

Schloss Katzenelnbogen

56368 Katzenelnbogen

Rhein-Lahn-Kreis

Die Stadt Katzenelnbogen mit dem gleichnamigen Schloss und der einstigen Burg liegt im Nordosten von Rheinland-Pfalz im Einrich, einem hohen nordwestlichen Teil des Taunus. Der alte Kernort wurde 1095 erwähnt und von 1094 bis 1096 durch Heinrich I. die gleichnamige Burg auf dem Bleidenstädter Vogteigut erbaut. Das Städtchen liegt im Tal des Dörsbachs südlich von Diez und nordöstlich von Nastätten. Die Anlage war die Stammburg der Grafen von Katzenelnbogen, eines edlen Rittergeschlechts, das in vier Jahrhunderten den Hohenstaufern wie auch den Habsburgern treu diente. Mit der Gründung von Burg Rheinfels über St. Goar verlor 1245 Katzenelnbogen an Bedeutung. Die Grafen waren im 14. Jahrhundert sowohl für die Territorialpolitik als auch für den Burgenbau des mittelrheinischen Raumes von größter Bedeutung. Der Minnesänger Walther von der Vogelweide war Gast auf Burg Katzenelnbogen und rühmte den Herrn. Der Letzte des Katzenelnbogener Geschlechts, Graf Philipp der Ältere, verstarb 1479. Der darauf folgende Streit um das Erbe der Grafen von Katzenelnbogen endete erst 1540 durch einen Brand auf der alten Stammburg. Neubauten erfolgten 1584 sowie 1613 und die mittelalterlichen Teile zerstörte man größtenteils im 17. Jahrhundert. Nur das alte Lepensche Haus, das spätere Schloss, blieb mit einem barocken Rundbogenportal, welches in die Hauptburg führte, erhalten. Der 1779 umgestaltete Wohnbau von 1584 entstand schlicht dreistöckig mit Fachwerk im oberen Geschoss und achteckigem Erker mit Zeltdach an der Ecke. Nach dem Zweiten Weltkrieg wurde er als Kinderheim genutzt, danach wurde das Schloss zum Hotel mit Restaurant umgestaltet. Seit 2008 ist es unbewirtschaftet und nur von außen zu besichtigen.

Schloss Katzenelnbogen

Burg Gutenfels, Kaub

Burg Gutenfels
Burg Pfalzgrafenstein

56349 Kaub

Verbandsgemeinde Loreley
Rhein-Lahn-Kreis

Burg Gutenfels, Kaub, Grundriss

Kaub liegt am rechten Ufer des Rheins, jeweils auf halber Strecke zwischen Mainz und Koblenz.

Die 1261 als castrum cube genannte heutige **Burg Gutenfels** wurde wohl in der ersten Hälfte des 13. Jahrhunderts von den Reichsministerialen von Falkenstein als Spornanlage über Kaub errichtet. Die Stadt selbst liegt malerisch zwischen dem Rheinufer und den steil aufragenden Felsabhängen des Rheinischen Schiefergebirges und gehört seit 2002 zum UNESCO-Welterbe Oberes Mittelrheintal. Die Burg war seit 1277 bis 1291 zusammen mit dem Ort kurpfälzisch. Im Jahre 1252 wurde sie durch Wilhelm von Holland und ebenso 1504 durch Landgraf Wilhelm von Hessen vergeblich belagert. Seither nannte man sie Burg „Gutenfels“, die 1508 wiederhergestellt wurde. Nach dem Dreißigjährigen Krieg nutzte man die Anlage als Invaliden-

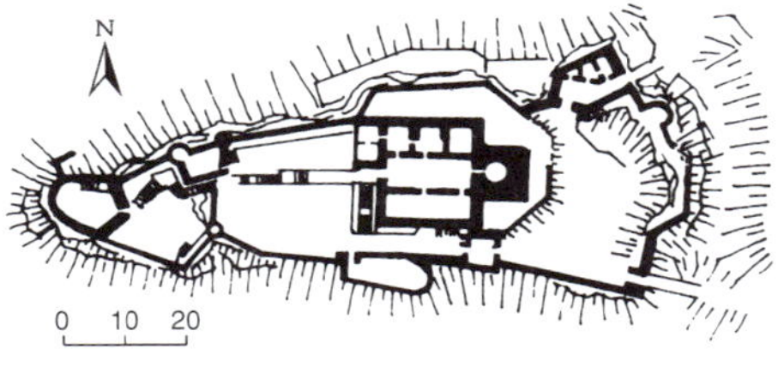

station, da sie weiterhin unzerstört geblieben war. 1803 übernahm das Herzogtum Nassau die Anlage, aber 1807 wurde sie auf Abbruch versteigert. Doch 1833, mit Unterbrechungen bis 1892, baute man die Burg im Romantikstil wieder auf. Der Kernbau mit viereckigem Bergfried befindet sich in der Mitte eines lang gestreckten Berings, südlich der Palas und nördlich der sogenannte Rüstbau. Ein polygonaler Turm, der „Spanische Friedhof" und eine halbkreisförmige barocke Bastion ergänzten im Laufe der Jahrhunderte die Anlage. 2006 ging die Burg in Privatbesitz über, wurde aufwendig renoviert und ist der Öffentlichkeit nicht mehr zugänglich. Bis zu diesem Zeitpunkt wurde die Burganlage als Hotel genutzt.

Burg Pfalzgrafenstein war eine kurpfälzische Zollburg auf der Felsklippe Falkenau im Rhein. Der besonders reizvolle Anblick wird durch die verschiedenen Dach- und Erkerformen malerisch hervorgehoben. Errichtet wurde die Burg 1326/27 durch König Ludwig den Bayern. Zunächst stand hier ein allein stehender fünfeckiger Turm mit Spitze als Eisbrecher gegen den Strom. Nachdem König Ludwig diesen 1329 dem Pfalzgrafen bei Rhein überließ, kamen weitere Anbauten hinzu und die Anlage zählt heute zu den schönsten Architekturen des Rheintals und obliegt der Obhut der Generaldirektion Kulturelles Erbe Rheinland-Pfalz. Einst war der Zugang im dritten Geschoss des sechsstöckigen Turmes. Später wurde er durch eine

Burg Pfalzgrafenstein, Kaub

Backstube verbaut. Im Turmdreieck befindet sich eine Wendeltreppe. Die achteckige Haube mit offener Laterne ist aus der Mitte des 18. Jahrhunderts und wird dem kurpfälzischen Hofbaumeister F. W. Rabaliatti aus Mannheim zugeschrieben. Um 1338 bis 1342 entstand wohl die umgebende hohe Ringmauer mit Wehrgang auf Rundbogenfries. Die Südspitze, in deren Inneren sich zwei gewölbte Geschosse befinden, wurde 1607 unter Kurfürst Friedrich IV. von der Pfalz durch einen Bastionsvorbau verstärkt und am äußeren Bereich befindet sich die Kopie eines barocken Löwen mit Pfälzerwappen. 1406 verwaltete ein Burggraf die Burg und ab 1509 ein Zollwächter. Im Jahre 1803 kam die Anlage im Rhein an das Herzogtum Nassau und 1866 an Preußen. Letztere haben 1876 den Zollbetrieb aufgehoben. 1946 kam der Pfalzgrafenstein an das Land, das die nie zerstörte Burg von 1969 bis 1977 grundlegend sanierte. In diesem Zeitraum stellte man die ursprüngliche Farbfassung wieder her. Besucher können die einstige Zollburg, in der sich ein Museum befindet, nur mit einer Fähre erreichen.

Burg Kerpen

Burg Kerpen

54578 Kerpen
Verbandsgemeinde Hillesheim
Landkreis Vulkaneifel

Kerpen liegt nordöstlich von Hillesheim und westlich der A 1 im Naturpark Vulkaneifel. Die anfängliche Geschichte der Burg liegt weitgehend im Dunkeln. Sie war ursprünglich im Besitz der seit 1136 bezeugten Herren von Kerpen und ging 1506 an die Grafen von Manderscheid-Schleiden. Als diese ausgestorben waren, stritten sich die Grafen von der Mark und die Herzöge von Arenberg um die Burg, die schließlich durch das Urteil des Reichskammergerichts zu Speyer 1674 der Herzogin von

Arenberg zugesprochen wurde. Im Dreißigjährigen Krieg sprengten französische Soldaten unter General Bouffleurs das Dorf mit Burg und machten beide dem Erdboden gleich. Auch im Zuge der Reunionskriege 1682 wurden noch teils bestehende Gebäude der Anlage zerstört. Die Ruine wurde 1803 auf Abbruch versteigert. Im ausgehenden 19. Jahrhundert begann man mit Sicherungsarbeiten und dem teilweisen Ausbau. Heute zeigt sich dem Betrachter eine Anlage in mehreren Terrassen aus dem 12. bis 16. Jahrhundert, an deren höchster Erhebung sich der romanische Bergfried mit erneuertem Zinnenkranz befindet. Unter diesem liegt das 1896 erbaute Wohnhaus, an dessen Südseite sich der aufgeschüttete Hof befindet, auf dem einst der romanische Palas stand. Teilweise erhalten geblieben sind auch die Umfassungsmauern. Von 1907 bis 1911 war die Burg im Besitz von Clemens Manstein. Daraufhin kaufte sie der Eifelmaler Fritz von Wille und ließ notwendige Sicherungs- und Ausbesserungsarbeiten vornehmen. Als dieser 1941 starb, setzte man ihn auf dem Burggelände bei. Die Anlage kaufte die Firma DEMAG, um sie als Schulungsheim zu nutzen, und man begann 1950 mit weiteren Sicherungs-, Umbau- und Ausbaumaßnahmen. Von 1969 bis 2007 war Burg Kerpen im Besitz des Kreises Neuss, der sie als Landschulheim nutzte. Eine niederländische Familie ist heute Eigentümer der Anlage und unterzog sie 2010 einer umfassenden Renovierung.

Schloss Kirchheimbolanden

Schloss Kirchheimbolanden

67292 Kirchheimbolanden

Donnersbergkreis

Die Kleinstadt im Südosten von Rheinland-Pfalz liegt westlich der A 63, an der Übergangsstelle des Nordpfälzer Berglandes zum östlich angrenzenden Alzeyer Hügelland.

Von 1602 bis 1618 wurde bereits ein sogenanntes altes Schloss von den Grafen von Nassau-Weilburg errichtet. Der heute noch bestehende Bau entstand 1738 bis 1740 unter dem Fürsten Carl-August von Nassau-Weilburg durch Guillaume Hauberat, den Erbauer des Mannheimer Schlosses. Im Jahre 1849 rückten 2000 Freischärler in die Pfalz vor und richteten im Schloss ihr Hauptquartier ein, flohen jedoch acht Wochen später vor dem Einmarsch der Preußen. Das Schloss war ursprünglich eine nach Süden offene Dreiflügelanlage, von der nur der Ostflügel erhalten blieb. Selbst dieser wurde nach einem Brand 1861 anstelle des ehemaligen Mansarddaches durch ein Obergeschoss mit Walmdach verändert. Der Baukörper wird durch leicht vortretende Eckpavillons gegliedert. Von den Portalen mit Rundgiebel blieb nur das der Ostseite des Südpavillons erhalten. Der Park östlich vor dem Schloss wurde im 19. Jahrhundert verändert und das reich mit schmiedeeisernem Gitter geschaffene Parktor stammt aus der Zeit um 1750. Von den Nebengebäuden bestehen noch die ehemalige Kutschenremise, die 1776 erbaute Orangerie an der Nordmauer des Küchengartens und das ehemalige Ballhaus von 1752, das 1905 umgebaut wurde. Im Jahre 2003 entstand wieder die alte U-Form des Schlosses und beherbergt die „Seniorenresidenz Schloss Kirchheimbolanden“, jedoch nicht im alten Aussehen. Der Park ist öffentlich zugänglich.

Kyrburg

55606 Kirn

Landkreis Bad Kreuznach

Das kleine Städtchen Kirn liegt an der Nahe, nordöstlich von

Kyrburg, Kirn

Idar-Oberstein an der B 41 im Hunsrück und wurde erstmals urkundlich 841 als Chira erwähnt, das sich in Urkunden des Klosters Fulda findet. Die hoch über der Stadt liegende Kyrburg hatte ihre erste Nennung 1128 durch den Grafen „Emich de Kirberc“ und sie war einst die Hauptburg der nachfolgenden Wildgrafen. Im Jahre 1409 übernahmen die Rheingrafen durch Heirat den Besitz. Im Laufe der Jahrhunderte wurde die Anlage mehrfach umgebaut und erweitert. Während des Dreißigjährigen Krieges waren Burg und Ort von den Spaniern und Schweden besetzt, schließlich auch von den kaiserlichen Truppen und kamen 1681 in die Hand der Franzosen. Darauf erneuerte man einige Jahre später die Anlage mit weiteren Befestigungen. Schließlich zerstörten sie 1734 französische Truppen und im Zuge des Polnischen Thronfolgekrieges wurde sie gesprengt, worauf die Kirner Bürger sie als Steinbruch nutzten. Es war einst ein umfangreiches Areal. Erhalten blieb das 1764 durch Fürst Johann Dominik errichtete Kommandantenhaus, das heute als Restaurant mit dem besonderen Whisky-Museum in den Kellerräumen dient. In der höher gelegenen Hauptburg befinden sich noch Futtermauern, Kellergewölbe und Reste von Rundtürmen. Die Fürsten zu Salm-Salm kamen 1908 in den Besitz der Kyrburg, die 1988 in das Eigentum der Stadt überging. Die Burgruine bietet als Freilichtbühne eine dramatische Kulisse für Opern- und Theateraufführungen, Konzerte und Festlichkeiten.

Schloss Kleinniedesheim

67259 Kleinniedesheim

Verbandsgemeinde Heßheim

Rhein-Pfalz-Kreis

Kleinniedesheim bekam seine Ersterwähnung als Uzelnheim 1190 im Lehensverzeichnis von Werner II. von Bolanden. Das Schloss, auch aus Verwandtschaftsgründen Propst Maudraisches Schloss genannt, wurde 1733 bis 1735 vom kurkölni-

Schloss Kleinniedesheim

schen Geheimen Rat von Steffne erbaut. Dessen Sohn verkaufte es an Carl Christoph von Gagern, und seitdem wechselte es oft den Besitzer. Schließlich wurde in jüngster Zeit die Schlossanlage geteilt. So gingen der südliche Teil und der Schlosshof an die Familie Westkirch, deren Vorfahren aus Amsterdam stammen, und der Nordflügel mit einem Teil des Westflügels mit dem Eingangsportal ging an die Gemeinde und diente dieser als Verwaltung. Von 1985 bis 1988 wurde das Schloss umfassend renoviert. Es ist eine Vierflügelanlage um einen Hof, deren Wohntrakt in schlichten Barockformen gehalten ist. Der ehemalige Schlossgarten ist heute eine Weinanlage. Das Standesamt ist im südländisch anmutenden und neu restaurierten Pavillon untergebracht und zum Advent findet hier das beliebte Turmblasen statt. Im Garten werden verschiedene Veranstaltungen und Gottesdienste durchgeführt. Das Schloss ist bewohnt.

Burg Landeck

76889 Klingenmünster
Verbandsgemeinde
Bad Bergzabern
Landkreis Südliche Weinstraße

Etwa fünf Kilometer nördlich von Bad Bergzabern liegt der

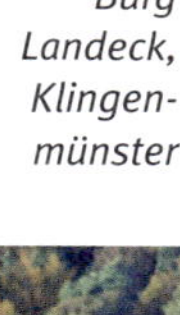

Burg Landeck, Klingenmünster

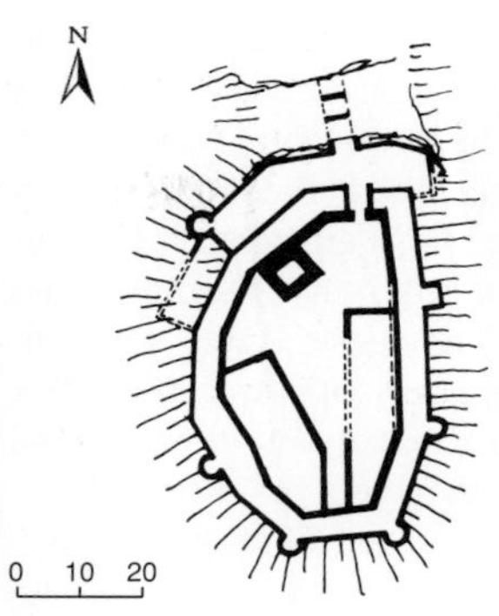

Burg Landeck, Klingenmünster, Grundriss

Weinort Klingenmünster an der Deutschen Weinstraße, der in einer Urkunde von 1411 mit den „armen Leibeigenen und Hintersassen" von Klingenmünster zum ersten Mal erwähnt wurde. Die auf einer mäßig hohen und bewaldeten Bergnase weithin sichtbare Burg Landeck war bereits 1237 anlässlich der Teilung der Leininger Güter zwischen den Grafen Friedrich III. und Emich IV. von Leiningen erwähnt worden. Letzterer erhielt die Burg mit allem Zubehör und begründete eine eigene Linie von Leiningen-Landeck. Die Burg Landeck wurde wohl anstelle des 1168 zerstörten „Waldschlössl" zum Schutz der Abtei Klingenmünster gegründet. Als die Leiningen-Landeck 1289 ausstarben, kam der Besitz je zur Hälfte an die Herren von Ochsenstein und die Grafen von Zweibrücken-Bitsch, nach diesen kam Kurpfalz an das Erbe, wohl 1485 beziehungsweise 1570. Auch diese Anlage wurde von den Franzosen 1689 zerstört und ist bis heute eine Ruine. Umfassende Instandsetzungen auf dem Gelände wurden um 1910 und 1964 bis 1966 durchgeführt. Sie zählt neben Gräfenstein und Hohenecken zu den besterhaltenen Burgen der Stauferzeit in der Pfalz und überragt das uralte ehemalige Kloster Klingenmünster. An der West- und Ostseite der Ringmauer befanden sich die Wohngebäude, und der über Eck stehende quadratische Bergfried ist durch eine schmale Fuge vom Mantel getrennt. Im Burghof befindet sich eine erneuerte Zisternenanlage mit rundem Brunnenschacht. Die Ringmauer wurde 1416 durch einen Zwinger mit runden Halbtürmen verstärkt. Heute stellt die Burgruine mit Burgschänke ein beliebtes Ausflugsziel dar und der Turm kann für eine herrliche Aussicht bestiegen werden. Eine kleine Ausstellung von Bodenfunden des Burggeländes kann man im ersten Geschoss des Turmes besichtigen. Jährlich werden auf dem Burggelände Mittelaltermärkte („Landeckfest" genannt) abgehalten. Heute befindet sich die Burg Landeck in der Obhut der Generaldirektion Kulturelles Erbe Rheinland-Pfalz.

Wasserburg Klüsserath

54340 Klüsserath
Verbandsgemeinde Schweich
a. d. Rö. W.
Landkreis Trier-Saarburg

Der staatliche anerkannte Fremdenverkehrsort Klüsserath liegt an der Mosel, etwa in der Mitte zwischen Bernkastel-Kues und Trier, nordöstlich von Schweich. Burg Klüsserath, auch Clüsserath geschrieben, ist eine ehemalige Wasserburg. Zu früher Zeit stand hier ein königliches Krongut der Franken, aus dem im 12. und 13. Jahrhundert diese Anlage hervorging. Geschaffen haben sie die Freiherren von Kesselstatt, die sie als ihren Sitz führten. Im Jahre 1512 kehrte Kaiser Maximilian auf seinem Weg zum Reichstag nach Trier auf der Burg ein. Die Anlage ist ein dreigeschossiger spätgotischer, von Gräben umgebener Rechteckbau aus unverputzten Bruchsteinen mit Kreuzgewölbekeller aus dem 7. Jahrhundert. Die Anlage wurde nach einem Brand im 18. Jahrhundert verändert. Auf dem Privatbesitz, in den man über eine dreibogige Grabenbrücke kommt, können im Keller auf Anfragen Weinproben organisiert werden. Das Weingut mit Straußwirtschaft (ein in Deutschland von Winzern und Weinbauern saisonal geöffneter Gastbetrieb) liegt in privater Hand der Familie Regnery, die hier auch Gästezimmer und Ferienwohnungen vermietet.

Wasserburg Klüsserath

Ober- und Niederburg Kobern Schloss Gondorf Schloss Liebieg Kobern

56330 Kobern-Gondorf
Verbandsgemeinde Untermosel
Landkreis Mayen-Koblenz

Der Weinort Kobern-Gondorf liegt auf halber Strecke zwischen Lahnstein und Mayen an der B 416 und an der Untermosel. Der Ortsteil Gondorf wurde bereits im Jahre 871 erstmals urkundlich erwähnt. Kobern wird in einer Schenkungsurkunde des Erzbischofs Egbert von Trier zu Gunsten des Benediktinerklosters St. Marien 980 als coverna erstmals erwähnt.

Die **Oberburg Kobern** ist eine Höhenburg auf einem Bergsporn oberhalb des Ortes und 1195 bezeugt, als der damalige Burgherr sie dem Trierer Erzbischof als Lehen auftrug. Errichtet wurde sie auf keltischen Befestigungsanlagen und birgt in ihrem Bereich das bedeutende Bauwerk der Matthiaskapelle von Kobern-Gondorf. Gebaut wurde diese vom Kreuzritter Heinrich II. von Isenburg zwischen 1220 und 1240. Nach dem fünften Kreuzzug wurde hier vermutlich das Haupt des Apostels Matthias verwahrt. Die Burganlage, der spätere Stammsitz des Geschlechts von der Leyen, besteht aus einem rechteckigen Grundriss mit einem quadratischen Bergfried, in den man durch einen im Mauerwerk hochgeführten Treppenlauf zum zweiten Obergeschoss gelangt. Die weiteren Gebäude entstanden erst 1989. Bis Mitte des 14. Jahrhunderts hatten die Herren von Isenburg-Kobern die Burg in ihrem Besitz und verkauften sie an den Trierer Erzbischof, worauf sie bald zu verfallen begann. Aus der Familie von der Leyen gingen mehrere Trierer und Mainzer Erzbischöfe hervor. Unter dem Trierer Kurfürsten Johann VI. von der Leyen wurden 1560 größere Bautätigkeiten an der Burganlage vorgenommen und diese nach 1806 teilweise neugotisch ausgebaut. Im Jahre 1939 erhielt der Bergfried ein Notdach und 1989 entstand neben diesem das heutige Restaurant. Im Zuge dieser Baumaßnahme erhielt auch der Bergfried eine Aufsto-

Oberburg und Kapelle Kobern, Kobern-Gondorf

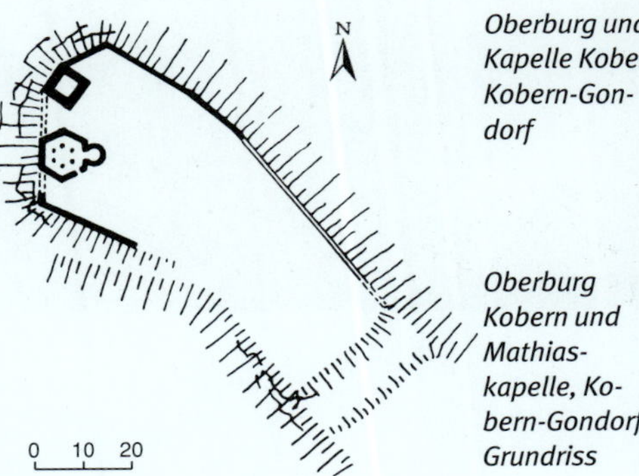

Oberburg Kobern und Mathiaskapelle, Kobern-Gondorf, Grundriss

Kobern-Gondorf

Niederburg Kobern, Kobern-Gondorf

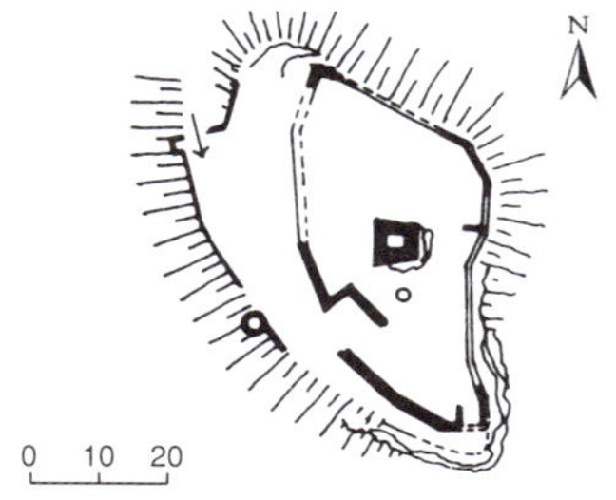

Niederburg Kobern, Kobern-Gondorf, Grundriss

ckung und ein neues Dach. In den Sommermonaten kann die Matthiaskapelle an den Wochenenden besichtigt werden. Vom Burgberg hat man einen herrlichen Ausblick über die darunter liegende Niederburg, in das Tal und auf die Mosel.

Auch die **Niederburg,** deren Geschlecht von Isenburg-Kobern im 13. Jahrhundert in weiblicher Linie ausgestorben war, wurde schon 1195 urkundlich erwähnt. Die beiden Burgen gelangten über die Erbtochter Cecilia an Friedrich II. aus der Familie von Neuerburg, die als eine Seitenlinie der Grafen von Vianden hervorging. Auch diese starben bereits 1309 in männlicher Linie aus und der Besitz ging an den Trierer Erzbischof. Im Jahre 1688 wurde die Burg zerstört.

Unmittelbar am Moselufer liegt der 1272 erstmals genannte Stammsitz der fürstlichen Familie von der Leyen, das **Schloss Gondorf**, die sogenannte Oberburg mit Bauteilen aus der Gotik und Renaissance. Die Anlage wurde im 14. Jahrhundert errichtet und um 1560 erweitert sowie nach 1806 teilweise neugotisch ausgebaut. Der Trierer Erzbischof Johann VI. von der Leyen ließ sich um 1560 einen spätgotischen Wohnturm mit Dachecktürmchen als Palas errichten. Gondorf war Stammsitz der Herren und späteren Fürsten von der Leyen. Es ist ein weitläufiges Anwesen mit Vorburg und dem 1527 ergänzenden Torbau sowie der Kernburg. Als 1876 die Eisenbahnstrecke gebaut wurde, durchschnitt man die Anlage und mit dem Ausbau der

Bundesstraße 416 wurde sie schließlich in zwei Teile getrennt. Im Jahre 2002 stellte man vor der Vorburg eine von der Freiwilligen Feuerwehr Gondorf gestiftete und von Karol Badyna geschaffene Bronzebüste des Reichsfürsten Philipp von der Leyen auf. Heute befindet sich im Schloss eine Außenstelle des Landeshauptarchivs Koblenz.

Das **Schloss Liebieg** in Gondorf, nach einem ehemaligen Besitzer benannt, wird auch als Niederburg bezeichnet und wurde Mitte des 13. Jahrhunderts für eine Seitenlinie der Familie von der Leyen gegründet. Es entstand am nordöstlichen Ortsrand aus einem romanischen Wohnturm des 13. Jahrhunderts durch den Ritter Marsilius von Gondorf, vermutlich zwischen 1255 und 1272. Von 1493 bis 1762 war die Adelsfamilie Muhl von Ulmen im Besitz des Schlosses und vererbte es an die Herren von Hees. Von 1858 bis 1861 gestaltete der Architekt Vincenz Statz die Burg für den Bankier Johann Peter Clemens neugotisch um und 1900 fügte man für die Familie von Liebieg einen neuromanischen Anbau hinzu. Die Tochter des Bankiers, Angelika, hatte 1879 den aus Böhmen stammenden und reichen Freiherrn

Schloss Gondorf, Kobern-Gondorf

und Reichsrat Theodor von Liebieg geheiratet, von dem das Schloss seinen Namen erhielt. Die im Schlosspark gefundenen Grabbeigaben sind heute in verschiedenen Museen zu finden. Theodor von Liebieg und seine Frau waren Förderer und Mitglieder des „Rheinischen Geschichtsvereins“. Angelika von Liebieg engagierte sich sehr als Amateurarchäologin und Sammlerin von Kunstwerken des Mittelalters, ihr sind auch die wertvollen Gräberfunde im Schlosspark zu verdanken. Das in Privatbesitz befindliche Schloss präsentiert sich als Veranstaltungsort, der keine Wünsche offen lässt, und ist einen Besuch wert. Die im Park befindliche Kapelle von 1892 diente ursprünglich als Grablege der Familie von Liebieg.

Schloss Liebieg Kobern, Kobern-Gondorf

Kurfürstliches Schloss

56068 Koblenz

Kreisfreie Stadt

Koblenz gehört mit seinen über 2000 Jahren zu den ältesten Städten in Deutschland. Es ist die drittgrößte und eine kreisfreie Stadt des Landes und liegt am „Deutschen Eck“, einer durch Mosel und Rhein gebildeten Mündungsspitze. Die Römer errichteten hier erstmals eine befestigte städtische Siedlung. Einst lag am Moselufer nahe der alten Brücke eine Burg, ursprünglich von einem breiten Graben mit Ringmauer umgeben. Als die alte Residenz Schloss Philippsburg in Ehrenbreitstein erneuerungsbedürftig wurde, ließ der aus einer sächsisch-polnischen Markgrafen- und Königsfamilie stammende Erzbischof von Trier, Clemens Wenzelslaus von Sachsen, das Kurfürstliche Schloss von 1777 bis 1786 als ersten bedeutenden Bau des Frühklassizismus im

Kurfürstliches Schloss, Koblenz

Rheinland errichten. Erster Architekt war der Pariser Pierre Michel d'Jxnard, dessen Baupläne kritisiert wurden, worauf seine Entlassung folgte. Diesem folgte mit Antoine-François Peyre dem Jüngeren ebenfalls ein Franzose nach, der das Schloss einfacher und kleiner gestaltete. Mit der Gartengestaltung wurde der Dresdner Johann Andreas Gärtner beauftragt. Im November 1786 zog der Kurfürst mit seiner Schwester Maria Kunigunde von Sachsen und Fürstäbtissin zu Essen in das neue Schloss ein, von 1850 bis 1857 für einige Jahre der preußische Kronprinz und spätere Kaiser Wilhelm I. als rheinisch-westfälischer Militärgouverneur. Nach der Zerstörung im Zweiten Weltkrieg wurde es wieder aufgebaut. Zur BUGA 2011 sanierte man den Mittelteil und gestaltete diesen zum exklusiven Veranstaltungsort. Auch der Schlossgarten dient Veranstaltungen und für Märkte, aber auch zur Erholung. Gestaltet wurde der Park im Wesentlichen in Anlehnung an die Entwürfe des Gartenbaumeisters Peter Joseph Lenné. Heute ist das Schloss Sitz verschiedener Bundesbehörden, der Stadtbibliothek und des Rheinmuseums sowie seit 2002 ein Teil des UNESCO-Welterbes Oberes Mittelrheintal.

Wasserburg Köngernheim

Wasserburg Köngernheim

55278 Köngernheim
Verbandsgemeinde
Nierstein-Oppenheim
Landkreis Mainz-Bingen

Köngernheim ist ein Weinort, der zwischen Mainz und Worms an der Selz liegt. Im Ortswappen finden sich Teile des Familienwappens der Grafen von Sickingen, die für längere Zeit Herren des Ortes waren. Dieser geht auf eine fränkische Ansiedlung „Cuningesheim" zurück und wurde im Jahre 782 in einer Güteraufstellung des Klosters Lorsch erwähnt und von Königsleuten begründet. Der Ort war schon früh im Besitz der Wildgrafen, von denen 1190 der Reichsministeriale Werner II. von Bolanden die Gerichtsbarkeit zu Lehen hatte. In späterer Zeit besaß Köngernheim die oberrheinische Ritterschaft und in den letzten Jahrhunderten die Grafen von Sickingen. Sie herrschten hier bis zu den Eroberungszügen der Franzosen Ende des 18. Jahrhunderts. Diese hatten sich im Ort das heute stark veränderte Wasserschloss errichten lassen. Schon im 16. Jahrhundert wurde es stark verbaut und bis vor wenigen Jahren noch als Schule genutzt. Es ist heute ein umfassend restauriertes und imposantes Wohnhaus in Privatbesitz und kann nur von außen eingesehen werden.

Burgruine Ramstein

54306 Kordel
Verbandsgemeinde Trier-Land
Landkreis Trier-Saarburg

Kordel liegt nördlich von Trier an der B 422, in der Eifel am Fluss Kyll und wurde 1023 erstmals

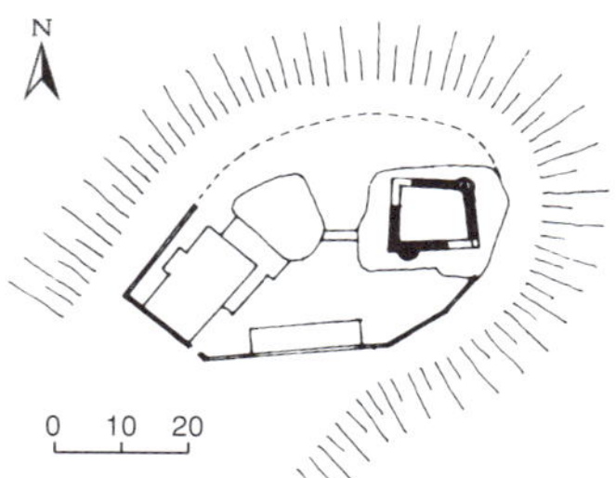

Burgruine Ramstein, Kordel, Grundriss

nachgewiesen. Die Ruine der Burg Ramstein steht auf einem hohen Buntsandsteinfelsen am Rand des Meulenwaldes im unteren Kylltal. Bauen ließ sie der Trierer Erzbischof Diether von Nassau von 1300 bis 1307 anstelle eines befestigten Gutshofs, die somit eine kurtrierische Lehensburg wurde. Fertiggestellt hatte man die Anlage vermutlich 1317 unter Balduin von Luxemburg, nicht ohne Streitigkeiten mit dem Ritter Arnold von Pittingen, doch verhindern konnte der den Bau nicht. Johann von der Fels mit seiner Frau Jutta von Reuland kam 1328 an den Besitz Ramstein jeweils zur Hälfte als Lehen, das darauf mehrfach verpfändet wurde. Zahlreiche Lehensträger hatten bis 1417 auf der Burg gesessen, als sie Bernhard von Orley einnahm, da er Besitzansprüche auf sie erhob. Sie wurde aber bald von Soldaten des Erzbischofs Jakob I. von Sierck belagert. Doch der Zwist konnte durch Schiedsspruch zugunsten des Erzbistums beigelegt werden. Mit Dietrich von Stein erlebte die schon heruntergekommene Anlage ab 1488 eine Besserung, indem er sie wieder erneuern ließ. Als Dietrich 1500 verstarb, trat Heinrich von Hartenrode die Nachfolge an und wurde von Erzbischof Johann II. von Baden zum lebenslänglichen Burggrafen des Schlosses Rumstein (damalige Bezeichnung) belehnt. Im 16. Jahrhundert bewohnte die Burg Erzbischof und Kurfürst Richard von Greiffenklau zu Vollrats, dem 1578 der Domdechant Bartholomäus von der Leyen folgte. Schließlich kam das Anwesen als Lehen an die Domdekanei und verblieb bei ihr bis zur Säkularisation. Die Franzosen hatten 1674 Ramstein im Besitz, das ein Jahr später von den kaiserlichen Truppen befreit und als Anlage befestigt wurde. Im Pfälzischen Erbfolgekrieg 1689 besetzten und sprengten die Franzosen die Anlage. Seither ist Burg Ramstein eine Ruine. Auch das wieder errichtete Wirtschaftshaus wurde 1786 durch ein Feuer zerstört. 1928 erfolgten erste Restaurierungen und 1930 Sicherungsmaßnah-

Burgruine Ramstein, Kordel

men an den Mauerkronen. Weitere Beschädigungen des Anwesens brachte der Zweite Weltkrieg durch Beschuss. Die verbliebenen Reste der Kernburg und Wirtschaftsbauten sowie der einstigen Ringmauer und Ecktürme bekamen 1987 eine Ausbesserung und Sicherung.

Schloss Thorn

54439 Kreuzweiler
Gemeinde Palzem
Landkreis Trier-Saarburg

Nur wenige Kilometer östlich vom luxemburgischen Remich und südwestlich von Saarburg liegt der kleine Ort Kreuzweiler. Schloss Thorn steht auf einer Anhöhe über der Einmündung des Kreuzweiherbaches in die Mosel. Der zuerst hier stehende Turm wurde vor ungefähr 2000 Jahren zum Schutze des Moselübergangs errichtet, dem im 13. Jahrhundert eine Burg folgte. Sie war als Lehen der Herren von Rollingen von 1534 bis 1536 im Besitz der Herren von Bübingen. Ende des 16. Jahrhunderts ging sie als Lehen an die von Musiel, die sie bis Ende des 19. Jahrhunderts innehatten. Heute ist die Anlage im Besitz des Barons von Hobe-Gelting. Das Schloss ist eine stattliche, rechteckige Baugruppe um einen Hof, von deren mittelalterlichem Bering von 1549 nur noch zwei Türme erhalten geblieben sind. Der einst starke Rundturm wurde 1945 zerstört und der ehemalige Wohnturm dient heute als Torturm. Im 16. und 17. Jahrhundert erfolgte eine Erweiterung der Anlage, die sich schließlich mit dem Herrenhaus von 1800 zu einer imposanten Baugruppe entwickelte. Am ehemaligen Rundturm befindet sich ein Wohngebäude aus der zweiten Hälfte des 16. Jahrhunderts. Der Treppenturm an der Hofseite besitzt ein Pilasterportal von 1616. Schloss Thorn ist das älteste Schlossweingut an der Mosel. In der Vinaria gibt es neben dem Verkauf auch Weinproben und -semina-

Schloss Thorn, Kreuzweiler

Schloss Crottorf, Krottorf

re, verschiedene Veranstaltungen und Führungen im Schloss, in einem Nebengebäude Bed and Breakfast.

Schloss Crottorf

51598 Krottorf

Verbandsgemeinde Kirchen
Landkreis Altenkirchen

Schloss und Ort liegen im Wildenburgischen Land bei Friesenhagen, westlich von Siegen und nah der Grenze zu Nordrhein-Westfalen. Schloss Crottorf ist eine mittelalterliche Wasserburg der Herren von Selbach, die unter Johann von Selbach-Crottdorf gegen Mitte des 16. Jahrhunderts als wehrhafter Renaissancewohnsitz unter Verwendung älterer Mauerteile ausgebaut wurde. Im Jahre 1288 wird ein Eberhard von Selbach und 1326 die Anlage erstmals urkundlich als Hof mit Namen Crottorf erwähnt. Umgebaut wurde die Anlage zu einem Wasserschloss 1542 durch Johann von Selbach, dessen Erbtochter Catharina das Schloss durch Heirat 1560 an die Familie Wilhelm von Hatzfeldt zu Wildenburg brachte. Mitglieder dieser Familie stiegen 1635 und 1698 in den Reichsgrafenstand auf und schließlich 1870 in den preußischen Fürstenstand auf. Das heutige Aussehen bekam das Schloss, das sich seit 1969 wieder bei den Nachkommen derer von Hatzfeldt-Wildenburg-Dönhoff befindet, gegen Ende des 17. Jahrhunderts. Auf dem Wasserschloss verstarb 2002 Marion Gräfin Dönhoff, Mitherausgeberin der Zeitschrift „Die Zeit“, die auch 1990 ein Denkmal zu Ehren der Opfer des Widerstands auf dem Schlossgelände errichten ließ. Die Hauptburg entstand in der zweiten Hälfte des 16. Jahrhunderts und die Rundtürme erhielten wohl im 16. und 18. Jahrhundert ihre heutige Gestalt. Reizvoll gestaltet sind die am Südwestflügel erhaltenen Renaissance-Arkaden. Der kraftvolle Torbau wurde 1685 neu errichtet. Das Portal mit Zugbrücke enthält noch ein altes Holztor sowie ein Spitzdach mit Haubenlaterne. Vom hufeisenförmigen Hauptschloss wurde der geplante Ostflügel nicht verwirklicht. Vier mächtige Eckrundtürme wirken wie Wächter der Anlage. Im Innern der große Ahnensaal mit Deckenstuckaturen um 1730 im Bandelwerkstil und kostbare Ausstattungs- und Sammlungsstücke sowie Familienbildnisse des 17. und 18. Jahrhunderts. Jeweils von Freitag bis Sonntag ist der Park und Innenhof von 11.00 bis 18.00 Uhr für Besucher geöffnet.

Kyllburg

Kyllburg

54655 Kyllburg

Eifelkreis Bitburg-Prüm

Die schon im 8. Jahrhundert urkundlich erwähnte und heutige kleine Stadt Kyllburg liegt am European Geopark, nördlich über Bitburg und südlich von Gerolstein. Das Stadtrecht erhielt Kyllburg 1332 vom Kurfürsten Balduin von Trier. Von der hiesigen fränkischen Burganlage sind keine Überreste erhalten. Die spätere Burg auf dem Kiliberg wurde 1239 durch den Erzbischof Theoderich II. von Trier als Stützpunkt gegen die mächtige Fürstabtei Prüm und die benachbarten Grafen von Luxemburg gegründet. Als Ritter Rudolph (Kuno) von Malberg seine Güter über seine Tante Agnes an das Kloster St. Thomas verlor, bedrohte er dieses. Doch die räuberischen Übergriffe des streitbaren Kuno wurden von der kurfürstlichen Kyllburg vereitelt. Erhalten blieb von der Burg nur der quadratische fünfgeschossige Bergfried mit seinem 1910 erneuerten Dach. Im Jahre 2006 wurde die Anlage vollständig saniert und das angrenzende historische Gebäude in eine moderne Wohnanlage umgestaltet.

Burg Lahneck, Lahnstein

Burg Lahneck, Lahnstein, Grundriss

Burg Lahneck Schloss Martinsburg

56112 Lahnstein

Rhein-Lahn-Kreis

Die große kreisangehörige Stadt liegt südlich von Koblenz und Teile des Ortes sowie die **Burg Lahneck** gehören seit 2002 zum UNESCO-Welterbe Oberes Mittelrheintal und sind geschütztes Kulturgut nach der Haager Konvention. Die Burg wurde in der ersten Hälfte des 13. Jahrhunderts im Stadtteil Oberlahnstein erbaut und ist eine Spornburg auf einem steil hervorspringenden Felsensporn über dem linken Lahnufer, an der Lahnmündung gelegen. Sie ist eine ehemalige mainzische Feste zur Sicherung eines Silberbergwerks, das die Mainzer Bischöfe seit Siegfried von Eppstein ab 1220 von Kaiser Friedrich II. zu Lehen hatten. Erzbi-

Schloss Martinsburg, Lahnstein

schof Siegfried III. von Mainz ließ die Burg um 1240 bis 1245 als Hangburg erbauen, auf der seit 1244 ein Burggraf nachweisbar ist. Nach 1464 ließ man die Anlage stärker befestigen und den äußeren Bering errichten. Auch diese Burg wurde 1633 von den Schweden und 1662 von den Kaiserlichen eingenommen und verwüstet, schließlich 1688 von den Franzosen in Brand gesteckt. Die Burg wurde auf den Ruinen ab 1854 in englischer Neugotik wieder aufgebaut und 1937 wurden anstelle des Zinnenkranzes hohe Dächer auf die Gebäude gesetzt. Anstatt des Palas steht am nördlichen Burghof ein Neubau und die 1860 wiederhergestellte kreuzförmige Kapelle springt aus der Ostfront der Burg hervor. Johann Wolfgang von Goethe und Wilhelm Schäfer haben die Burg in Gedicht und Erzählung verewigt. Die Anlage ist in Privatbesitz und nur mit Führung zugänglich. Eine gastronomische Einrichtung liegt außerhalb der Anlage.

Das **Schloss Martinsburg** entstand 1298 als Zollburg der Erzbischöfe von Mainz gleichzeitig mit dem Bau der Stadtmauer und trug einst die Bezeichnung Burg Lahnstein. Zu den ältesten Teilen des Schlosses zählen ein rechteckiger Wohnturm mit zwei Ecktürmen und die Fundamente des Hauptturms im Süden der Anlage. Der hohe Bergfried entstand um 1400 und auch die Martinsburg wurde mit dem Bau der Stadtmauer 1324 erweitert, die man im Bereich zur Stadt hin mit einem Wassergraben und einem festen Tor sicherte. Die Burg beherbergte zur Zeit des wirtschaftlichen Aufschwungs von Oberlahnstein einen Zollschreiber und das Zollpersonal, Pförtner und Turmwächter. Die Wasserburg wurde nie zerstört, doch während des Kurmainzer Besitzes 1803 durch An- und Umbauten verändert, so auch mit einem dreistöckigen Mittelbau im Stil des Barock von 1719 bis 1721. Schloss Martinsburg war auch gelegentliche Nebenresidenz der Mainzer Kurfürsten. Der Privatbesitz umfasst neben Wohnungen und Büros ein Fastnachtsmuseum. Auch diese Anlage zählt seit 2002 zum UNESCO-Welterbe Oberes Mittelrheintal.

Burg Heid

54316 Lampaden
Verbandsgemeinde Kell am See
Landkreis Trier-Saarburg

Südlich von Trier und westlich von Hermeskeil, nahe der B 268, ist Burg Heid, auch als Gutshof Heid bezeichnet, an der Straße zwischen Lampaden und Heddert zu finden. Der Gutshof entstand im 14. Jahrhundert und war im 18. Jahrhundert im Besitz des Trierer Domkapitels. Als man 1804 das Anwesen versteigerte, gelangte dieses in den Besitz des Kunstsammlers Peter Job Hermes und wurde von dessen Neffen Johann Peter Job Nell um 1850 zum Rittergut und Herrensitz um- und ausgebaut. Nicht nur das Wappen über dem Eingangstor zwischen den Tortürmen verweist auf eine einstige Wasserburg, sondern auch der Weiher. Nachdem 1932 die Nells den landwirtschaftlichen Betrieb aufgegeben hatten, erwarb Generaldirektor Achter aus Mönchengladbach die Burg, die heute sein Sohn Helmut weiterführt. Schnell wird man durch die hohen Tortürme

Burg Heid, Lampaden

Burg Nanstein, Landstuhl

mit Helmdach und mittigem Eingangstor, die sich aus der umgebenden Landschaft hervorheben, auf die romantische Burganlage aufmerksam. Über dem Tor prunkt das große Wappen derer von Nell zu Thomenacher. Den beiden Eingangstürmen gegenüber steht am anderen Ende der Anlage ein großer runder Bergfried mit Zinnenkranz und Haube. Eine Brunnenschale an der Front des Hauptgebäudes ist mit Muschelrippen besetzt und stammt aus dem 18. Jahrhundert, wogegen der frühere Brunnenpfosten durch einen roten Sandsteinpfeiler mit der ein Kind tragenden Muttergottes-Figur jüngeren Datums ersetzt wurde.

Burg Nanstein, Landstuhl, Grundriss

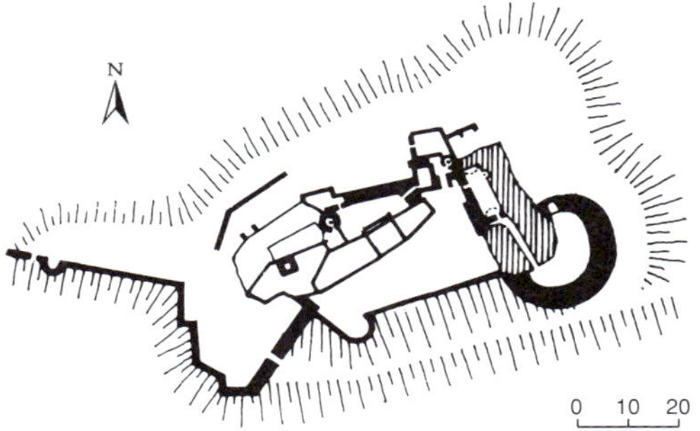

Burg Nanstein

66849 Landstuhl

Landkreis Kaiserslautern

Im Norden grenzt Landstuhl an die Westpfälzische Moorniederung an, südlich sowie östlich der Rand des Pfälzerwaldes, östlich liegt die Stadt Kaiserslautern. Burg Nanstein, auf bewaldetem Bergvorsprung östlich von Landstuhl gelegen, wurde als Stauferburg um 1160 durch Kaiser Barbarossa erbaut. Weithin bekannt wurde sie durch den späteren Besitzer und rebellischen Ritter Franz von Sickingen. Seit dem 12. Jahrhundert diente die Burg zur Sicherung der Handelsstraße von Metz über Kaiserslautern hin zum Rhein. Im Jahre 1189 war König Heinrich VI. zu Gast. Im 13. Jahrhundert war Nanstein als Reichslehen im Besitz der Herren von Daun zu Oberstein, worauf in der Folge die Burg häufig den Lehensträger wechselte. Zum Ende des 15. Jahrhunderts erwarb Schweickhardt von Sickingen durch Heirat ein Viertel an der Burg und bis 1518 kaufte sein Sohn, Reichsritter Franz von Sickingen, die restlichen Anteile auf. Er baute auch die Burg 1518 mit dem großen Rondell, den mächtigen Geschützturm aus und verstärkte ihre Befestigungen. Genutzt hat es ihm nichts, denn 1523 fand er durch herabstürzende Festungsteile den Tod, als der Landgraf von Hessen, die Kurfürsten von Trier und von der Pfalz die Burg belagerten. Seine Söhne bekamen 1543 die Anlage zurück und bauten sie wieder mit einem Renaissanceschloss auf. So entstand 1590 auch die Bastion an der Nordseite. Im Jahre 1668 schleifte Kurpfalz die Verteidigungsanlagen und 1689 steckten auf Befehl Ludwigs des XIV. Franzosen das Anwesen in Brand, das zur Ruine verfiel. Die Vor-, Unter- und Oberburg liegen gestaffelt übereinander. Letztere, von der am wenigsten erhalten blieb, befand sich auf dem hoch aus dem Burghof aufragenden Felsen. Nördlich vom Felsen baute man im 16. Jahrhundert das Schloss. Bereits ab 1816 begann man, die Ruine wieder begehbar zu gestalten, und renovierte einige Teile der Anlage. Seit 1963 ist es Tradition, alljährlich Burgspiele im Innenhof zu veranstalten, und auf der Freilichtbühne präsentiert die Theatergruppe der Heimatfreunde Landstuhl meist in Pfälzer Mundart historische Themen. Seit 1998 ist der Nanstein-Berglauf jeweils im März zur Tradition geworden. Im Café kann man sich stärken und die herrliche Aussicht genießen. Heute befindet sich die Burganlage in der Obhut der Generaldirektion Kulturelles Erbe Rheinland-Pfalz.

Laurenburg
Schloss Laurenburg

56379 Laurenburg
Verbandsgemeinde Diez
Rhein-Lahn-Kreis

Gelegen im Tal der Lahn, nordöstlich von Diez an der B 417, findet man den Ort Laurenburg mit der 1093 erstmals urkundlich erwähnten gleichnamigen **Burg**. Errichtet hatte sie vermutlich der Amtsgraf Dudo, Stamm-

Laurenburg

Laurenburg

Schloss Laurenburg

vater der späteren Grafen von Nassau. Mit seiner Frau Anastasia von Arnstein hatte er die Söhne Arnold und Ruprecht. Mit dem Lehen des Gebietes um Nassau, erhalten vom Bistum Worms, baute er mit seinen Söhnen 1224 hier eine neue Burg, worauf sich die Nachkommen Grafen von Nassau nannten. Nach der Zerstörung im Dreißigjährigen Krieg wurde die Anlage nicht wieder aufgebaut und galt 1643 als verfallen. In den erhaltenen Teilen amtierten später nassauische Burgmannen, die sich wiederum „von Laurenburg“ nannten. Im Jahre 1795 besetzten Franzosen die Burg, die ab 1806 Teil des Herzogtums Nassau wurde, und 1866 annektierten die Preußen die Region. Im Bergfried kann man ein Militaria-Museum besichtigen und im Standesamt die Ehe schließen, am Kiosk den kleinen Hunger stillen und die reizvolle Aussicht genießen.

Schloss Laurenburg liegt unterhalb der Burg an der Lahn und wurde Ende des 18. Jahrhunderts im Auftrag der Fürsten von Anhalt-Bernburg-Schaumburg als Sommersitz anstelle eines Burghauses errichtet. Es stellt einen Dreiflügelbau mit zwei Geschossen dar, in dem sich heute ein Wohnheim für Behinderte der Diakonie-Pflegeheime Scheuern befindet. Das Schloss kann nur von außen besichtigt werden.

Schloss Lieser

54470 Lieser
Verbandsgemeinde
Bernkastel-Kues
Landkreis Bernkastel-Wittlich

Der Weinort Lieser liegt westlich von Bernkastel-Kues an der Mittelmosel und ist nach dem dortigen Lieserbach benannt. Das prächtige Schloss im Stile des Historismus steht in einem kleinen Park nahe der Mosel. Entstanden ist es anstelle des 1710 gebauten Hofhauses unter dem Frankfurter Architekten Heinrich Theodor Schmidt von 1884 bis 1887 und war Familiensitz des Industriellen Eduard Puricelli. Als Konservativer wurde er 1867 in den Deutschen Reichstag gewählt und stimmte nach dem Deutsch-Französischen Krieg für den Anschluss von Elsass-Lothringen an das Deutsche Reich. Nachdem seine beiden Söhne früh verstorben waren, heiratete seine Tochter Maria 1880 den preußischen Beamten Clemens Freiherr von Schorlemer-Lieser. 1895 erbte Maria das Schloss und 1905 wurde es umgebaut und erweitert. So entstanden zwei Bauteile unterschiedlicher Stilepochen, wovon der Ältere den Neorenaissance-Stil und der Jüngere den Jugendstil aufweist, die nur von Fachleuten in den Details unterschieden werden können. Dreimal hielt sich Kaiser Wilhelm II. und ebenfalls mehrfach Kronprinz Wilhelm und Prinz Oskar auf dem Schloss zu Besuch auf, da sie den Freiherrn sehr schätzten.

Schloss Lieser

Die Gemeinde kaufte 1981 das Anwesen von der Familie Schorlemer-Lieser, worauf es mehrere Jahre ungenutzt stand. 2001 kaufte ein Investor aus Bad Salzuflen das Schloss, das dann in die Hände der Familie Killaars kam, die es zum Vier-Sterne-Schlosshotel ausbaute. Sehenswert sind die Malereien in der Halle und in der Kapelle von C. Grätz aus Frankfurt. 2013 befand sich das Schloss in Rekonstruktion.

Wasserburg Ließem

54636 Ließem
Verbandsgemeinde
Bitburg-Land
Eifelkreis Bitburg-Prüm

In der Südeifel im Ehlenztal, zehn Kilometer nordwestlich der Kreisstadt Bitburg, findet man den Ort Ließem, dessen erste urkundliche Erwähnung im Jahre 1016 als „Liudesheim“ erfolgte. Im Jahr 1204 traten hier die Herren von Ließem mit Godfried von Liessheim auf und 1315 wurde eine luxemburgische Lehensburg genannt. Lehensinhaber war 1316 Hartrad von Schönecken, dessen Linie auch unter dem Besitz des Trierer Erzbischofs Balduin von Luxemburg 1343 Lehensnehmer war. Kaiser Karl IV. stellte 1353 dem König von Frankreich böhmische Reisige zur Unterstützung, die Gerhard von Schönecken auf der Burg Ließem gefangen setzte, was eine Belagerung durch Balduin von Luxemburg zur Folge hatte. Dieser eroberte die Wasserburg und ließ sie schleifen. Später wurde sie wieder errichtet. Die Familie von Enschringen war 1525 im Besitz der Anlage. Ein Mitglied dieser Familie ehelichte 1510 Margarete Laudolff von Bitburg. Diese erweiterten den gotischen Wohnturm erheblich, der an der Außenseite drei wappengeschmückte Konsolsteine trägt. An der Nordwestecke verbindet ihn ein runder Treppenturm mit dem ebenfalls dreigeschossigen, mit der Jahreszahl 1622 bezeichneten ehemaligen Torbau. Im Winkel stehen niedrige Anbauten des 19. Jahrhunderts. Der Ort gehörte zunächst von 1795 bis 1814 zur Republik Frankreich und später zum Fran-

Wasserburg Ließem

zösischen Kaiserreich. Auf der Burg nahm 1803 die Biersdorfer Mairie Sitz, die 1816 in die preußische Bürgermeisterei Biersdorf überging. 1856 kam sie an Bickendorf und 1970 im Zuge der Kommunalreform an die Verbandsgemeinde Bitburg-Land. Die Burg ist Privatbesitz mit landwirtschaftlichem Betrieb und nur von außen zu besichtigen.

Burg Linz

53545 Linz am Rhein

Landkreis Neuwied

Burg Linz, Linz am Rhein

Die ehemalige Wasserburg, auch Erzbischöfliche Burg genannt, liegt im Stadtgebiet von Linz, nahe dem Rhein an der B 42 zwischen Köln und Koblenz. Erzbischof Engelbert von der Mark und Kurfürst von Köln errichtete ab 1365 die Burg. Im Jahre 1456 wurden in einem Teilungsvertrag ein Torhaus, Burgtor mit Brücke, Brunnen, Gefängnis und Burgplatz mit Graben aufgelistet. Die Landesburg war Sitz eines Amtmanns des kurkölnischen Amtes Linz. Über zwei Monate belagerte man sie 1475 im sogenannten „Neusser Krieg“ durch kaiserliche Truppen, starke Beschädigungen waren die Folge. 1547 diente die Anlage als Zufluchtsort für den Kölner Erzbischof Hermann V. von Wied. Im Jahre 1707 verlegte der Kurfürst die Verwaltung des Kurkölnischen Oberamtes von der Feste Altenwied nach Linz. Das hatte einen umfassenden Neubau zur Folge und vom spätgotischen Bau blieben nur noch Fundamente und der Nordwestturm erhalten. Nun umschlossen vier Trakte den Innenhof und Wassergräben umgaben die Süd- und Ostseite. 1803 bezogen nach der Säkularisation fürstlich Nassau-Usinger Verwaltungs- und Justizbeamte die Burg, die 1816 an Preußen fiel. Nun verlor die auch als Schloss bezeichnete Anlage an Bedeutung, worauf sie vom preußischen Fiskus an den Rheinzollbeseher Anton Feith verkauft wurde und unter der Familie in der ersten Hälfte des 20.

Jahrhunderts zunehmend verfiel. 1951 kam die Schlossanlage an die Stadt, die sie für Sozialwohnungen freigab und 1973 eine Außensanierung mit Freilegung des Fachwerks im Giebelbereich vornahm. Auch die Stadt verkaufte das Anwesen 1985, das somit wieder in Privatbesitz kam. Einer umfassenden Renovierung unterzogen, wurde es wieder touristischer Anziehungspunkt mit kurfürstlicher Burggastronomie im nachempfundenen Rittersaal, Folterkammer im Burgverlies und einer römischen Glashütte mit Glasbläsermuseum, ganzjähriger Verkaufsgalerie und Weihnachtsmarkt. Des Weiteren hat eine Ballettschule hier Unterkunft gefunden.

Burg Lissingen

Burg Lissingen

54568 Lissingen
Stadt Gerolstein
Landkreis Vulkaneifel

Lissingen, das 1212 als Lehen der Abtei Prüm im Besitz der genannten Smeych von Lissingen war, liegt südwestlich von Gerolstein an der B 410. Im Jahre 1514 kam die Burg an die Zandt von Merl. Das Anwesen an der Kyll ist eine gut erhaltene, ehemalige Wasserburg aus dem 13. Jahrhundert. Sie wird meist nicht als Doppelburg wahrgenommen, doch sie ist seit 1559 in Unterburg und Oberburg aufgeteilt und auch heute von unterschiedlichen Besitzern bewohnt. Der wehrhafte Charakter der Anlage wurde durch zahlreiche Um- und Erweiterungsbauten verwischt. So entstanden anstelle der Ringmauer Wirtschaftsgebäude. Über dem vor 1624 erbauten Außentor der Oberburg zwei Pechnasen. An der Grenze zwischen Ober- und Unterburg steht der viergeschossige Turm aus dem 14. Jahrhundert, ursprünglich Torturm mit angebautem runden Treppentürmchen. Diesem schließt sich der ältere Teil eines dreigeschossigen Wohngebäudes an, 1590 um etwa die doppelte Länge erweitert. Die Unterburg birgt einen großen dreigeschossigen

Alte Burg, Longuich

Wohnbau von 1661/62. Zur Kyll hin zieht sich ein Park mit einem Gartenhäuschen von 1793. Die Burg zählt ebenfalls zu den wenigen nicht zerstörten Eifelburgen und ist ein geschütztes Kulturgut der Haager Konvention. Hier werden Führungen angeboten, wechselnde Ausstellungen und Lesungen sowie Räumlichkeiten für Feste aller Art.

Alte Burg

54340 Longuich
Verbandsgemeinde
Schweich a. d. Rö. W.
Landkreis Trier-Saarburg

Der Ort liegt am rechten Moselufer, unmittelbar östlich von Schweich, mit dem 1382 erstmals urkundlich erwähnten Burghaus derer von Platt von Longuich. Gerhard Platt von Longuich gestaltete 1496 sein Burghaus im spätgotischen Stil zu einem großen Giebelbau in verputztem Schieferbruchstein, mit an der Westseite vorspringendem Treppenturm und Saal im Obergeschoss. Ab 1537 führten die von Benzerath von Geisspitzheim, Loudolph von Bitburg, Merl von Rentenich und Folgende das Burghaus weiter. Schließlich wurde 1666 die Alte Burg vor dem Rittergericht geteilt und 1694 verlieh Abt Alexander dem Johan Adam von Rentenich das Kelterrecht. Im 18. Jahrhundert ging der Besitz an die Abtei St. Maximin in Trier über und 1790 riss man die vier Wachtürme aus Stein sowie das obere Geschoss ab. Im Jahre 1802 wurden die Feudalrechte aufgehoben und 1812 die Burg in zwei Teilen versteigert. So kam die östliche Burghälfte mit

Kurfürstliches Schloss, Mainz

Burgturm in den Familienbesitz der Mertes. Im Jahr 1976 baute man den alten Burgkeller zur Weinschänke um und 1986 wurden die Ritterstube und der Rittersaal im Burgturm wieder hergestellt.

Kurfürstliches Schloss Deutschhaus

55116 Mainz
Landeshauptstadt

Die Landeshauptstadt von Rheinland-Pfalz kann auf zahlreiche historische Bauwerke verweisen, wozu insbesondere das **Kurfürstliche Schloss** am Rhein zu zählen ist. Begonnen wurde der ursprüngliche Bau im Jahre 1478 als Martinsburg am Rheinufer, die 1480 vollendet war. Seit dieser Zeit residierten die Erzbischöfe in der Martinsburg in der kurfürstlich-erzbischöflichen Residenzstadt. Als die Burg im zweiten Markgrafenkrieg 1552 zerstört wurde, ließ Erzbischof Daniel Brendel von Homburg die Anlage wieder herstellen. 1555 bis 1557 kam ein Kanzleigebäude hinzu und die vom Niederländer Georg Robyn geplante Schloss- und Stiftskirche St. Gangolph wurde von 1570 bis 1581 errichtet. Napoleon Bonaparte ließ während der französischen Besetzung die Burg samt erwähnter Bauten zerstören. Der neue Schlossbau mit dem Rheinflügel unter Erzbischof Georg Friedrich von Greiffenklau und Anselm Kasimir von Wambold erfolgte durch den Kapuzinerpater Matthias von Saarburg von 1627 bis 1631 während des Dreißigjährigen Krieges, der jedoch wegen der Flucht vor den Schweden erst 1687 durch Kurfürst Damian Hartart von der Leyen fertiggestellt wurde. Er stellt den ältesten Teil des bestehenden Schlosses dar. Während dieser Zeit und während des Pfälzischen Erbfolgekriegs ab 1688 verzögerten sich oft die Bauarbeiten. 1752 war der Nordflügel im Wesentlichen fertiggestellt. Der dem Rhein abgewandte Flügel entstand unter den Erzbischöfen Johann Friedrich Karl von Ostein und Friedrich Karl Joseph von Erthal durch den Baudirektor Anselm Franz Freiherr von Ritter zu Grünstein. 1792 wurde im Schloss der erste Jakobinerklub auf deutschem Boden gegründet, die erste demokratische Bewegung Deutschlands. Nach der Vertreibung des Kurfürsten 1797 diente das Schloss als Kaserne, Militärlazarett und Warenmagazin. Napoleon I. beabsichtigte, Mainz zu einer repräsentativen Metropole auszubauen, und besetzte die Stadt während des Revolutionskrieges mit seinen Truppen. Er ließ 1809 die Martinsburg abtragen. Während des Zweiten Weltkrieges 1942 zerstörte man das Schloss bei einem Luftangriff stark und es brannte aus. Schon 1948/49 wurde es wiederhergestellt. Die Außenansicht entstand wieder originalgetreu und der Innenbereich wurde zweckmäßig ausge-

Deutschhaus, Mainz

stattet. Der Ostflügel beherbergt das Römisch-Germanische Zentralmuseum und der Nordflügel den „Akademiesaal“ oder Veranstaltungssaal, mit einem Deckenfresko von J. Zink. Hier findet jährlich die Gemeinschaftssitzung der vier Mainzer Karnevalsvereine statt „Mainz bleibt Mainz, wie es singt und lacht“. Des Weiteren befinden sich im Schlossbereich eine Bibliothek und ein Restaurant.

Das direkt gegenüberliegende **Deutschhaus** war ab 1740 Deutschordenskommende und Tagungsort des Rheinisch-deutschen Nationalkonvents, von 1804 bis 1813 Residenz Napoleons. 1816 bis 1918 Nutzung als großherzoglich-hessisches Palais. 1842 befand sich hier die erste deutsche Industrieausstellung. 1870 wurde bei Ausbruch des Deutsch-Französischen Krieges das Hauptquartier hierher verlegt. Von 1919 bis 1930 war das Deutschhaus Sitz des kommandierenden Generals der französischen Besatzung. Von 1943 bis 1945 befand sich hier die Unterkunft der Stadtverwaltung Mainz, seit 1951 wird der historische Bau als Sitz des Landtags Rheinland-Pfalz genutzt.

Schloss Malberg

54655 Malberg
Verbandsgemeinde Kyllburg
Eifelkreis Bitburg-Prüm

Malberg liegt an der Kyll in der Eifel, südlich von Gerolstein und nördlich angrenzend an Kyllburg. Hoch oben auf einer Bergzunge liegt prachtvoll über dem Kylltal die Schlossanlage, mit ihren Kernbauten der Herren

Schloss Malberg

von Malberg aus dem Geschlecht der Ravengare, die schon 1008 erwähnt sind. Im 13. Jahrhundert trennte man die Anlage in Unter- und Oberburg, die einen häufigen Besitzerwechsel hatte und seit 1404 unter der gemeinsamen Lehenshoheit des Erzbischofs von Trier und des Grafen von Luxemburg stand. Familie von Veyder erwarb 1615 einen Teil der Anlage und kam schließlich 1681 in den vollständigen Besitz der Burg und Herrschaft. Von der mittelalterlichen Burg blieben keine Überreste erhalten. Bauherr des jetzigen Schlosses war der Kölner Weihbischof Johann Werner von Veyder. Franz Moritz von Veyder wurde 1732 in den Reichsfreiherrenstand erhoben. Dieser fügte den „Runden Garten" der Schlossanlage hinzu. Das Schloss entstand 1708 bis 1715 und 1702 stockte man den Alten Bau von 1591 mit einem Geschoss auf. Der Arkadenbau an der Südseite des Hofes folgte 1710 als Verbindungstrakt zum neuen Schloss. Die Schlosskapelle am Nordhang des Burgberges entstand 1712 bis 1714. Die Ausstattung des Schlosses mit seinen Stuckdecken, schönem Mobiliar und der kleinen Gemäldesammlung blieb weitgehend erhalten. Die Anlage befindet sich in der Grundsanierung. Das Schlosscafé ist geöffnet. Im Schloss werden Führungen durchgeführt, Lesungen angeboten und Konzerte gegeben. Vom Schlossareal hat man eine schöne Aussicht ins umliegende Land.

Schloss Mandel

Schloss Mandel

55595 Mandel
Verbandsgemeinde Rüdesheim
Landkreis Bad Kreuznach

Das Jagdschlösschen im Renaissancestil liegt am Rande des kleinen Ortes Mandel im Naheland, fünf Kilometer westlich von Bad Kreuznach. Mandel wurde im Jahre 962 als „Mannendal" erstmals urkundlich erwähnt. Errichtet wurde das

Schlösschen 1624 mit einem fünfseitig vorspringenden Treppenturm durch die Freiherren von Koppenstein. Das Dorf kam als Lehen an die Familie von Koppenstein, eine Nebenlinie der Sponheimer, die sich nach ihrer Stammburg Koppenstein im Hunsrück nannten. Einige Mitglieder dieser Familie standen über lange Zeit als Ritter, Geistliche oder Amtleute im Dienste verschiedener Territorialherren. Mit dem Aussterben der Familie von Koppenstein im Jahre 1768 fiel das Dorf an die Lehnsherren, Freiherren von Dalberg, zurück und wurde 1786 an den Reichsgrafen Carl-August von Bretzenheim verkauft. Die kleine Anlage bildet eine malerische Baugruppe am Hang über dem Ort. Vorhanden aus vergangenen Zeiten sind Ringmauerreste mit Schalentürmen und ein Wappenstein von 1722. Ein Doppelwappen über dem Turmportal trägt die Inschrift 1680. Das historische Anwesen wird privat bewohnt und ist nur von außen einsehbar.

Ober- und Niederburg

54531 Manderscheid

Landkreis Bernkastel-Wittlich

Manderscheid liegt südlich von Daun zwischen der A 1 und der B 257 in der Vulkaneifel, zwischen den Flüssen Lieser im Osten und der Kleinen Kyll im Westen. Nahe der Stadt befinden sich die Ruinen beider Burgen, deren Geschichte und Lage zueinander den mittelalterlichen Interessenkonflikt zwischen dem Kurfürstentum Trier und dem Herzogtum Luxemburg widerspiegeln.

Die ältere **Oberburg** steht auf einer abgeflachten Bergspitze, war mit einer dreieckig angelegten Außenmauer geschützt und mit einem heute wieder begehbaren, fünfstöckigen Bergfried ausgestattet. Von diesem hat man eine wunderschöne Aussicht auf die Unterburg, die Stadt Manderscheid und das umgebende Land. Eine erste Nennung Manderscheids fand man in einer Schenkungsurkunde Ottos II. an den Erzbischof und Kurfürsten von Trier aus dem Jahr 973. Die Burg, im Besitz des Grafen Heinrich von Luxemburg, wird erst zwischen 1141 und 1146 genannt. Die Edelfreien von Manderscheid erscheinen erstmals 1142 in einer Schenkungsurkunde. 1147 trat Graf Heinrich dem Erzbischof Albero von Trier die Burg ab und als sich diese noch im Besitz Kurtriers befand, wurde sie 1673 von den Franzosen zerstört und verfiel zur Ruine. 1921 übernahm sie die Gemeinde, richtete sie her zur Begehung für die Öffentlichkeit.

Ober- und Niederburg, Manderscheid

Die **Niederburg** war Stammsitz der Grafen von Manderscheid, die sie von den Grafen und späteren Herzögen von Luxemburg zu Lehen bekamen. Die Burg liegt auf einem steilen Felsen und war nur von Süden her angreifbar. Ihre Entstehung geht wohl in die Zeit zurück, als die Oberburg an Trier abgetreten wurde, also in die zweite Hälfte des 12. Jahrhunderts, und sie wurde 1201 erstmals erwähnt. Dietrich II. von Manderscheid stellte nach Schäden 1427/28 die Anlage wieder her und legte eine Vorburg an. Im Jahre 1618 belagerte und eroberte Erzherzog Albrecht von Österreich die Burg. Schließlich erwarb sie 1899 der Eifelverein. Es ist eine ausgedehnte Anlage mit einem Rundturm am Südhang, viereckigem Bergfried des 12. Jahrhunderts, zweigeschossigem Palas über zwei tonnengewölbten Kellern von 1427/28 mit Erneuerung im 16. Jahrhundert, rechteckigem Turm und an der Nordseite dem Rest einer Wendeltreppe zum oberen Burgplatz. An der Burg lädt eine gastronomische Einrichtung zum Verweilen und Ausrichten von Festlichkeiten ein. Am letzten Augustwochenende jedes Jahres findet ein Mittelalterfest statt. Gruppenführungen werden angeboten.

Schloss Maudach

Schloss Maudach

67067 Maudach
Stadt Ludwigshafen
Kreisfreie Stadt

Maudach liegt westlich vom Stadtzentrum und grenzt an das Maudacher Bruch. Im 13. Jahrhundert besaß der Raubritter Heinrich von Ruprechtsberg eine Burg bei Maudach, die von den Wormser Bürgern zerstört wurde. Um 1770 wurde das schlichte dreigeschossige Schloss mit Walmdach errichtet. 1792 zog Freiherr Otto Heinrich von Gemmingen-Hornberg in das Schloss und bebaute das Gut, nachdem die Witwe Freifrau Wilhelmine Christine von Seldeneck hier vorher für kurze Zeit sesshaft gewesen war. 1840 erwarb die Gemeinde das Schloss von der Familie von Waldkirch. Zum Ende des Zweiten Weltkrieges wurde das Anwesen zerstört und von 1950 bis 1952 wieder unter Bewahrung der noch zum Teil frühklassizistischen Formen aufgebaut. Dieser Baustil war in der Kurpfalz nach dem Spätbarock vorherrschend. Es diente als Rathaus, Schule und Kindergarten. In den Jahren 1980 bis 1997 restaurierten Teilnehmer der Meisterschule für Stuckateure und Restauratoren das Gebäude. Heute befindet sich im Schloss der Sitz der Ortsverwaltung und eines Turnvereins. Räumlichkeiten für Ausstellungen sowie Trauungen stehen zur Verfügung.

Genovevaburg

56727 Mayen
Landkreis Mayen-Koblenz

Die Stadt ist von drei Seiten von der Eifel umgeben. Östlich öffnet sich die Landschaft zum flach auslaufenden Koblenz-Neuwieder-Becken. Die Genovevaburg erhebt sich an der Südwestseite der Stadt, eingebunden in die mittelalterliche Stadtbefestigung. Ihre Bezeichnung entspringt einer Sage, nachdem auf gleicher Anhöhe einst der Sitz des Pfalzgrafen Siegfried und seiner Gemahlin Genoveva von Brabant gewesen sein soll. Die bestehende Anla-

ge war früher eine kurfürstliche Burg und wurde 1280 unter dem Trierer Erzbischof Heinrich II. von Vinstingen begonnen, 1311 zum Großteil vollendet und blieb fast 400 Jahre lang unversehrt. Erst 1689 ließ General Henri d'Escoubleau de Sourdis die kurfürstliche Burg von seinen Truppen niederbrennen. In der Folge wurde sie schlossartig aufgebaut und unter Kurfürst Hugo von Orsbeck durch Philipp Honorius Ravensteyn aus Koblenz erweitert. Die Ecken der Anlage wurden durch Rundtürme verstärkt. Der hohe und mächtige Bergfried, auch Goloturm genannt, befindet sich am Südende des Areals. Der zweite äußere Bering ist mit der Stadtbefestigung verbunden und wird im Westen von einer Bastion geschützt. Im östlichen Bereich der Unterburg entstand 1709/10 durch Ravensteyn ein Marstall, in dem heute das Eifel-Museum untergebracht ist. Der sich zur Stadt öffnende Torbogen der Unterburg ist mit rustizierten Pilastern und Wappen des Kurfürsten Johann Hugo von Orsbeck geschmückt. Das Schloss ist das Wahrzeichen der Stadt, beherbergt neben dem Museum eine Bibliothek, ein Standesamt und im Innenhof finden periodisch die Burgfestspiele Mayen statt.

Genovevaburg, Mayen

Mertesdorf

Schloss Grünhaus

54318 Mertesdorf
Verbandsgemeinde Ruwer
Landkreis Trier-Saarburg

Der Weinort Mertesdorf liegt nur zehn Kilometer nordöstlich von Trier im Ruwertal, dessen Schlossgut einst der Abtei St. Maximin in Trier gehörte. Bis weit in die römische Zeit hinein reichen die Ursprünge des Weinbaus am Grüneberg. Dagobert I. schenkte 633 dem Kloster St. Maximin in Trier die Besitztümer am Grüneberg, was 966 auch von Otto I. bestätigt wurde. Bis in das Jahr 1802 wurde Grünhaus von der Benediktinerabtei bewirtschaftet und nach der Säkularisation befand sich das Weingut bis 1810 unter Kaiser Napoleon Bonaparte in französischer Verwaltung. Es kam darauf in bürgerlichen Besitz und 1882 an die Freiherren von Stumm-Halberg, später an die Familie von Schubert. Seit 1981 leitet das Gut der Winzer Carl-Ferdinand von Schubert. Das Schloss mit Portal in gotischen Formen geht auf das Jahr 1638 zurück, mit späteren Veränderungen aus dem 19. Jahrhundert, als man dem Haupthaus die Marienburg hinzufügte. Das Schlossgut Maximin Grünhaus bietet heute Räumlichkeiten für Trauungen an. Im Park befinden sich Reste eines Aquädukts einer römischen Wasserleitung.

Schloss Grünhaus, Mertesdorf

Schloss Merxheim

Schloss Merxheim

55627 Merxheim
Verbandsgemeinde
Bad Sobernheim
Landkreis Bad Kreuznach

Der 1061 als Merkedesheim erstmals urkundlich erwähnte Ort liegt am Südufer der Nahe, zwischen Bad Sobernheim und Kirn, an der B 41. Im Jahre 1350 wird hier ein Ritter Conrad von Merxheim erwähnt. Dessen Kinder Rorich und Adelheid teilten sich bis zum Ableben des Rorich die Allodialgüter. Danach gelangten Dorf und Schloss zum Teil an die Vögte von Hunolstein und die Adelsfamilie von Hohenburg. Während des bayrisch-pfälzischen Erbfolgekrieges 1503/04 wurde der Ort durch Truppen des Herzogs von Zweibrücken geplündert, 1504 fiel er einem Brand zum Opfer. Weiteres Unheil kam 1612 über die Bewohner von Merxheim, als die Pest ausbrach und 228 Todesopfer forderte. Mit der Französischen Revolution wurde die bestehende Herrschaft des Ortes beendet. Das ehemalige Schloss des Hunsrücker Adelsgeschlechts von Hunolstein ist ein lang gestreckter klassizistischer Putzbau von 1791, in dessen Osthälfte 1817 die katholische Pfarrkirche St. Borromäus eingerichtet wurde. Der Ostturm wurde 1919 in klassizistischen Formen angebaut und der Mittelrisalit an der Schlossfront wird von einem dreiachsigen Giebel bekrönt. Das Portal liegt zwischen Säulen und Altar und Kanzel der Kirche sind in Rokokoformen geschaffen, das Vesperbild im 18. Jahrhundert. Die Malteser nutzen Räumlichkeiten im Schloss.

Merzalben

Burg Gräfenstein, Merzalben

Burg Gräfenstein

66978 Merzalben
Verbandsgemeinde Rodalben
Landkreis Südwestpfalz

Merzalben wurde 1237 erstmals urkundlich erwähnt und liegt im Naturpark Pfälzerwald, nordöstlich von Pirmasens bei Münchweiler. Burg Gräfenstein ist eine der stattlichsten Burgen der Pfalz. Errichtet wurde sie vermutlich im 12. Jahrhundert von den Grafen von Saarbrücken als Ersatz für die 1168 von Kaiser Friedrich I. zerstörte Burg. Urkundlich nachgewiesen ist sie 1237 im Besitz der Grafen von Leiningen, deren jüngste Linie aus dem Hause Saarbrücken hervorging. Mehrfach wurde die Burg seit 1345 verpfändet und 1367 an Kurpfalz verkauft. Diese belehnten die Grafen von Sponheim mit der Anlage. Ihre Erben, die Markgrafen von Baden und die Herzöge von Pfalz-Zweibrücken, kamen 1420 an den Besitz. Schon ein Jahr später verpfändeten diese das Anwesen bis 1535 an die Herrschaft Leiningen-Hardenburg. In deren Besitz wurde die Burg 1525 während des Bauernkrieges durch den Elsässer Kolbenhaufen zerstört. Pfalzgraf Rupprecht von Zweibrücken-Veldenz stellte die Burg um 1540 wieder her, die zwischen 1560 und 1570 ganz an Baden ging. Über einen langen Zeitraum war sie Amtssitz eines Verwalters. Nachdem sie 1635 im Dreißigjährigen Krieg erneut zerstört und Opfer der Flammen wurde, verfiel sie zur Ruine. Im Staatseigentum befindlich, wurde die Anlage

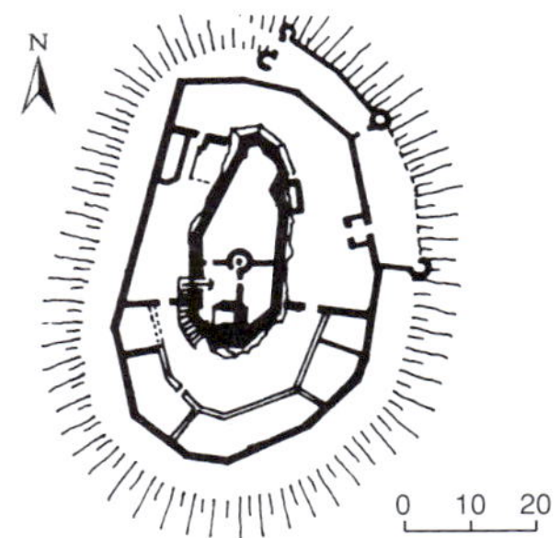

Burg Gräfenstein, Merzalben, Grundriss

1985/86 durch das Land instand gesetzt. Von der frei zugänglichen Burgruine aus hat man einen herrlichen Ausblick in die Umgebung und den Pfälzerwald. Zu bestimmten Zeiten werden von historisch kostümierten Führern die Besucher durch das Burgareal begleitet und mit historischem Hintergrundwissen ausgestattet. Die Burg Gräfenstein obliegt der Obhut der Generaldirektion Kulturelles Erbe Rheinland-Pfalz.

Schloss Molsberg

56414 Molsberg
Verbandsgemeinde Wallmerod
Westerwaldkreis

Die Gemeinde liegt im Westerwald an der Grenze zu Hessen, nordöstlich von Montabaur und südlich von Westerburg. Im Jahre 1116 wurde hier die Burg Moldersberg genannt, die zur Sicherung der Köln-Frankfurter Straße zur Salierzeit angelegt worden war. Sie war Sitz des gleichnamigen Geschlechts und kam 1365 an das Erzstift Trier mit gesamter Herrschaft. 1657 kamen die Freiherren von Walderdorff, die 1767 in den Grafenstand erhoben wurden, an das Anwesen als Unterherrschaft. Johann Philipp von Walderdorff, Erzbischof von Trier, begann 1760 nach Plänen von Johannes Seitz einen Neubau, der jedoch nach dem Tode des Bauherrn 1768 unvollendet blieb. Im Kopf des Seitenflügels befindet sich eine Kapelle von 1766, die 1886 restauriert wurde. Die barocke Schlossanlage ist in Privatbesitz. Der Landschaftsgarten im englischen Stil ist öffentlich zugänglich. Auf dem Gelände finden unter anderem jährlich das traditionelle Pfingstfest und verschiedene Musikveranstaltungen statt. Der frühere Gartenpavillon wird heute als Kunsthalle durch die Walderdorff-Galerie genutzt.

Schloss Molsberg

Löwenburg, Monreal

Löwenburg Philippsburg

56729 Monreal

Verbandsgemeinde Vordereifel
Landkreis Mayen-Koblenz

Das erstmals 1193 als „Cunisberch" urkundlich erwähnte Monreal liegt südwestlich von Mayen in der Voreifel, im Tal der Elz. Zwei Burgen, die Löwenburg und die Kleine Philippsburg, beherrschen auf ausgedehnter Hanganlage weithin das Eltztal.

Löwenburg, Monreal, Grundriss

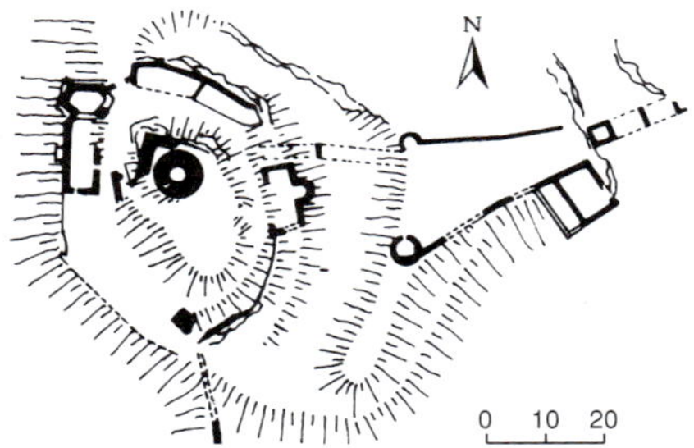

Die **Löwenburg**, auch Burg Monreal genannt, hatte ihre erste Erwähnung 1229. Erbaut wurde sie durch Graf Hermann III. von Virneburg, auf dem Grund und Boden seines Bruders Philipp. Die Familie besaß die Anlagen als Trierer Lehen bis zum Aussterben 1545. Mehrfach wurde sie als Witwensitz genutzt. Als kurtrierischer Amtssitz wurde er 1689 durch die Franzosen zerstört. Die Löwenburg bestand aus einem Zwinger in Form eines rechtwinkligen Dreiecks, an dessen Westende sich ein kleiner polygonaler Turm befand. Hier war auch der Zugang zur Hauptburg. Die Staatliche Schlösserverwaltung Rheinland-Pfalz ließ ab 1970 umfassende Sicherungsmaßnahmen an der Anlage vornehmen. Am Westende steht der noch heute weitgehend erhaltene Rundturm. Die Anlage ist für jedermann frei zugänglich.

Die **Philippsburg**, auch als „das Rech" bezeichnet, liegt westlich der Löwenburg, getrennt durch eine kleine Talsenke als Vorwerk. Es ist eine kleine Anlage mit unregelmäßig verlaufenden Mauerresten und westlich gelegenem Graben. Der viereckige Turm in der Nordwestecke wur-

Philippsburg, Monreal

de erst später integriert. Die Südmauer wurde 2007/08 restauriert. Die Stadtbefestigung war mit beiden Burgen verbunden. Heute befinden sich beide Anlagen in der Obhut der Generaldirektion Kulturelles Erbe Rheinland-Pfalz.

Herrenhaus Monsheim

67590 Monsheim

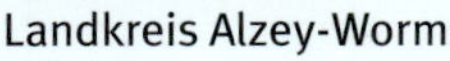

Landkreis Alzey-Worms

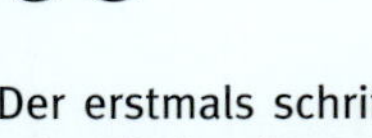

Der erstmals schriftlich im Lorscher Codex des 8. Jahrhunderts erwähnte Ort Monsheim liegt im südlichen Wonnegau in Rheinhessen, westlich von Worms an der Pfrimm.

Im Jahre 1394 befand sich hier eine Wasserburg, auch Veste Monsheim genannt. Sie war im Besitz des Pechtold von Beckingen. Ende des 16. Jahrhunderts wurde zuerst mit dem Neubau der Wirtschaftsgebäude begonnen und das Herrenhaus im Re-

Herrenhaus Monsheim

naissancestil zwischen 1629 und 1651 für die Herren von Wachenheim gebaut. Zwischen 1780 und 1852 war das Anwesen im Besitz der Familie von Gagern, deren bedeutendes Mitglied Heinrich von Gagern war, der Präsident der Nationalversammlung von 1848. Diese wurde im Besitz vom Freiherrn Heyl zu Herrnsheim abgelöst und die Familie Knauff richtete als Pächter auf dem Gut eine Damenreitschule ein. Heute wird das umfangreiche Anwesen als staatliche Domäne genutzt, an deren Herrenhaus sich über einem tonnengewölbten Durchgang Löwenkonsolen und ein vorspringender Erker mit Wappen sowie eine verzierte Brüstung befinden. In der Hofanlage, die Privatbesitz ist, steht auch der Monsheimer Hinkelstein, einer der größten Monolithe in Rhein-Hessen.

Schloss Montabur

Schloss Montabaur

56410 Montabaur

Westerwaldkreis

Die Kreisstadt des Westerwaldkreises lässt sich in ihrer Geschichte bis in das Jahr 959 mit dem Castell Humbach, dem heutigen Schloss, nachweisen. Der Konradiner Herzog Hermann von Schwaben ließ auf dem vom Biebrichs- und Gelbach umflossenen Basaltkegel nach 910 das Castell erbauen. Zur Sicherung der Westerwälder Besitzungen baute Erzbischof Theoderich II. von Wied die Anlage zu Beginn des 13. Jahrhunderts aus, konnte aber nicht verhindern, dass die Burg 1212 durch den Grafen von Nassau angegriffen und zerstört wurde. Zu Zeiten Arnolds von Isenburg wurde die von Theoderich 1217 wieder aufgebaute Burg häufig als Residenz der Trierer Erzbischöfe genutzt. Den Burghügel nannte er „Mons Tabor“, woraus sich das spätere „Montabaur“ ableitete, das unter diesem Namen 1227 erstmals urkundlich erwähnt wurde. Um 1520 erfolgte der Umbau der mittelalterlichen Burg zu einem vierflügeligen Renaissanceschloss, doch das heutige Aussehen erhielt es erst in den Jahren von 1687 bis 1709. Kurfürst Johann Hugo von Orsbeck ließ es von seinem Hofbaumeister

Schloss Marienlay, Morscheid

Johann Christoph Sebastiani im Stil des Barocks umgestalten. Bis Ende des 18. Jahrhunderts residierten hier noch die Trierer Erzbischöfe, bis schließlich Kurfürst Clemens Wenzeslaus von Sachsen 1794 vor den französischen Revolutionstruppen flüchten musste. Der Kurstaat wurde 1801 aufgehoben. Später nutzten die Herzöge von Nassau die Anlage als Jagdschloss. Das heutige Schloss ist ein Bau, der im Wesentlichen durch die Bautätigkeit der Kurfürsten Johann von Baden, Richard von Greiffenklau und Johann Hugo von Orsbeck gestaltet wurde. Den Innenausbau gestaltete vorrangig um 1754 Johann Seiz, unter Franz Georg von Schönborn. Bis 1945 war das Schloss Sitz des Landratsamtes im Unterwesterwaldkreis, danach der Bezirksregierung Montabaur. Heute präsentiert sich das Schloss als modern ausgestattetes Tagungs- und Schulungszentrum, mit vielen Freizeit- und Sportangeboten. Aber auch der Urlauber kann hier ausspannen und Feierlichkeiten ausrichten.

Schloss Marienlay

54317 Morscheid
Verbandsgemeinde Ruwer
Landkreis Trier-Saarburg

Der Ort liegt auf einem Höhenrücken des vorderen Hochwaldes, östlich von Trier, zwischen den Bachtälern von Ruwer und Riveris. Das Gut des Erzbischofs Poppo von Babenberg wurde in der ersten Hälfte des 11. Jahrhunderts genannt. Das Weingut des Reichsgrafen von Kesselstatt,

Schloss Marienlay, steht am Osthang des Ruwertals. Es wurde von 1922 bis 1927 aus Schieferbruchsteinen errichtet. Sein Vorgängerbau, das sogenannte Kelterhaus, stammt aus dem Jahr 1880. Erster Eigentümer war Josef Milz aus Neumagen. Er erwarb die Grundstücke 1898 bis 1905. Ein häufiger Besitzerwechsel folgte und schließlich die Zwangsversteigerung. Der Trierer Kaufmann Gustav Rudolf Schieffer kam an das Anwesen und ließ das Schloss von 1922 bis 1930 erbauen. 1923 gab er dem Gut die Bezeichnung Schloss Marienlay. 1939 kam es erneut zur Zwangsversteigerung. Der Großteil des Besitzes sowie das Schloss kam an den Weingutsbesitzer und Weinhändler Jakob Emil Buess-Küderli aus Sissach in der Schweiz. Nachdem Carl Reh 1946 die Verwaltung des Betriebes übernommen hatte, erwarb er schließlich 1952 das Weingut Schloss Marienlay mit Grundbesitz. Im Jahre 1978 gingen das Anwesen und der Gesamtbesitz als Weingut Reichsgraf von Kesselstatt an den Vater der heutigen Eigentümerin, Annegret Reh-Gartner. Ihre Spitzenweine stehen bei Kennern hoch im Kurs und sie kann auf viele Auszeichnungen verweisen.

Burg Hohlenfels

65623 Mudershausen

Verbandsgemeinde Hahnstätten
Rhein-Lahn-Kreis

Im Jahre 1416 wird Mudershausen als „Mudershußen" erstmals erwähnt, das im Einrich des Taunus, elf Kilometer südlich von Limburg an der Lahn, liegt. Burg

Burg Hohlenfels, Mudershausen

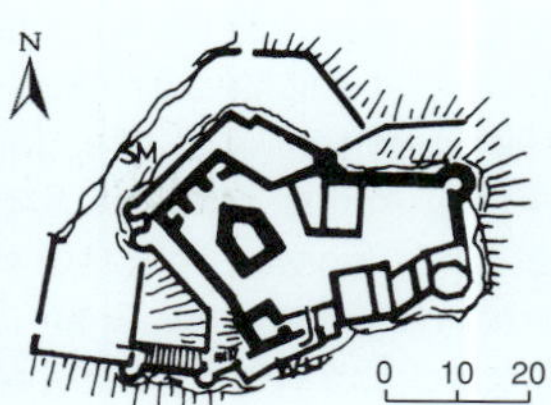

Burg Hohlenfels, Mudershausen, Grundriss

Hohlenfels steht über dem Hohlenfelsbachtal auf einem aufragenden Kalksteinfelsen und wurde Mitte des 14. Jahrhunderts im Auftrag der Grafen von Nassau-Weilburg-Saarbrücken errichtet. Die Adelsfamilie von Langenau hatte zunächst die Burg zu Lehen, die aufgrund zahlreicher Erbteilungen im 15. Jahrhundert eine Ganerbenburg war. Die Herren von Mudersbach brachten die Burg Ende 1600 in ihren alleinigen Besitz. Gefolgt sind diesen die Herren von Kronberg und weitere. Die Anlage wurde zu Beginn des 18. Jahrhunderts um einen Neubau erweitert, wechselte weiterhin die Besitzer, befindet sich heute wieder in Privatbesitz und ist bewohnt. Seit 2005 ist die Burg zu bestimmten Anlässen im Jahr der Öffentlichkeit zugänglich und Ort verschiedener Veranstaltungen.
Einst existierte am Fuß des Burgfelsens ein spätmittelalterliches Dorf mit dem Namen Hohlenfels, das im Dreißigjährigen Krieg aufgegeben wurde. Der ehemalige Gutshof beherbergt heute eine Pension und eine gastronomische Einrichtung.

Burg Bischofstein

56294 Münstermaifeld
Verbandsgemeinde Maifeld
Landkreis Mayen-Koblenz

Die Stadt Münstermaifeld, die 965 das Marktrecht erhielt, liegt

Burg Bischofstein, Münstermaifeld

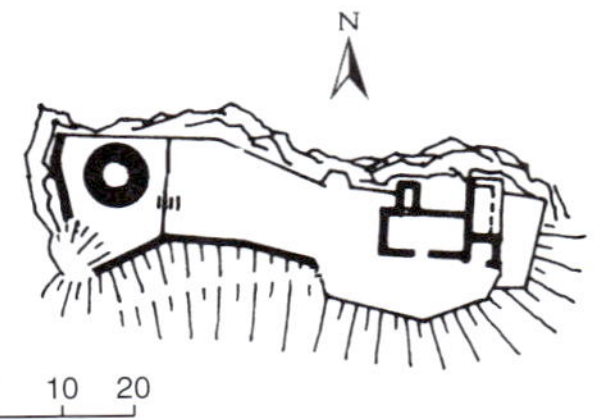

Burg Bischofstein, Münstermaifeld, Grundriss

unweit der Mosel zwischen Kobern-Gondorf und Cochem. Die Spornburg Bischofstein liegt am westlichen Ufer der Mosel. Erzbischof Arnold II. von Trier begann zwischen 1242 und 1259 mit dem Aufbau der Burg und 1262 residierte urkundlich nachgewiesen der Trierer Archidiakon Heinrich von Bolanden auf Bischofstein, der die Anlage fertiggestellt haben soll. Sein Nachfolger war Hermann von Weilnau, der 1303 dem Erzbischof Peter von Nassau das Öffnungsrecht zugestand und somit für den Kriegsfall Bischofstein zur Verfügung stand. Im Jahre 1329 wurde Heinrich von Pfaffendorf mit der Anlage belehnt, dem Gottfried von Brandenburg folgte. Friedrich Pfalzgraf bei Rhein war wohl 1501 der letzte Lehnsherr auf dem Bischofstein. 1631 ließ Ludwig XIII. Münstermaifeld während des Dreißigjährigen Krieges zerstören, doch die Burg kam unbeschadet davon. Im Pfälzischen Erbfolgekrieg 1689 wurde sie aber durch die französischen Truppen unter Ludwig XIV. zerstört. Im Jahre 1880 kaufte Johann Franz Bienen aus Rheinberg das Burgareal, dessen Erben es 1930 an den Darmstädter Kaufmann Erich Deku verkauften. Er ließ die Burg teils zu einem Feriendomizil herrichten. Die Familie Neuerburg aus Trier vollendete 1937/38 die Wiederherstellung der Burg. Seit 1954 ist sie Schullandheim des Fichtegymnasiums Krefeld und der ideale Ort für Gruppenreisen.

Bertradaburg, Mürlenbach

Bertradaburg

54570 Mürlenbach
Verbandsgemeinde Gerolstein
Landkreis Vulkaneifel

Mürlenbach liegt im Naturpark Vulkaneifel, südlich von Gerolstein und nördlich von Bitburg. Die auf einem Felssporn über dem Ort liegende Bertradaburg ist erst seit dem 13. Jahrhundert urkundlich als Landesfestung der gefürsteten Reichsabtei Prüm nachgewiesen und soll Vorgängerbauten gehabt haben. Interessant ist, dass nach örtlicher Überlieferung Bertrada, die Mutter Karls des Großen, hier gelebt haben soll. 1511 gab es bewaffnete Auseinandersetzungen zwischen der Abtei und dem Erzbistum und nach dem Tode Abt Roberts 1513 versuchte der Erzbischof, seine Macht über die Abtei auszudehnen und ließ Truppen gegen Mürlenbach ziehen. Die Burg mit ihren Besitzungen kam 1576 an den Kurfürsten von Trier und 1598 ließ sie der Trierer Kurfürst, Erzbischof Johann VII. von Schönberg, ausbauen und verstärken. Im Jahre 1683 galt die Anlage als verfallen. Mit der Besetzung durch französische Revolutionstruppen und der Säkularisation kam die Burg um 1802 in Privatbesitz und wurde versteigert. Die erhaltenen Teile der Burg wurden gegen Ende des 20. Jahrhunderts durch die Familie Tiepelmann restauriert und das Doppelturmtor mit staatlichen Mitteln wiederhergestellt. Im Jahre 2009 wurden den heutigen Eigentümern, der Generaldirektion Kulturelles Erbe Rheinland-Pfalz, weitere Zuschüsse zur Instandsetzung bewilligt und die Schildmauer aus dem 13. Jahrhundert saniert. In der Anlage gibt es regelmäßige Führungen und einmal im Jahr findet im Burghof das Mürlenbacher Burgfest statt. In der Bertradaburg werden Ferienwohnungen angeboten. Eine schöne Aussicht hat man von den Türmen der Anlage.

Burg Namedy

Burg Namedy

56626 Namedy
Stadt Andernach
Landkreis Mayen-Koblenz

Die große kreisangehörige Stadt Andernach gehört zu den ältesten Städten Deutschlands und liegt am linken Ufer des Rheins im Neuwieder Becken, nord-

Namedy

Burg Namedy

westlich von Koblenz. Die Burg Namedy wurde im 14. Jahrhundert vom Andernacher Patriziergeschlecht von Hausmann erbaut und war zu jener Zeit noch ein von Wasser umgebenes spätgotisches Burghaus. Mitte des 16. Jahrhunderts erweiterten die Eheleute Antonius Hausmann zu Namedy und Margarete von Eltz die Burganlage, die 1633 im Dreißigjährigen Krieg von schwedischen Truppen geplündert wurde. Mit Friedrich Rupprecht von Hausmann und Riolsburg starben die Eigentümer 1676 im Mannesstamm aus. Anna Katharina Freiin von Hausmann und Andreas von Klepping veräußerten die Burg 1701 an den Kurtrierer Kanzler Johann Arnold Solemacher, der sie zum dreigeschossigen Schloss umbauen ließ. Die Burg, als solche auch heute bezeichnet, ging durch Kauf 1896 an Arnold Freiherr von Solemacher-Antweiler. Otto Eduard Leopold von Bismarck-Schönhausen, zuletzt Reichskanzler des Deutschen Reiches, spielte in der Burg bis in die Morgenstunden Karten. Das Anwesen war auch Treffpunkt für die Monarchen aus Belgien, England und Rumänien, die hier ihrem Jagdvergnügen nachgingen. Prinz Carl-Anton von Hohenzollern und seine Gemahlin Joséphine, Prinzessin von Belgien, wählten die Burg 1908 zum Wohnsitz. Für die Öffentlichkeit zugänglich gemacht wurde das Anwesen durch Prinz Godehard und Prinzessin Heide, nachdem sie die Burg 1988 erbten und in der Folgezeit renovierten. 1991 begann die Veranstaltungsreihe „Konzerte Burg Namedy“, die von Prinzessin Heide weitergeführt wird. Auf dem Burgareal werden weiterhin zahlreiche Veranstaltungen wie Weihnachtszauber und Adventssingen, Kunst im Park, Heiraten im Schloss und andere Feierlichkeiten sowie Seminare geboten.

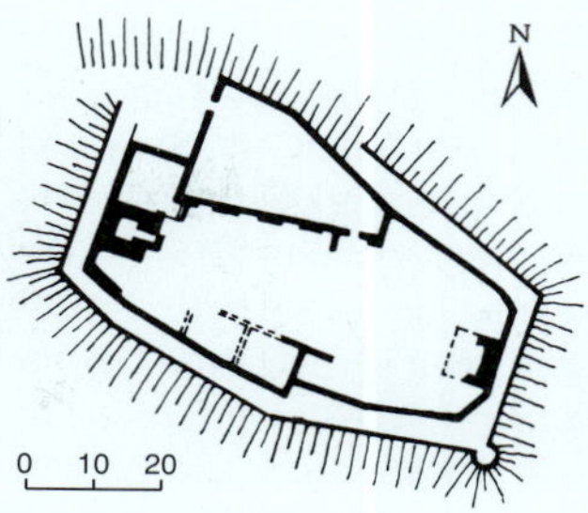

Burg Nassau, Grundriss

Burg Nassau
Steinsches Schloss

56377 Nassau
Rhein-Lahn-Kreis

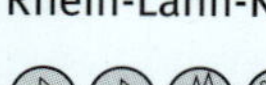

Die 915 erstmals erwähnte Stadt im Lahntal, zwischen Koblenz und Limburg a. d. Lahn, besitzt zwei bedeutende historische Bauten, die Burg Nassau und das Steinsche Schloss.

Die **Burg**, erste Erwähnung um 1100 mit der Nennung des Grafen Dudo von Laurenburg, wurde wohl zu dieser Zeit begründet. Darauf folgten lange Zeit Auseinandersetzungen mit dem Bischof von Worms, dem der Burgberg gehörte. Im Jahre 1120 nahmen Ruprecht I. von Laurenburg und sein Bruder Arnold I. den Nassauer Burgberg mitsamt dem darauf stehenden Wohnturm in Besitz, gestalteten die Burganlage 1124 um und erweiterten sie. Schließlich leisteten 1159 die Laurenburger dem Erzbischof von Trier den Lehenseid und nannten sich fortan Herren, später Grafen von Nassau. Somit wurde die Burg Namensgeberin des heutigen königlichen Hauses der Niederlande und des großherzoglichen von Luxemburg. Im Jahre 1515 wird ein Burgkaplan genannt. 1597 galt die Anlage als verfallen. 27 Jahre zuvor wurde Wilhelm von Nassau-Oranien

Burg Nassau

Führer des niederländischen Befreiungskampfes gegen Spanien. Nachdem die Burg 1945 nochmals stark beschädigt wurde, begann man 1970 mit Freilegung und Ausbau. An der schmalen Westseite lag der quadratische, im Unterbau fünfeckige Hauptturm, die Mitte der Ostseite trug einen rechteckigen Treppenturm aus der Bauzeit um 1300, in dem sich zwei Wohnräume befanden. An der Südseite über den Grundmauern des romanischen Palas lag die 1979 bis 1982 errichtete Burgschänke. Die Mauer mit Blendarkaden an der Nordseite trug ursprünglich einen Wehrgang, der davor liegende Torzwinger mit rundbogigem Außentor besitzt einen Wehrgang mit Bogenfries. Darüber lag einst die dem heiligen Johannes geweihte Kapelle. Heute befindet sich die Burganlage in der Obhut der Generaldirektion Kulturelles Erbe Rheinland-Pfalz. 1980 erfolgte eine umfassende Rekonstruktion von Bergfried und Palas. Eine Turmbesteigung eröffnet einen wunderbaren Ausblick auf die Stadt. Neben der gastronomischen Einrichtung kann man sich auf der Burg auch das Ja-Wort geben.

Anstelle des **Steinschen Schlosses**, in der Ortsmitte von Nassau, stand 1621 ein älterer, im Kern wohl mittelalterlicher Gutshof der Herren vom und zu Stein, die diesen als Wohnsitz ausbauten. Im Jahre 1755 wurde das Schloss erweitert und der Innenausbau um 1790 und 1815 durch den Reichsfreiherrn Heinrich Friedrich Karl vom und zum Stein

Steinsches Schloss, Nassau

durchgeführt. Er wurde hier 1757 geboren und verlebte auch seine Jugend auf dem Hof. Das Schloss erhielt 1814/15 einen weiteren Turm. Der älteste Teil der Anlage ist ein schlichter zweistöckiger Steinbau von 1621 mit Zwerchhaus und feinem Säulenportal. Nördlich ein quadratischer, haubenbekrönter Treppenturm und ein vortretender Querflügel aus der 2. Hälfte des 17. Jahrhunderts. Die Gartenfront mit zwei Zwerchhäusern und zwei nördlich und südlich vorspringende zweistöckige Seitenflügel von 1755 bilden mit dem Mittelbau einen Ehrenhof. Das Schloss befindet sich in Privatbesitz der Grafen von Kanitz und ist für die Öffentlichkeit nicht zugänglich.

Burg Neuerburg

Burg Neuerburg

54673 Neuerburg

Eifelkreis Bitburg-Prüm

Neuerburg erhielt 1332 Stadtrecht und liegt im Tal der Enz in der westlichen Eifel. Die gleichnamige Burg oberhalb der Stadt auf einem Bergsporn hat ihre erste urkundliche Erwähnung als Hangburg 1132. Ein Theoderich zu Neuerburg wurde zu jener Zeit in einer Schenkungsurkunde bezeugt. Im gleichen Jahr, zur Verleihung der Stadtrechte, starb mit Friedrich III. der letzte Herr von Neuerburg, worauf in den folgenden Jahren die Herrschaft mehrfach die Besitzer wechselte. So übernahm nach dem Tode Friedrichs III. 1332 Johann der Blinde, König von Böhmen und Graf von Luxemburg, bis 1339 das Anwesen, dem bis 1414 die Herren

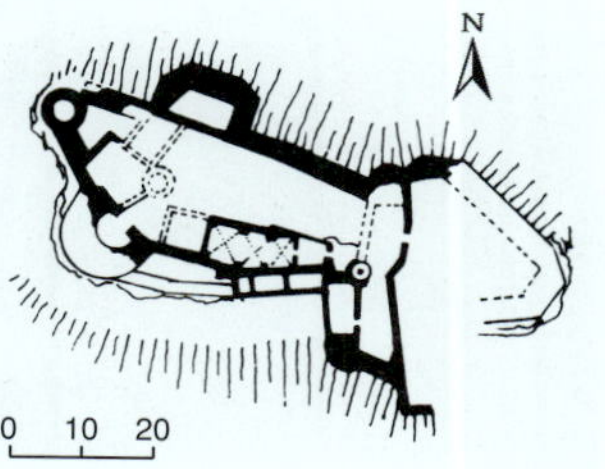

Burg Neuerburg, Grundriss

von Kronenburg und noch weitere folgten. 1487 kam Dietrich IV., Graf von Manderscheid-Blankenheim und Herr weiterer Besitztümer, an die Burg. Er baute sie 1513 und 1540 zur Festung aus. Diese Linie behielt die Anlage und Herrschaft bis zur Auflösung durch die französischen Revolutionstruppen 1794. Hier endete die Adelsherrschaft. Durch Versteigerung kam der Ratsherr Honoré aus Luxemburg in den Besitz der Ruine Neuerburg, die ab 1818 auf Abbruch verkauft wurde.
Noch erhaltene Bauten wurden als Armenhaus, Archiv, Gefängnis und Landwirtschaftsschule genutzt. Der damalige Bund Neudeutschland erwarb 1926 die Anlage durch einen Erbpachtvertrag und baute sie teilweise wieder auf. Amerikanische, französische und luxemburgische Soldaten nutzten sie von 1945 bis 1951 als Kaserne. Der Erbpachtvertrag wurde 1951 erneuert und eine Jugendburg in das Areal gelegt sowie 1955 die Burgkapelle im ehemaligen Rittersaal eingeweiht. Heute wird die Neuerburg als Jugendbildungs- und Jugendfreizeitstätte genutzt. Der jährliche Weihnachtsmarkt ist für die Gewerbetreibenden, Besucher und die „Burgbewohner“ ein Event.

Burgruine Neuleiningen

Burgruine Neuleiningen

67271 Neuleiningen
Verbandsgemeinde
Grünstadt-Land
Landkreis Bad Dürkheim

Am nördlichen Ende des Mittelgebirgszuges der Haardt gruppiert sich auf einem Vorberg, dem Leininger Sporn, der Ort um die gleichnamige Burg. Neuleiningen liegt 18 Kilometer nordwestlich von Ludwigshafen am Rand der europäischen Metropolregion Rhein-Neckar. Der fränkische Friedrich III. Graf von Leiningen-Dagsburg ließ von

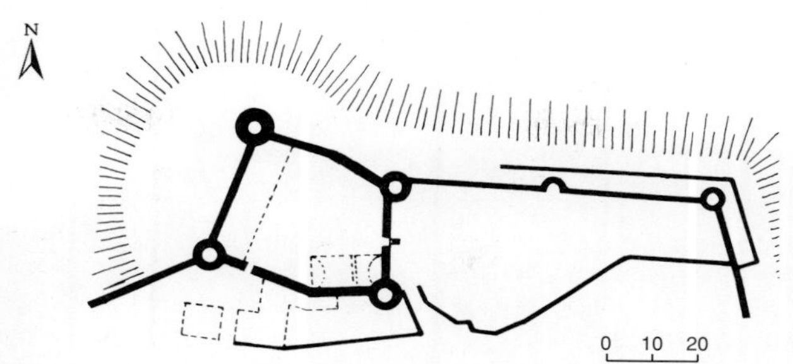

Burgruine Neuleiningen, Grundriss

1238 bis 1241 die Burg errichten. Sie kontrollierte gemeinsam mit der südlichen Burg Battenberg den Eingang zum Eckbachtal. Der spätere Besitzer Graf Hesso verstarb 1467 kinderlos. Die Burg wurde im Zuge von Erbstreitigkeiten 1468 durch Kurfürst Friedrich den Siegreichen von der Pfalz mit Gewalt in seinen Besitz gebracht. Die Anlage wurde zu Lehen geteilt, wovon neben dem Pfalzgrafen und dem Bischof auch Hessos Schwester Margarete ein Viertel bekam. Im Jahre 1508 erhielt durch einen Vergleich das Bistum Worms die südliche Hälfte und die Grafen zu Leiningen-Westerburg den nördlichen Teil. Während des Bauernkrieges 1525 wurde die Anlage eingenommen, doch durch die Gräfin Eva zu Leiningen-Westerburg vor einer Zerstörung bewahrt. Die Anlage bekam während des Dreißigjährigen Krieges unbedeutende Beschädigungen, wurde aber 1690 durch Franzosen in Brand gesteckt. Als 1705 Graf Georg zu Leiningen-Westerburg den Innenausbau der Burg plante, stellte sich der Bischof von Worms dagegen und schließlich verkaufte 1767 Graf Karl die Leininger Hälfte an Worms. 1804 ging die Burganlage an die Gemeinde über, die sie 1808 an verschiedene Besitzer gab. Für das Haus Leiningen kaufte sie 1874 Karl Emich zu Leiningen-Westerburg zurück. Vom Turm aus hat man einen herrlichen Ausblick auf die Oberrheinische Tiefebene und die Berge des Pfälzerwaldes. In den beiden oberen Turmgeschossen befindet sich ein kleines Heimatmuseum mit Steinguterzeugnissen einer ehemaligen Fabrik, die 1932 geschlossen wurde, sowie andere handwerkliche Exponate. Auf dem Hof finden jährlich der Neuleininger Burgsommer und das Burg-Weinfest statt, in einem erhaltenen Kellerteil ist seit der zweiten Hälfte des 20. Jahrhunderts eine Burgschänke eingerichtet.

Schloss Neuwied

Schloss Neuwied

56566 Neuwied

Landkreis Neuwied

Am rechten Rheinufer ist etwa zehn Kilometer nordwestlich von Koblenz Neuwied zu finden. Das ehemalige Residenzschloss der Grafen und Fürsten zu Wied, gelegen im nördlichen Teil der Innenstadt in unmittelbarer Nähe des Rheinufers, war bis 1806 ihr Regierungssitz. Heute ist es geschütztes Kulturgut nach der Haager Konvention. Schon vor 900 wurde der Familienname Wied erwähnt und der eines Reichsgrafen 1093. Dieses Geschlecht starb im Mannesstamm 1244 aus. Eine Erbtochter heiratete Bruno von Isenburg und 1462 vermählte sich eine Erbnichte mit Dietrich Herrn zu Runkel. Zu den berühmten Vorfahren zählten der Kanzler des deutschen Reiches unter Kaiser Konrad III., Arnold von Wied, und der Kölner Erzbischof von 1515, Hermann von Wied. Die Familie teilte sich 1595 in zwei Linien, in die Obergrafschaft Dierdorf und in die Grafschaft zu Wied-Runkel. Der erst 1648 begonnene Schlossbau wurde durch die Franzosen 1694 in Brand gesteckt und zerstört. Der Neubau von 1707 bis 1716 nach Plänen des Baudirektors Julius Ludwig Rothweil wurde erst nach längerer Unterbrechung 1748 bis 1756 unter Behagel von Adlerskron aus Frankfurt mit einem reich stuckierten Festsaal vollendet. Die barocke

Hufeisenanlage nach Versailler Vorbild gestaltet sich wegen fehlender Verbindungsbauten aufgelockert, mit drei selbstständigen Bauten. Der Hauptbalkon am Residenzschloss über vier dorischen Säulen und die seitlichen Auffahrtsrampen stammen aus der Zeit um 1838. Zwischen dem Schloss und der Mündung der Wied begann man, die Weinberge in einen französischen Garten mit Fasanerie nach Entwurf von Moreau d'Orgeval, später unter Fürst Friedrich Karl in einen Park umzuwandeln. Das Schloss mit Fasanerie wird noch heute von der Fürstenfamilie bewohnt. Eine Besichtigung von außen ist möglich und der Park neben dem Schloss und Wildkammer ist öffentlich zugänglich.

Wasserburg Nieder-Wiesen

55234 Nieder-Wiesen
Verbandsgemeinde Alzey-Land
Landkreis Alzey-Worms

In Nieder-Wiesen geht das rheinhessische Hügelland in die Ausläufer des Nordpfälzer Berglandes über, und im Ort findet man ein ehemaliges Wasserschloss von 1722. Errichtet wurde es durch den Freiherren von Hunolstein. Dieses Geschlecht baute Quecksilber ab und verhalf somit der Region zu Ansehen und Wohlstand. Das kleine kreisrunde Schloss ist von Gräben umgeben, die jedoch kein Wasser mehr führen. Es ist mit seiner barock gestalteten Gartenanlage und dem Wirtschaftshof in Pri-

Wasserburg Nieder-Wiesen

vatbesitz. Über dem Portal der Gartenseite liegt der Rest eines Balkons und im Inneren befindet sich eine Steintreppe mit Balustern sowie ein Saal mit Stuckdecke der vier Jahreszeiten. Die Anlage ist für die Öffentlichkeit nicht zugänglich. Der ehemalige Marstall mit seinem Kreuzgewölbe dient heute als Festsaal und kann für Veranstaltungen angemietet werden.

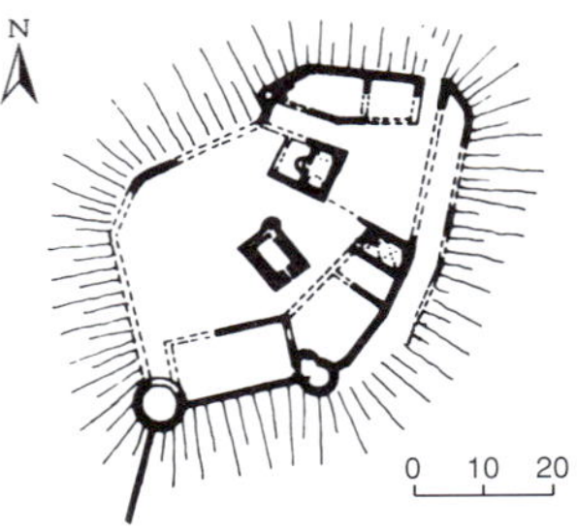

Burgruine Olbrück, Niederdürenbach, Grundriss

Burgruine Olbrück

56651 Niederdürenbach
Verbandsgemeinde Brohltal
Landkreis Ahrweiler

Niederdürenbach liegt südöstlich zwischen Bad Neuenahr und Mayen in der Osteifel, dem Landschaftsschutzgebiet „Rhein-Ahr-Eifel". Die Relikte der Höhenburg Olbrück liegen auf einem Vulkanrest oberhalb des Ortes und stammen vom Burgbau der Grafen von Wied, spätestens aus der Zeit um 1100, worauf Reste von Fischgrätenmauerwerk im Keller hinweisen. Schon 1093 wird Burghardus von Ulbrucke genannt, später kam die Familie derer von Olbrück an den Kölner Lehensbesitz. Die Herren von Eich bauten das Anwesen schließlich zur Ganerbenburg aus. 1555 kamen Burg und Herrschaft Olbrück in den alleinigen

Burgruine Olbrück, Niederdürenbach

Besitz der Familie Waldbott von Bassenheim. Während des Dreißigjährigen Krieges wurde 1632 die Anlage von schwedischen Truppen unter Wolf Heinrich von Baudissin eingenommen und verwüstet, ein Jahr darauf zurückerobert durch spanische und kurkölnische Truppen. Im Jahre 1660 stellte der Kapuzinerpater Bonitius aus Linz nach teilweisem Einsturz die Burg wieder her, doch 1689 zerstörten Franzosen erneut die Anlage. Mehrmals wurde die Burg zerstört und jeweils wieder aufgebaut. Bei Ausgrabungen stieß man auf mehrere Wohntürme. Der komplett erhaltene mächtige rechteckige Bergfried mit abgerundeten Ecken aus der Mitte des 14. Jahrhunderts war ursprünglich mit hölzernen Erkern versehen und ist im vierten Geschoss tonnengewölbt. Die anderen drei Geschosse besitzen doppelte Kreuzgewölbe. Vom Palas sind große Teile der Umfassungsmauern mit großen Rechteckfenstern, vermutlich der Kapelle, erhalten geblieben. Weitere Gebäude befinden sich außerhalb des inneren Berings. Der untere Torbau war 1875 wieder errichtet. Auf der Burg finden Burgfeste, Konzerte und Feierlichkeiten aller Art statt. In dem im Bergfried eingerichteten Standesamt kann man sich das Ja-Wort geben.

Burg Sooneck, Niederheimbach

Burg Sooneck
Heimburg
55413 Niederheimbach

Verbandsgemeinde Rhein-Nahe
Landkreis Mainz-Bingen

Niederheimbach liegt südlich von Bacharach, gegenüber von Lorch am Mittelrhein und gehört seit 2002 zum UNESCO-Welterbe Oberes Mittelrheintal.

Burg Sooneck ist eine Hangburg am steil zum Rhein abfallenden Soonwald, vielleicht schon im 11. Jahrhundert erbaut. Gegrün-

Niederheimbach

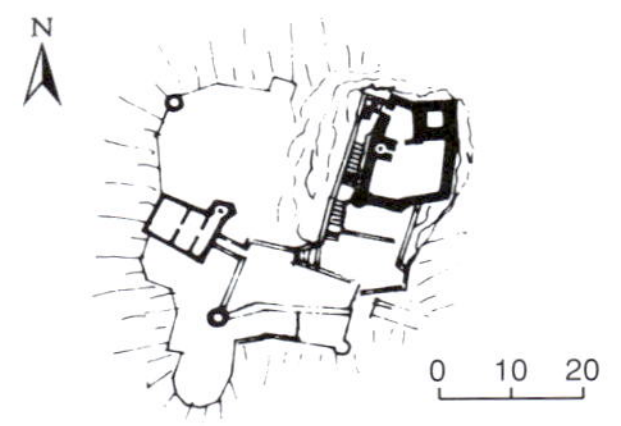

Burg Sooneck, Niederheimbach, Grundriss

det wurde sie zusammen mit der benachbarten Burg Reichenstein zum Schutz der Rheingüter der Abtei Cornelimünster bei Aachen. Die Abteivögte des 13. Jahrhunderts waren die Herren von Bolanden beziehungsweise von Hohenfels. Als Burgmannen wurden später die Ritter von Waldeck urkundlich erwähnt, die Raubritter waren. 1254 wurde die Burg wegen ihrer Übergriffe durch den rheinischen Städtebund belagert, 1282 durch König Rudolf von Habsburg erobert und zerstört, die Ritter als Landfriedensstörer gehängt. Hinzu kam 1290 ein Bauverbot, das erst 1344 wieder aufgehoben wurde. 1346 belehnte der Mainzer Erzbischof den Ritter Johannes Marschall zu Waldeck mit Sooneck und die Burg wurde wieder aufgebaut, doch 1689 von den Franzosen gesprengt. Nachdem 1834 Kronprinz Friedrich Wilhelm von Preußen das Anwesen erworben hatte und später zum König avanciert war, ließ er mit seinen drei Brüdern von 1842 bis 1861 nach Plänen des Koblenzer Festungsbaumeisters Ingenieur-Major Karl Schnitzler eine Jagdburg errichten. Die Osthälfte nimmt den dreigeschossigen Wohnbau und die Westhälfte einen engen Burghof ein, in dessen Ecke sich der mächtige quadratische Bergfried erhebt. Der Wohnbau und der Bergfried, bekrönt von Zinnen und Erkertürmchen, waren durch eine Holzbrücke miteinander verbunden. Die oberen Ringmauern sind meist neu, ebenso der Söller und die Kastellanwohnung am heutigen Burgtor. In den Wohnräumen der Hauptburg befinden sich neugo-

Heimburg, Niederheimbach

Schloss Kewenig, Niedersgegen

tische Möbel sowie Möbel des Empire und des Biedermeier, aber auch Rheinansichten und Gemälde aus dem Besitz der Familie Hohenzollern und eine kleine Waffensammlung. 1918 kam die Burg in Staatsbesitz und wird heute von der Generaldirektion Kulturelles Erbe Rheinland-Pfalz betreut.

Die in Privatbesitz befindliche **Heimburg**, auch Hoheneck genannt, wurde von Kurmainz nach 1290 begonnen. Grund des Baus war, zu verhindern, dass Pfalzgraf Ludwig der Gestrenge, Herzog von Bayern, von der wieder errichteten Burg Reichenstein aus seinen Besitz um Bacharach ausdehnte. 1305 war der Burgbau vollendet und als Reichenstein 1344 an Mainz fiel, wurde auch die Heimburg als Riegel gegen die Pfalz bedeutungslos. Der Mainzer Erzbischof Dieter von Isenburg befestigte die Anlage 1459 bis 1461 und nochmals von 1475 bis 1482. Seit dem 16. Jahrhundert war sie Sitz eines Mainzer Untergerichts, begann anschließend zu verfallen und wurde 1689 von den Franzosen zerstört. Für Hugo Stinnes wurden vor allem auf dem niedrigen Bergvorsprung die rheinseitigen Teile auf- und ausgebaut. Die quadratische Anlage besitzt zwei ungleich hohe Rundtürme, die eine bogenförmig vortretende Schildmauer einfassen.

Schloss Kewenig Schlossgut Petry

54675 Niedersgegen
Gemeinde Körperich
Eifelkreis Bitburg-Prüm

Nur drei Kilometer südöstlich vom luxemburgischen Vianden und westlich von Bitburg findet

Niedersgegen

Schlossgut Petry, Niedersgegen

man im Luxemburger Naturpark den Ort Körperich. Er wurde erstmals urkundlich in einer Schenkungsschrift von 783 erwähnt.

Der prächtige Bau des einstigen Herrenhauses **Schloss Kewenig** liegt nordöstlich des Ortes am Notzenbach. Das Schloss, das 793 Gerswindis dem Kloster Lorsch schenkte und das 1231 urkundlich als Villa de Cheweningen erwähnt wurde, zählt zu den ältesten Gutshäusern im Eifelkreis Bitburg-Prüm. Der mittelalterliche turmartige Kernbau war ursprünglich von Wassergräben umgeben. Bis 1628 saß hier Friedrich von Herverdingen, den die Herren von Stein auf der ehemaligen Wasserburg ablösten. Der quadratische Kernbau mit runden Ecktürmen und Rundbogenfries stammt aus der zweiten Hälfte des 16. Jahrhunderts. Unter dem Walmdach zwei angebaute neugotische Flügel von 1848 und 1890/91. Eine Instandsetzung erfolgte 1970/71. Die Gesamtanlage mit Wirtschaftshof und parkähnlichen Freiflächen stammt aus der Mitte des 19. Jahrhunderts. Sie befindet sich in Privatbesitz und ist nur von außen einsehbar.

Das **Schlossgut Petry** ist eines der zahlreichen Guts- und Herrenhäuser im Ortsteil Körperich-Niedersgegen und wurde 1823 vom Rittergutsbesitzer Jean-Joseph Richard erbaut. Sehenswert ist das Tapetenzimmer im Erdgeschoss, dessen Bildtapete „Paul und Virginie“ Szenen aus dem gleichnamigen Roman darstellt und 1824 von Dufour (Paris) hergestellt wurde. Während des Zweiten Weltkrieges wurde das Schloss stark beschädigt. Bei einem Besuch bekommt man einen Eindruck vom luxuriösen Lebensstil und dem Wohlstand reicher Gutsherren. Die Außenanlagen und das Tapetenzimmer kann man nach telefonischer Absprache besichtigen und den Hofladen für Einkäufe nutzen.

Schloss Niederweis

54668 Niederweis
Verbandsgemeinde Irrel
Eifelkreis Bitburg-Prüm

Niederweis liegt am Rande des Naturparks Südeifel, südlich von Bitburg auf der B 257 Richtung Echternach im Luxemburgischen. Nach dem Tode Philipp Christoph Cobs von Nüdingen kam Niederweis an dessen Schwester Maria Ursula, die 1680 Johann Hermann von der Heyden geheiratet hatte. Im Besitz dieser Familie wurde 1751 auf dem Grundstück für Franz Eduard Anton Freiherr von der Heyden das barocke zweigeschossige Schloss errichtet. Im Giebel der Hauptfassade prangt das farbige Allianzwappen des Franz Eduard Anton von der Heyden und seiner Gemahlin Marie Wilhelmine von Eltz-Rodendorf, die 1732 die Ehe eingingen. Er wurde als Präsident des Provinzialrates von Luxemburg ranghöchster Beamter dieses Landes. Den Schlossbau konnte er nicht mehr vollenden, er verstarb 1755. Im Jahre 1840

Schloss Niederweis

war die Familie mit dem unverheirateten Clemens Wenzeslaus Freiherrn von der Heyden ausgestorben. Sein Vermögen hinterließ er dem Kreis Bitburg zur Erziehung verwaister Kinder und Pflege armer älterer Personen, dem die „Von der Heyden- und Schützsche Stiftung" gewidmet wurde. In der Folge wurde das Schloss mehrfach verpachtet, gelangte 2005 wieder in Privatbesitz und wurde in den ursprünglichen Zustand versetzt. Es war eine Dreiflügelanlage, deren nördlichen Flügel man im 19. Jahrhundert abbrach. Am Hauptflügel befindet sich ein dreiachsiger Mittelrisalit mit Giebel. Die gastronomische Einrichtung mit Kaffeerösterei ist zu besonderen Anlässen auch beliebt als Veranstaltungsort.

Schloss Nierstein

Schloss Nierstein

55279 Nierstein
Verbandsgemeinde
Nierstein-Oppenheim
Landkreis Mainz-Bingen

Nierstein liegt in Rheinhessen am Rhein, südlich von Mainz an der B 9 und nördlich von Oppenheim. Es war die Freifrau Ursula von Herding, geborene von Ysenburg, die nach italienischen Vorbildern von 1839 bis 1842 das Schloss erbauen ließ. Bezeichnet auch als Dalberg-Herdingsches Schloss bekam es an der Rückfront und im Hofbereich einen riesigen Anbau für eine Malzfabrik. Heute noch sehenswert ist in der Kapelle des hinteren Seitenflügels die Wand- und Eckenmalerei von Jakob Götzenberger aus Heidelberg, ein gutes Beispiel Nazarenischer Monumentalmalerei, Mittelbau mit rundbogiger Tordurchfahrt und darüber vorgezogenem Mittelrisalit. Von der Hauskapelle hat man einen Blick auf den großen Garten, die Weinbergslage Glöck und die Kilianskirche, die Ursula von Herding ausmalen ließ. Sie hat-

te nie ihren Wohnsitz in München aufgegeben, sondern wohl nur besuchsweise Nierstein aufgesucht. Im Jahre 1860 starb sie und ihr Neffe, ein österreichischer Offizier aus Wien, erbte das Schlossgut, das er wegen Spielschulden einem Wiener Geschäftsmann verpfändete, der es wiederum versteigerte. Ein Bierbrauer baute später die Malzfabrik und eine Bierbrauerei. Das Schloss diente als Verwaltungssitz. Um 2006 wurden die Fabrikgebäude abgerissen. Das gesamte Areal ist seitdem Baustelle und nach Fertigstellung soll es mit Museum, Spielplatz, Park sowie einer Wohnanlage ausgestattet sein.

Nürburg

Nürburg

53520 Nürburg
Verbandsgemeinde Adenau
Landkreis Ahrweiler

Die Ortsgemeinde und der Luftkurort mit Burg und Nürburgring ist ein touristischer Anziehungspunkt in der Eifel. Die Ruine der Gipfelburg steht weithin sichtbar auf einem Vulkan-Basaltkegel bei Nürburg, südlich von Adenau und innerhalb der Nordschleife des Nürburgrings. Sie wurde 1166 als Noureberg oder Mons Nore erstmals urkundlich erwähnt. Die Errichtung der Nürburg wird Graf Ulrich zugeschrieben, der 1169 in

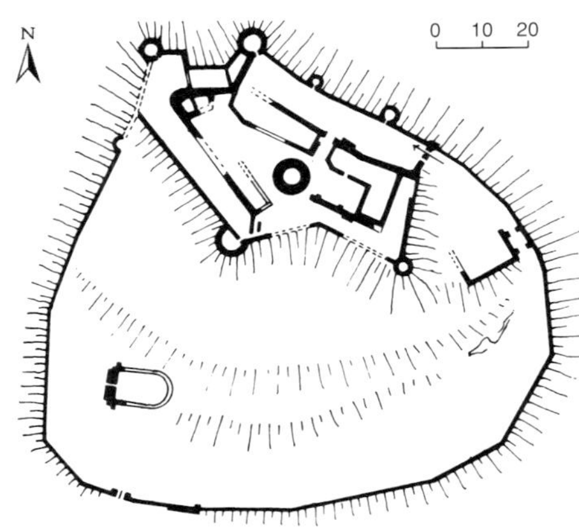

Nürburg, Grundriss

einer Urkunde genannt wird, dessen Vater Dietrich I. von Are aber bereits mit dem Bau einer Fluchtburg begonnen hatte. Die Besitzer nannten sich später Herren von Nürburg und Are und waren Lehnsherren der Kölner Erzbischöfe und des Stauferkaisers. Im Jahre 1290 kam die Burg an Kurköln, die einen Amtmann einsetzten. Als die Kernburg fertiggestellt war, ließ Amtmann Johann von Schleiden zwischen 1340 und 1369 Zwingermauern als zweiten Befestigungsring errichten, dem im 15. Jahrhundert ein dritter folgte. Zwischen 1530 und 1545 entstanden unter dem Amtmann Augustin von Braunsberg weitere Neubauten. Im 16. Jahrhundert bekam die Anlage eine Restaurierung und während des Dreißigjährigen Krieges nahm sie 1633 der schwedische General Baudissin ein, plünderte und beschädigte die Burg, die 1674 kaiserliche Truppen besetzten. Schließlich zerstörten auch französische Truppen 1689 die Anlage, nutzten aber noch den erhaltenen Bergfried als Gefängnis. Endgültig verlassen diente die Ruine als Steinbruch. Die Preußen restaurierten 1818 den Bergfried und ließen die Vorburg abreißen. Das Landesamt für Denkmalpflege Rheinland-Pfalz nahm sich 1949 der ruinösen Anlage an und umfangreiche Instandsetzungs- und Sicherungsarbeiten seit 1954 erfolgten, die unter Obhut der Generaldirektion Kulturelles Erbe Rheinland-Pfalz fortgeführt werden.

Schloss Oberehe

54578 Oberehe-Stroheich
Verbandsgemeinde Hillesheim
Landkreis Vulkaneifel

Das Dorf Oberehe erschien erstmals 1218 in einer für das Kloster Niederehe ausgestellten Urkunde des Erzbischofs Engelbert von Köln und befindet sich im Naturpark Vulkaneifel, nordöstlich von Gerolstein. Im Jahre 1333 wurde ein Herr von Over E als Burgmann des Gerhard von Blankenheim erwähnt. Sein Sohn Baldewyn und Enkel Dederich hatten nachweislich

Beziehungen zu den Herren von Blankenheim und von Kasselburg. Die Tochter Dederichs heiratete Wilhelm von Heyer und kam somit an die damalige Burg. 1643 erbten Johann Bertram Freiherr von Sinzig und Wilhelm von Spieß-Schweinheim das Dorf Oberehe von Richard von der Broel. Schließlich folgten bis 1696 noch häufige Besitzerwechsel. Das Schloss Oberehe wurde 1696 bis 1698 für Johann Christoph von Veyder, Herr zu Malberg, errichtet. Es war zu jener Zeit ein befestigter Gutshof, mit malerisch breitem, von zwei quadratischen Türmen eingefasstem Torhaus und dem Zugang über eine offene Fachwerkgalerie im Hof. Das Herrenhaus ist ein einfacher dreigeschossiger Bau mit Säulenportal und Stuckdecken. Ein hübsches Gartenhäuschen ziert die Anlage. Zu Beginn des 18. Jahrhunderts veräußerte Ernst von Veyder den Besitz an Johann Hugo Freiherr von Wolff-Metternich. Er verblieb bis 1811 in dieser Familie, als das Schloss schließlich durch die französische Besatzungsverwaltung versteigert wurde. Es kam an die bürgerliche Familie Becker bis in das 20. Jahrhundert. 1922 legte man in das Torhaus eine Jugendherberge und die Anlage wurde ab 1913 bis in die 1980er-Jahre hinein dreimal saniert. Heute wieder in Privatbesitz kann die Anlage von außen eingesehen werden.

Links: Schloss Oberehe, Torhaus, Oberehe-Stroheich

Rechts: Schloss Oberehe

Schloss Wartenstein

55606 Oberhausen
Verbandsgemeinde Kirn-Land
Landkreis Bad Kreuznach

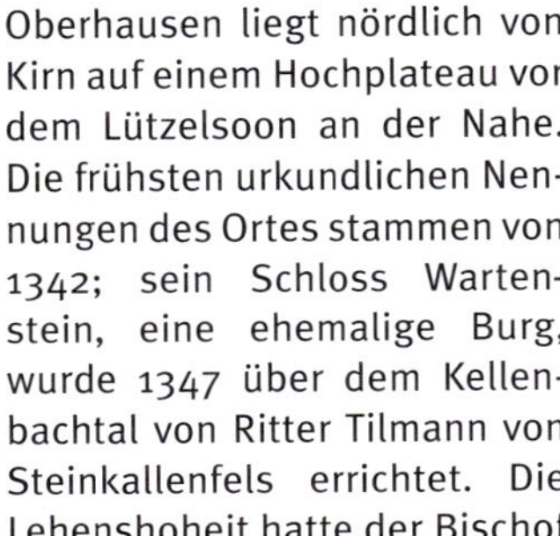

Oberhausen liegt nördlich von Kirn auf einem Hochplateau vor dem Lützelsoon an der Nahe. Die frühsten urkundlichen Nennungen des Ortes stammen von 1342; sein Schloss Wartenstein, eine ehemalige Burg, wurde 1347 über dem Kellenbachtal von Ritter Tilmann von Steinkallenfels errichtet. Die Lehenshoheit hatte der Bischof von Trier und im 15. Jahrhundert wurde die Anlage eine Ganerbenburg mehrerer Familien, die auch in dieser Zeit weiter vergrößert wurde. Noch immer unter Lehnshoheit des Bischofs kam sie im 16. Jahrhundert in den alleinigen Besitz der Herren von Schwarzenberg und 1583 durch Einheirat mit Amt an die Familie von Warsberg. Im Jahre 1689 wurde die Burg zerstört. Ab 1704 ließ Lothar Friedrich von Warsberg das repräsentative Schloss mit dem großen Treppenhaus erbauen. Es diente vorrangig als Verwaltungssitz. Karl Rudolf von Pidoll, dessen Familie in vier Generationen dieses Amt hier ausübte, war letzter Verwalter und Bewohner des baufälligen Schlosses. Im Jahre 1994 übernahm das Schloss schließlich die Verbandsgemeinde Kirn-Land und begann gemeinsam mit dem Förderverein das Gebäude zu sanieren. Die Erlebniswelt „Wald und Natur Schloss Wartenstein“ als Informationsstelle wurde 2006 neu gegründet und Ferienwohnungen ausgebaut. Jährlich im Mai findet das „Lohmacher Fest“ auf Schloss Wartenstein und im September das Schlossfest statt. Schloss-Café und Taverne laden zum Verweilen ein.

Schloss Wartenstein, Oberhausen

Burg Moschellandsburg
Schloss Obermoschel

67823 Obermoschel
Verbandsgemeinde
Alsenz-Obermoschel
Donnersbergkreis

Die kleinste Stadt der Pfalz liegt zwischen Rockenhausen und Bad Kreuznach an der B 420 Richtung Meisenheim.

Auf einem bewaldeten Bergkegel südlich von Obermoschel liegt die **Moschellandsburg**, auch Landsburg genannt, die 1130 erstmals urkundlich erwähnt wurde, als Graf Emicho von Schmidburg diese an Gerlach I. von Veldenz vererbte. Sie kam 1409 durch Heirat an Pfalz-Zweibrücken und wurde unter Herzog Ludwig dem Schwarzen mit Verteidigungsanlagen ausgebaut. Zu Beginn des 17. Jahrhunderts wurde die Burg für Herzog Friedrich Kasimir ausgebaut. Auch diese Anlage, von der bis heute noch erhebliche Reste erhalten blieben, zerstörten im Pfälzischen Erbfolgekrieg 1689 die Franzosen. Besitzer der Burg ist heute die Stadt Obermoschel, die seit 2005 Sanierungs-, Instandsetzungs- und Ausbauarbeiten vornehmen lässt. Das Areal mit einer kleinen Freilichtbühne und überdachter Terrasse mit schönem Ausblick auf das Tal wird zu bestimmten Veranstaltungen genutzt.

Burg Moschellandsburg, Obermoschel

Das ehemals Bernstein'sche **Schloss** der Herzöge von Zweibrücken befindet sich neben der Stadtkirche und stammt in seiner jetzigen Erscheinung aus

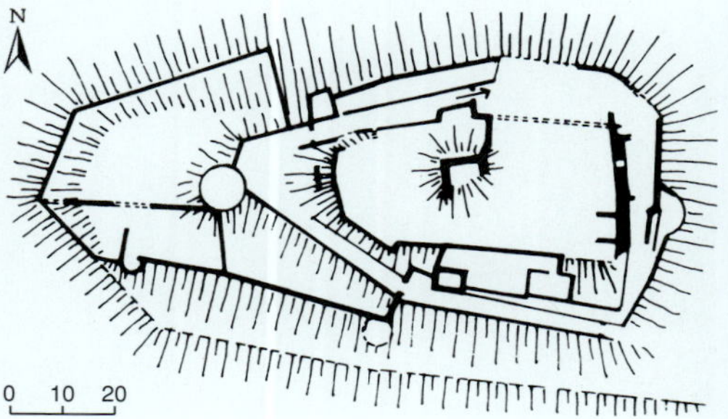

Burg Moschellandsburg, Obermoschel, Grundriss

Schloss Obermoschel

dem 19. Jahrhundert. Der Treppenturm mit Pyramidendach und Renaissanceportal sowie auch Teile der ehemaligen Stadtbefestigung stammen aus der ersten Hälfte des 16. Jahrhunderts. Bis zum Jahre 1969 wurde das verputzte Schloss als Schulhaus genutzt und beherbergt heute Arztpraxen.

Burg und Schloss

56379 Obernhof
Verbandsgemeinde Nassau
Rhein-Lahn-Kreis

Obernhof liegt östlich von Nassau, inmitten des Naturparks Nassau. Als Standort wählte man die Mündung des Gelbachs in die Lahn und somit wurde die durch Daniel von Langenau erbaute Burg als eine Tief- oder Wasserburg ausgeführt. Sie wurde erstmals 1243 im Erbe der Gräfin Mechthild von Sayn erwähnt, die das Anwesen dem Erzbistum Köln vermachte. Unmittelbar darauf belehnte der Erzbischof das Rittergeschlecht derer zu Langenau, die Verwandte der Grafen von Laurenburg waren, mit der Festung. Über

Burg und Schloss, Obernhof

Jahrhunderte blieb sie als Ganerbenburg im Besitz dieses Geschlechts. Als dieses erloschen war, wechselte die Burg ab 1613 mehrfach ihre Besitzer. Von 1696 bis 1847 war die Anlage im Eigentum der Familie von Marioth aus Lüttich. Der mittelalterliche Wohnbau am Hauptturm wurde vermutlich 1698 durch den Hofbaumeister Johann Christoph Sebastiani zu einem dreistöckigen Schloss in schlichten Formen für Johann Franz von Marioth erweitert. 1847 ging der Besitz an die Gräfin Giech, Tochter des preußischen Ministers Freiherr vom und zum Stein aus Nassau/Lahn. Diese ließ 1851 die Burg als ein Kranken- und Rettungshaus für verwahrloste Kinder umnutzen. 1866 kam Gräfin Kielmannsegge an das Anwesen, das 1875 nur noch für landwirtschaftliche Zwecke genutzt wurde. Es war eine bedeutende Talburg und konnte jederzeit durch eine Stauanlage in eine Wasserburg verwandelt werden. Im südlichen Teil des Areals findet man den heutigen Schlossbau. Die Schildmauer mit Wehrgang über Rundbogenfries besitzt an den Enden Aufsatztürmchen. Am Zwinger stehen vier Schalentürme an den Ecken. Im 19. Jahrhundert verwahrloste das Anwesen zunehmend. Heute ist die Anlage wieder in Privatbesitz, wird als Weingut mit Restaurant betrieben.

Schönburg, Oberwesel

Schönburg

55430 Oberwesel
Verbandsgemeinde
Sankt Goar-Oberwesel
Rhein-Hunsrück-Kreis

Zwischen Sankt Goar und Bacharach liegt die Stadt Oberwesel, die zum UNESCO-Welterbe Oberes Mittelrheintal gehört. Die ursprüngliche Reichsburg war 1149 als Lehen im Besitz

Schönburg, Oberwesel, Grundriss

des Hermann von Stahleck, der seinen Rivalen um die Pfalzgrafschaft, Otto II. von Rheineck, auf dieser Burg ermorden ließ. Bis 1166 war der Besitz erzbischöflich-magdeburgisch und die Burggrafen und Vögte waren die Reichsministerialen von Schönburg. Zu jener Zeit soll die Burg noch mehrere Türme besessen haben. Im 14. Jahrhundert wurde die Anlage eine Ganerbenburg, mit 24 Familien und drei ausgebauten Burghäusern, die später dem Erzbischof Balduin überlassen wurde. Unter Kaiser Karl IV. kam die Burg, die sich 1531 in baulich schlechtem Zustand befand und schließlich 1688 von den Franzosen verwüstet wurde, 1374 als Lehen an den Erzbischof Kuno von Trier. Als 1719 der letzte Schönburger verstarb, fiel die Ruine an Kurtrier zurück. Der Bankier T. I. Oakley Rhinelander, ein Deutsch-Amerikaner, kaufte die ruinöse Anlage und begann sie von 1885 bis 1901 teilweise wieder aufzubauen. Als er 1947 verstarb, erwarb die Stadt das Burgareal. Von 1951 bis 1953 baute man den nördlichen Teil als Jugendburg des Kolpingwerkes aus. Im südlichen Bereich entstand ein Hotel mit schöner Sonnenterrasse, das seit 1957 durch die Pächterfamilie Hüttl in mehreren Generationen betrieben wird. Seit 2011 besteht im Torturm der Schönburg ein Museum zum Thema Burgenbau, Denkmalschutz und Burgen im Krieg. Im obersten Stockwerk befindet sich eine Aussichtsplattform, die einen herrlichen Ausblick in das Rheintal gewährt.

Burg Ockenfels

53545 Ockenfels

Verbandsgemeinde Linz a. Rhein
Landkreis Neuwied

Die Gemeinde Ockenfels schließt sich nördlich an die Stadt Linz am Rhein an und liegt südlich von Kasbach-Ohlenberg, oberhalb des rechten Rheinufers. Erwähnt wurde der Ort erstmals urkundlich 1257 und Burg Ockenfels war ur-

sprünglich die Burg zur Leyen aus dem frühen 13. Jahrhundert. Die heutige Anlage liegt am Rande eines mäßig ansteigenden Sporns über dem Rhein auf einer kleinen Erhöhung in der Nähe von Linz am Rhein. Der einstige Stammsitz der „Herren zur Leyen" war dem Erzstift Köln verpflichtet und 1239 als Hofgut zu Oberwillscheid als Lehnsgut dieser Herren bezeugt. Im Jahre 1341 war das Anwesen im Besitz des Ritters Johann von der Leyen. 1420 starb das Geschlecht in männlicher Linie aus, worauf der Besitz an Rolman von Dattenberg kam. Mit der Eheschließung der Tochter Anna von Dattenberg mit Dittrich von Monreal 1439 verblieb sie in dieser Familie bis 1623. Im Jahre 1475 zerstörte Karl der Kühne von Burgund bei Auseinandersetzungen mit dem Kölner Stift die Burganlage. 1609 war Burg Ockenfels im Besitz des Johann Adam von Hoheneck und 1615 beurkundete Kurfürst Ferdinand von Köln die Belehnung des Eberhard Heinrich von Hoheneck mit den „Monreal'schen Gütern". Kinderlos geblieben,

Burg Ockenfels

Burg Ockenfels

verkaufte er 1623 das Anwesen mit sämtlichen Lehnsgütern an den Rat und Hofkontrolleur Georg von Gerolt, der auch ein Jahr später die Lehnsherrschaft vom Kurfürsten bekam. Das Geschlecht starb 1887 mit Friedrich Josef von Gerolt aus und die Burg kam an die Siedlungsgenossenschaft „Rheinisches Heim". Als 1924 der Vizekonsul Franz Delden die Ruine erwarb, ließ er unter Leitung von Heinrich Reinhardt bis 1927 das Burghaus in heutiger Form wieder aufbauen. Dieses ging 1936 an eine katholische Schwesterngemeinschaft, die ein Erholungs- und Altenheim für ihre Schwestern einrichtete. Im Jahre 1960 wurde ein Erholungs- und Kurbetrieb geführt, doch der vielfache Besitzerwechsel schadete der Burg. Schließlich erwarb das Kundenzentrum Burg Ockenfels GmbH 1998 den maroden Bau als Präsentations- und Verwaltungssitz. Daher kann die Burganlage nur von außen eingesehen werden. Räume werden vermietet.

Burgruine Landskron

55276 Oppenheim
Verbandsgemeinde
Nierstein-Oppenheim
Landkreis Mainz-Bingen

Die Stadt Oppenheim liegt am Oberrhein in Rheinhessen, zwischen Mainz und Worms, und beherbergt den Sitz des Deutschen Weinbaumuseums. Erstmals erwähnt im Lorscher Codex wurde der Ort 765 als fränkisches Dorf. Die Relikte der Höhenburg Landskron, ehemals die Reichsburg Oppenheim, liegen auf einem strategisch güns-

Burgruine Landskron, Oppenheim

Burg Osterspai

tigen Punkt über der Stadt. Vermutet wird auf ihrem Standort eine ehemalige salische oder staufische Befestigung, die im Jahre 1118 im Besitz von König Heinrich V. gewesen sein soll und auf Befehl des Mainzer Erzbischofs Adalbert zerstört wurde. Die spätere Burg, 1244 erstmals urkundlich erwähnt, soll im ersten Drittel des 13. Jahrhunderts errichtet worden sein. Diese Reichsburg Oppenheim wurde jedoch 1257 und 1275 von den Bürgern zerstört, doch Rudolf von Habsburg brach den Willen der Bürger und ließ die Anlage bis 1281 wieder aufbauen. Im Jahre 1375 kam sie durch Verpfändung an Ruprecht von der Pfalz, der sie weiter ausbauen ließ. Diesem folgte sein Enkel Ruprecht III., der auch auf der Burg verstarb. Einen schlossartigen Umbau veranlasste 1615 Kurfürst Friedrich V., dessen Schloss bereits 1621 während eines Stadtbrandes im Innern vernichtet wurde. Nach dem Dreißigjährigen Krieg erhielt die Anlage den Namen „Burg Landskron“ und 1689 sprengten französische Truppen während des Pfälzischen Erbfolgekriegs das Areal, das in der Folge als Steinbruch genutzt wurde. Schließlich erwarb die Stadt die verbliebenen Relikte, die 1875 eine Aussichtsplattform auf dem Stumpf des Bergfrieds erhielten. 1978 kam die Anlage an das Land Rheinland-Pfalz, das von 1990 bis 1994 eine umfassende Sanierung und archäologische Untersuchung einleitete. Heute ist sie in der Obhut der Generaldirektion Kulturelles Erbe Rheinland-Pfalz.

Burg Osterspai Schloss Liebeneck

56340 Osterspai

Verbandsgemeinde Loreley

Rhein-Lahn-Kreis

Osterspai liegt südlich von Braubach an der B 42 und nördlich auf der gegenüberliegen-

Schloss Liebeneck, Osterspai

den Rheinseite von Boppard. Ort und Burg gehören zum UNESCO-Welterbe Oberes Mittelrheintal.

Burg Osterspai, an der Nordwestecke des Ortes am Rheinufer, ist eine mittelalterliche ehemalige Wasserburg, die lange nur dem Kaiser unterstand und von einem Reichsritter geführt wurde. Im Jahre 1110 wurde die Burganlage erstmals urkundlich erwähnt und gehörte zum Herrschaftsbereich der Grafen von Arnstein. Nur kurzzeitig 1227 in Verwaltung der Grafen von Isenburg, kam sie 1280 in den Besitz des Grafen Heinrich von Sponheim und darauf an die Herren Schenken von Liebenstein. Sie errichteten Mitte des 14. Jahrhunderts den Wohnturm der Burg. Nur Reste der Ecktürme sind noch zu erkennen. 1636 kamen die Freiherren von Waldenburg und 1792 die Reichsfreiherren von Preuschen von und zu Liebenstein an die Ortsherrschaft Osterspai. 1806 mit Gründung des Reichsbundes ging das Gebiet an Nassau. Die Burg ist noch heute im Familienbesitz derer von Preuschen, die das umfangreiche Burgareal als Weingarten nutzen. Von der mittelalterlichen, ursprünglich von Gräben umzogenen Anlage blieb der viergeschossige Wohnturm aus dem 14. Jahrhundert erhalten, dem 1910 ein Fachwerkwohnhaus angebaut wurde. Die Anlage ist in Privatbesitz und nur von außen einsehbar.

Das **Schloss** der Freifrau von Freytag-Loringhoven war 1637 Lehensbesitz derer von Waldenburg. Im Jahre 1793 kam der Besitz an die Freiherren von Preuschen. Es wurde 1873 in historisierenden Formen umgebaut und erweitert. Über dem Portal das Allianzwappen von Preuschen-Schwarzenau. Das angrenzende Hofgut ist in die Zeit des 18. bis 19. Jahrhunderts einzuordnen. Das in landschaftlich schöner Lage über dem Rheintal gelegene zweigeschossige Jagd- oder Sommerschlösschen aus der Zeit um 1700 befindet sich in Privatbesitz, in Rekonstruktion und die Anlage ist für die Öffentlichkeit nicht zugänglich.

Schloss Wallbrunn

55288 Partenheim

Verbandsgemeinde Wörrstadt
Landkreis Alzey-Worms

Der Weinort Partenheim liegt im Herzen von Rheinhessen zwischen Mainz und Bad Kreuznach und wurde 757 in einer Schenkungsurkunde als „marca pattenheimo“ erstmals urkundlich erwähnt. Später bestand hier innerhalb des Erzstifts Trier eine Ganerbschaft der Herren von Partenheim und Freiherren von Wallbrunn. Kuno I. wählte die Burg in seinen letzten Lebensjahren als Wohnsitz und errichtete 1518 den Vorgängerbau des heutigen Südflügels. Die große dreigeschossige Vierflügelanlage um geschlossenen rechteckigen Hof entstand im 16. Jahrhundert unter umfangreichen Um- und Ausbauarbeiten durch die Wallbrunner. Mehrere Wappen und solche mit Rosetten weisen mit Jahresangaben darauf hin. Im Jahre 1609 ließ Hans Kuno von Wallbrunn, Urenkel des Stammvaters Kuno I., den heutigen Südflügel errichten. Ende des 17. Jahrhunderts wurde noch der Nordflügel angesetzt. Die Ostfront mit Mittelrisalit trägt die Jahreszahl 1595 und am Westflügel steht ein eingebauter

Schloss Wallbrunn, Partenheim

gotischer Rundturm. Die Besatzungszeit im Gefolge der französischen Revolution überstanden sowohl die Wallbrunn als auch die Wambold von Umstadt beinahe schadlos, da sie sich mit der französischen Besatzung arrangierten. Im Jahre 1832 verstarb das letzte hier lebende Mitglied der Familie Wallbrunn und das Schloss stand darauf zwei Jahre leer. Freiherr Karl von Wallbrunn, ein badischer Oberpostdirektor und Kammerherr in Karlsruhe, verpachtete 1834 den Besitz an den Kaufmann Georg Dael, der das Anwesen ein Jahr später wieder an drei Partenheimer Bürger veräußerte. Heute ist es eine private Wohnanlage.

Kasselburg, Pelm

Kasselburg

54570 Pelm
Verbandsgemeinde Gerolstein
Landkreis Vulkaneifel

Pelm liegt an der Kyll im Naturpark Vulkaneifel sowie dem Landschaftsschutzgebiet „Gerolstein und Umgebung“. Die Kasselburg liegt auf einem hohen Basaltstock bei der Gemeinde Pelm und in der Nähe von Gerolstein. Sie wurde vermutlich im 12. Jahrhundert von den Herren von Castel gegründet und erstmals urkundlich als Castilburg 1291 im Besitz der Herren von Blankenheim bezeugt. 1406 kam Eberhard von der Mark durch Verpfändung an die Burg, die er 1452 dem Erzbischof von Trier überließ. Die Grafen von Manderscheid-Blankenheim kauften das Anwesen 1514 zurück, das nach längeren Erbstreitigkeiten 1615 an die Herren von der Mark zurückfiel. Die Grafen von Arensberg kamen 1674 durch ein Urteil des Reichskammergerichts an den Besitz, der ihnen bis zur Französischen Revolution gehörte. Nach Beschlagnahme durch die Franzosen 1794 kam er 1815 an Preußen. König Friedrich Wilhelm IV. setzte sich 1838 für die Rettung der Ruine ein. Heute befindet sich die Kasselburg, deren ältester Bauteil der romanische Bergfried an der Ostseite des in-

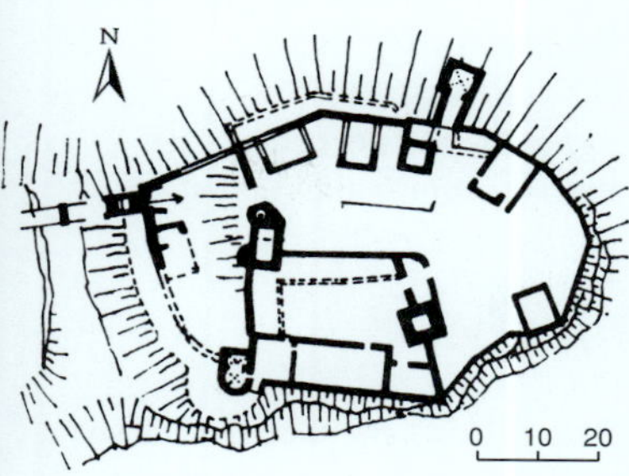

Kasselburg, Pelm, Grundriss

neren Burghofs ist, in der Obhut der Generaldirektion Kulturelles Erbe Rheinland-Pfalz, die sich intensiv um ihre Erhaltung bemüht. Im Speisesaal des Restaurants Forsthaus befindet sich eine Wasserorgel und die Gesamtanlage liegt eingebettet im Adler- und Wolfspark. Hier gibt es im Jahr verschiedene Veranstaltungen, so zum Beispiel Flugvorführungen von Greifvögeln, Märkte und die sogenannte Wolfsnacht.

Wasserburg Pleisweiler

76889 Pleisweiler-Oberhofen
Verbandsgemeinde
Bad Bergzabern
Landkreis Südliche Weinstraße

Nördlich von Bad Bergzabern liegt der staatlich anerkannte Erholungs- und Weinort Pleisweiler-Oberhofen, zwischen dem Biosphärenreservat Pfälzerwald und dem Rhein an der Deutschen Weinstraße. Im Jahre 496 wurde das Gebiet nach der Schlacht von Zülpich durch Franken besiedelt und die hiesige Siedlung als „Blidineswilare“ (Pleisweiler) bezeichnet. 1115 nannte man es „Pleswilre“ und 1316 „Obernhouen“. Beide Orte gehörten zur Herrschaft Landeck. Die Wasserburg wurde vermutlich im 11. Jahrhundert errichtet, war im Besitz der Kurpfalz und ab 1507 von Pfalz-Zweibrücken. Während des Bauernkrieges 1525 wurde das sogenannte Schloss, die ehemalige Wasserburg, beschädigt. Bis Mitte des 16. Jahrhunderts galt Pleisweiler als eigenständiges Rittergut der Ritter von Ochsenstein, die im 15. Jahrhundert die Wasserburg in Pleisweiler erbauten. Sie stellte einen winkelförmigen Walmdachbau mit Renaissancefenstern und Eckturm von 1605 mit Hofpforte von 1823 dar. Von der im

Wasserburg Pleisweiler, Pleisweiler-Oberhofen

Wasserburg Reipoltskirchen

15. Jahrhundert gegründeten ehemaligen Wasserburg steht nur noch das Wohnhaus mit rundem Eckturm und ist Privatbesitz.

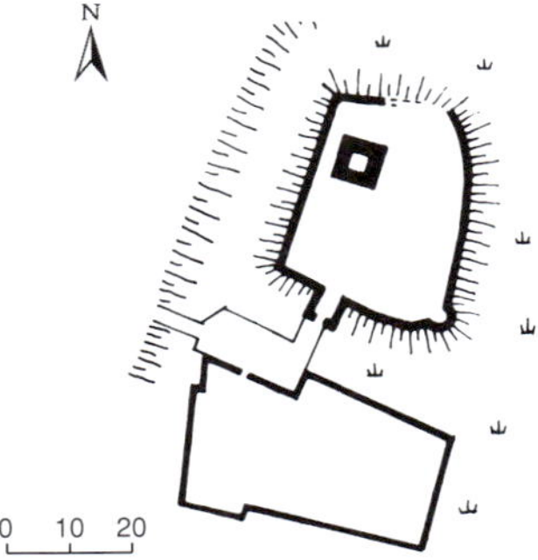

Wasserburg Reipoltskirchen, Grundriss

Wasserburg Reipoltskirchen

67753 Reipoltskirchen
Verbandsgemeinde Wolfstein
Landkreis Kusel

Reipoltskirchen, das 1198 erstmals urkundlich erwähnt wurde, liegt im Tal des Odenbachs im Norden des Nordpfälzer Berglandes, zwischen Rockenhausen und Lauterecken. In diesem Jahr gab es erste Hinweise auf ein Lehen der Herren von Bolanden. Doch war die Wasserburg bereits seit 1190 im Besitz der Herren von Hohenfels aus dem Hause Bolanden. Die Linie Hohenfels-Reipoltskirchen hatte sich 1297 von diesen abgespaltet und die Wasserburg fand mit Burgherr Heinrich von Hohenfels ihre Nennung. Es entstand die reichsunmittelbare Herrschaft Reipoltskirchen. Nachdem diese Linie 1602 ausgestorben war, wurde der Besitz geteilt und war bis zur Französischen Revolution im Besitz wechselnder Adelsfamilien wie derer von Manderscheid, Loewenhaupt, Hillesheim, Ellrodt und Isenburg. Im Jahre 1793 wurde die kreisrunde Anlage, auf künstlichem Hügel und von breitem, ursprünglich wassergefülltem Graben umgeben, zerstört. Der hohe Bergfried blieb über die Jahrhunderte gut erhalten und die Ringmauer hatte man teilweise erneuert. 1808 wurde die Burganlage als französisches Nationaleigentum versteigert. Von 2000 bis 2006 bekam der ehemalige Herrensitz eine Restaurierung, indem man Wohnungen, ein Restaurant, eine Malschule und den Bereich „Kunst im Grünen“ etablierte.

Schloss Rennenberg

53545 Rennenberg
Stadt Linz am Rhein
Landkreis Neuwied

Nördlich von Linz, im Rennenberger Bachtal gelegen, findet man im Wald bei der Sterner Hütte, in schöner Parkanlage, das klassizistische Schloss der Familie von Rennenberg. Die Anlage mit Wirtschaftsgebäuden, Wiesenrondell und Begräbnisstätte der Herren von Rennenberg sowie der Landschaftspark stammen aus der Mitte des 19. Jahrhunderts. Bereits 1217 gab es hier den Sitz eines Edelherrengeschlechts. Die einstige Burg kam im Jahre 1250 an das Erzstift Köln. Im 16. Jahrhundert galt das Objekt als verfallen. Friedrich IV. von Salm-Kyrburg ließ das Schloss 1846 als Sommersitz erbauen. Diese Familie starb 1905 aus und der Besitz kam wieder in die Hände des Geschlechts von Rennenberg. Erhalten blieb der Bergfried mit einem Aufsatz und Reste eines Wohngebäudes. Bei Luftangriffen 1940 wurde das Schloss durch Brand beschädigt. Im Jahre 1992 verkaufte die Familie von Rennenberg ihr Anwesen an eine Familie aus Melle in Niedersachsen. Die neuen Ei-

Schloss Rennenberg

gentümer unterzogen das Areal einer umfassenden Restaurierung. 1994 waren Schloss und Park als Denkmalzone ausgewiesen. Der Privatbesitz ist für die Öffentlichkeit nicht zugänglich.

Obere Burg

53619 Rheinbreitbach
Verbandsgemeinde Unkel
Landkreis Neuwied

Die Ortsgemeinde liegt südlich von Bad Honnef am nördlichen Mittelrhein und wurde 966 erstmals als „Breitenbach" urkundlich erwähnt. Die Obere Burg fällt in ihrer Entstehung im Kern in das 15. Jahrhundert und ist heute ein geschütztes Kulturdenkmal. Sie war zeitweiliges Lehen des Stiftes St. Maria ad Gradus in Köln und befand sich 1655 im Besitz eines Junkers von Lewendal, mit nachfolgend wechselnden Besitzern. Ab 1730 gehörte die Burg der Familie von Buschmann und ab 1829 dem Kölner Johann Wilhelm Schmitz, der den nördlichen Flügel wesentlich erweitern ließ. In den Jahren von 1907 bis 1943 wohnte in der Burg der Schriftsteller Rudolf Herzog, der die Anlage im Stil des Historismus erweiterte und auch auf seinem Anwesen verstarb. Der ungefähr quadratische turmartige Mittelbau ist aus der Spätmittelalterzeit. Schließlich er-

Obere Burg, Rheinbreitbach

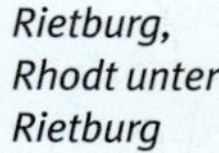

Rietburg, Rhodt unter Rietburg

warb die Gemeinde die Anlage 1990, sanierte sie umfassend und nutzte sie nun als Gemeinde- und Kulturzentrum mit verschiedenen Veranstaltungen.

Rietburg

76835 Rhodt unter Rietburg
Verbandsgemeinde Edenkoben
Landkreis Südliche Weinstraße

Südwestlich von Edenkoben sind Ort und die Burg Rhodt unter Rietburg zu finden. Letztere, erstmals 1149 urkundlich erwähnt, liegt auf einer hohen Bergkuppe am Ostrand der Haardt und soll zwischen 1200 bis 1204 durch Konrad II. von Riet gebaut worden sein. Die von Riet waren zu Beginn Lehnsmannen der nordelsässischen Benediktinerabtei Weißenburg, dann Ministeriale und Lehnsmannen der staufischen Herrscher. Die Familie Riet stammt aus dem Bereich Speyer und Germersheim. Hermann von

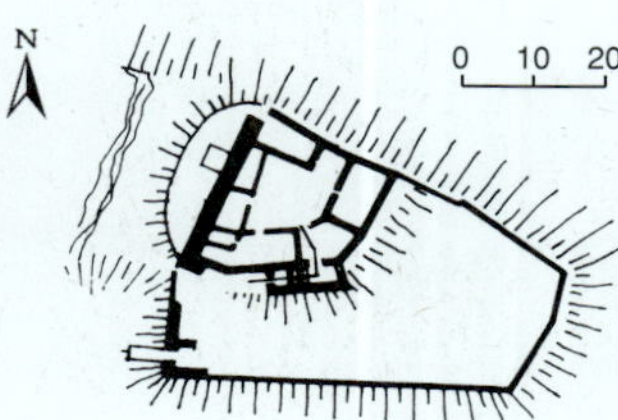

Rietburg, Rhodt unter Rietburg, Rietburg, Grundriss

Riet übernahm den Besitz nach Konrads Tod, nahm 1255 die Königin Elisabeth, Gattin des deutschen Königs Wilhelm, während ihrer Reise von Worms zur Reichsburg Trifels fest und setzte sie auf der Rietburg mitsamt ihrem Geleit gefangen. In diesem Jahr wurde sie Reichsburg. Anfang des 14. Jahrhunderts kam sie durch Kauf an die Bischöfe von Speyer. Im Jahre 1470, im Verlauf der Weißenburger Fehde, wurde die Rietburg durch die Leininger schwer beschädigt und während des Dreißigjährigen Krieges endgültig zerstört, wobei sie bereits 1681 als verfallen galt. Der Bering bildet ungefähr ein Trapez. In der Nordwestecke stand die höher gelegene Hauptburg mit starker Schildmauer. Auf die Rietburg mit dem Ausflugslokal führt seit 1954 ein Sessellift, die Rietburgbahn. Oben angekommen, hat man einen grandiosen Ausblick in das umgebende Land.

Burg Rittersdorf

Burg Rittersdorf

54636 Rittersdorf
Verbandsgemeinde
Bitburg-Land
Eifelkreis Bitburg-Prüm

Nur wenige Kilometer nördlich von Bitburg ist Rittersdorf im Nimstal in der Südeifel zu finden, das erstmals im Jahre 962 durch Kaiser Otto I. urkundlich erwähnt wurde, als dieser die Besitzungen der Abtei St. Maximin bestätigte. Das 1263 erstmals genannte feste Haus war eine Lehensburg von Graf Heinrich IV. von Luxemburg zum Schutz des Übergangs der Straße Trier–Bitburg–Prüm–Köln über die Nims. König Rudolf I. von Habsburg erteilte 1290 die Genehmigung zum Bau eines Turms, des heutigen Bergfrieds. Die Anlage wurde im 14. Jahrhundert durch den quadratischen Wohnturm erweitert. Im Jahre 1539 wurden die Herren von Enschringen Lehensträger des Anwesens und bauten um 1550 dieses in gotischen Formen um. Nochmalige renaissance Veränderungen erhielt der Wohnturm 1575 durch Landolf von Enschringen und Margarete von Manderscheid, wobei gleichzeitig das Hauptportal entstand. Nach Zerstörungen im Pfälzischen Erbfolgekrieg gelangte das Anwesen in der Folge an verschiedene Besitzer. Die stark verfallene und teils eingestürzte Anlage wurde von 1978 bis 1986 saniert und ein Restaurant eingerichtet. Der Bering war ursprünglich von Wassergräben umgeben.

Schloss Rockenhausen

Schloss Rockenhausen

67806 Rockenhausen

Donnersbergkreis

Rockenhausen liegt in der Pfalz, auf halber Strecke zwischen Kaiserslautern und Bad Kreuznach, und bekam 1332 das Stadtrecht. Die ursprüngliche Wasserburg der Raugrafen war später Sitz des kurpfälzischen Amtmanns. Sie wurde 1243 erstmals in einer Urkunde unter dem Namen Ruhinburg erwähnt und befand sich im Besitz der Kurfürsten, die sie stets verpachteten und schließlich verpfändeten. So kam die Wasserburg im Jahre 1549 in den Besitz des Junkers Hans Jakob von Thurn, der die schon alte und marode Burg abreißen ließ und an deren Stelle ein kleines Wohnschlösschen errichtete. Nach der Zerstörung wurde die Anlage vor 1574 mit einem Treppenturm wieder aufgebaut. Im Dreißigjährigen Krieg und im Pfälzischen Erbfolgekrieg wurde das Schloss stark beschädigt und musste immer wieder neu aufgebaut werden. Von 1775 bis 1779 vollzog man weitere Reparaturen. Das Schloss wurde versteigert, als die Franzosen über die Region herrschten. Der heu-

Burg Pyrmont, Roes

tige Bau, im Kern 18. Jahrhundert, mit Treppenturm und modernem Aufsatz, war seit 1957 Rathaus, heute ein Schlosshotel mit Restaurant. Nebenan kann man das Turmuhrenmuseum und Museum Pachen besuchen. Im Schlosspark finden verschiedene Veranstaltungen, Märkte und Konzerte statt.

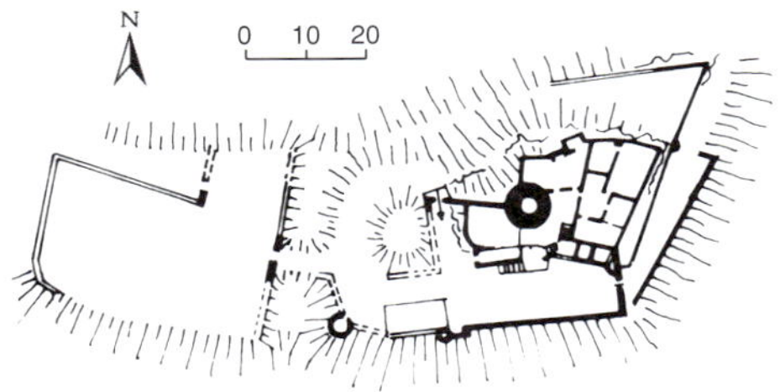

Burg Pyrmont, Roes, Grundriss

Burg Pyrmont

56754 Roes
Verbandsgemeinde Treis-Karden
Landkreis Cochem-Zell

Roes liegt in der Vordereifel zwischen Treis-Karden an der Mosel und der A 48, südlich von Mayen. 928 wurde der Ort erstmals urkundlich erwähnt und die Burg Pyrmont erhielt ihre Ersterwähnung 1225. Sie wurde wohl durch Kuno von Schönberg d. J. erbaut. Der hohe runde Bergfried der Oberburg ist aus dem 13. Jahrhundert. Dem 14. und 15. Jahrhundert sind Reste von Mauern, Zwingern und runden Flankentürmen der Niederburg zuzuordnen. Um 1711 war die Anlage im alleinigen Besitz der Freiherren Waldbott zu Bassenheim und bis 1811 bewohnt. Darauf teils abgebrochen, begann man sie später wieder auszubauen. Sie stellt eine Hauptburg mit zwei durch Gräben getrennten Vorburgen dar, deren ältester Teil der hohe runde Bergfried ist. Der Bau des Barockschlosses wurde 1712 begonnen und dabei Teile einer älteren Anlage verwendet. Von der ehemalig südlich anschließenden Kapelle blieb nur der Chor des 15. Jahrhunderts erhalten. An der Südwestseite der Niederburg befinden sich zwei Rundtürme mit Kegeldächern. Von der Burg hat man eine schöne Aussicht. In den Sommermonaten ist eine Burgbesichtigung möglich. Für Hochzeitsfeiern und andere Events wird die Burg gern gemietet. Das Restaurant bietet für jeden etwas. In der unterhalb der Burg liegenden Mühle am Wasserfall werden auch Gästezimmer vermietet.

Schlösschen Ruchheim

67071 Ruchheim

Stadt Ludwigshafen

Kreisfreie Stadt

Ruchheim liegt etwa neun Kilometer westlich vom Stadtkern Ludwigshafen und kann über die Autobahn erreicht werden. Der Ort wurde bereits um das Jahr 800 n. Chr. im Lorscher Kodex urkundlich erwähnt und stand im Hochmittelalter unter der Herrschaft der Grafen von Leiningen. Der Dreißigjährige Krieg zerstörte den Ort. Ruchheim wurde 1700 an die Baseler Familie von Rußicon verkauft. Sie bauten das „Schlösschen" eines großen Hofguts zu einer barocken Schlossanlage um, von der noch Wohnhaus und Teile der Umfassungsmauer erhalten geblieben sind. 1737 kam die Anlage an den kurpfälzischen Hofkanzler Jakob Tillmann Freiherr von Hallberg und um 1840 wurde eine einfache Wasseranlage errichtet, bestehend aus einem Wohnhaus mit Fachwerkoberge-

Schlösschen Ruchheim

schoss, Walmdach und kleinem Dachreiter. Der vor dem Schloss stehende Brunnen erinnert an den 1879 in Ruchheim geborenen Paul Münch, Heimatdichter der Pfalz. Heute ist das Schlösschen Sitz des Ortsvorstehers und zum Tag des offenen Denkmals finden Führungen statt.

Burg Layen

55452 Rümmelsheim
Verbandsgemeinde
Langenlonsheim
Landkreis Bad Kreuznach

Der Weinort Rümmelsheim liegt im Trollbachtal westlich der Nahe, kurz vor deren Einmündung in den Rhein. Südlich liegt Bad Kreuznach und im Nordosten Bingen am Rhein. Der Ort wurde 1125 unter dem Namen Rimilisheim erstmals urkundlich erwähnt. Burg Layen ist eine Ruine auf dem Schlossbühl bei der Wallfahrtskapelle und wurde 1169 zusammen mit „Rimilisheim“ als „castro Leiga“ (Festes Haus Layen) erwähnt. Um 1200 war sie im Besitz der Bolander und im 14. Jahrhundert eine Ganerbenburg. Die Höhenburg war auch im Teilbesitz der Ritter vom Stein und diente zum Schutz des Trollbachtals. Im Jahre 1680 hatte man die Anlage unter Einbeziehung des Bergfrieds wieder hergestellt. 1772

Burg Layen, Rümmelsheim

Saarburg

kaufte der Fürst von Bretzenheim das Anwesen. Es steht auf einem schmalen, mäßig hohen Felsgrat. Erhalten geblieben sind der runde romanische Bergfried und Teile der Ringmauer mit einem kleinen Rundturm. Ebenfalls eine Giebelwand in der Vorburg mit Kaminansätzen von einem Wohngebäude des 16. Jahrhunderts. Unterhalb der Burgruine liegt das Weingut des Dr. Höfer mit Pension, Gastronomie und Veranstaltungsangeboten.

Saarburg

54439 Saarburg

Landkreis Trier-Saarburg

Die Stadt liegt im westlichen Teil des Naturparks Saar-Hunsrück, am Ufer der Saar, und zeigt ein von Weinbergen geprägtes Ortsbild. Die Geschichte der Stadt begann wohl mit dem Bau der gleichnamigen Burg vermutlich im 10. Jahrhundert, die 964 erstmals urkundlich erwähnt wurde. Sie ist eine der ältesten Höhenburgen im westlichen Deutschland. Der Erzstift Trier gab sie in diesem Jahr dem Gra-

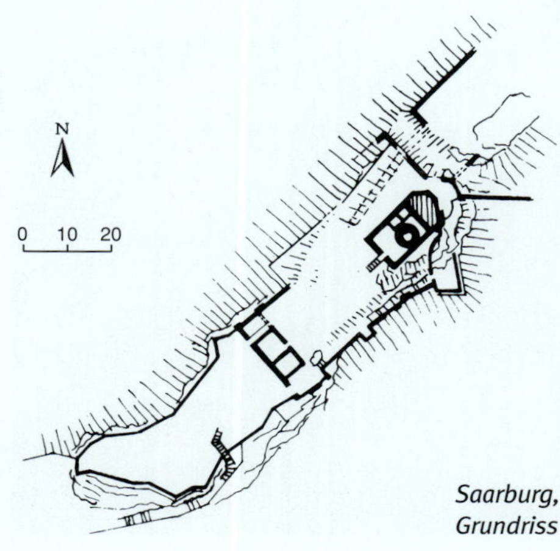

Saarburg, Grundriss

fen Siegfried von Luxemburg zu Lehen. Nach dem Tode Adelberos, des Sohns Siegfrieds, fiel sie an das Trierer Erzstift zurück. Über den Luxemburger Grafen gelangten die Herren von Reuland an die Saarburg, die 1300 Arnold von Reuland besetzte und die erst 1313 Erzbischof Balduin von Trier bekam, nachdem er sie diesem abkaufte. Mit dem Verzicht auf die Rechte der Burg durch Johann von Luxemburg war Kurtrier nun alleiniger Eigentümer. In dessen Obhut wurde die Burganlage häufig erweitert, doch 1431 durch Ulrich von Manderscheid zerstört und von Johann II. von Baden wieder aufgebaut, der sich in der Burgkapelle 1464 zum Erzbischof von Trier weihen ließ. Im Laufe der Jahrhunderte wurde die Anlage oft zerstört, doch immer wieder aufgebaut. Ab 1734 war die Saarburg kaum noch bewohnt und begann zu verfallen. Schließlich kaufte sie die Stadt 1860. Sie ist für die Öffentlichkeit frei zugänglich und man hat eine herrliche Aussicht auf die Stadt und Umgebung.

Burg Rheinfels, Sankt Goar

Burg Rheinfels

56329 Sankt Goar
Verbandsgemeinde
Sankt Goar-Oberwesel
Rhein-Hunsrück-Kreis

Die Stadt liegt am linken Ufer des Mittelrheins, mit der über ihr stehenden Burg Rheinfels. Auch Sankt Goar gehört zum UNESCO-Welterbe Oberes Mittelrheintal. Rheinfels ist eine der größten und großartigsten Burgen am Rhein und vor allem bedeutsam für die Burgenbaukunst der Grafen von Katzenelnbogen im 14. Jahrhundert wie auch für den Schloss- und Festungsbau des 16. bis 18. Jahrhunderts der Landgrafen von Hessen-Kassel. Baubeginn war 1245 unter Graf Diether von Katzenelnbogen, später fortgeführt und von Landgraf

Philipp von Hessen seit 1568 als Festung ausgebaut. 1255/56 überstand die Burg eine einjährige Belagerung des rheinischen Städtebundes und im 13. sowie 14. Jahrhundert baute man Rheinfels zur Residenz der Niedergrafschaft aus, die bis in das 15. Jahrhundert hinein zum kulturellen Mittelpunkt am Mittelrhein mit üppigem Hofleben wurde. 1479 starben die Katzenelnbogener aus. Die Burg kam an die Landgrafen von Hessen, auf ihr residierte von 1567 bis 1583 Landgraf Philipp II. von Hessen-Rheinfels.

Von 1626 bis 1647 nutzte sie Landgraf Georg II. von Hessen-Darmstadt als Residenz, dem bis 1693 Landgraf Ernst von Hessen-Rotenburg-Rheinfels folgte. Nachdem 1692 im Pfälzischen Erbfolgekrieg eine französische Belagerung von 28 000 Soldaten erfolgreich abgewehrt wurde, überließ man 1794 französischen Truppen die Burganlage, worauf 1796 die Außenwerke und 1797 der Bergfried und Darmstädter Bau gesprengt wurden. Schließlich wurde die Anlage 1812 in Privatbesitz versteigert und ab 1818 als Steinbruch für den Wiederaufbau der Festung Ehrenbreitstein in Koblenz genutzt. Kronprinz Wilhelm von Preußen kaufte 1843 den mittelalterlichen Bau. Doch sein Vorhaben misslang. Schließlich erwarb

Burg Rheinfels, Sankt Goar

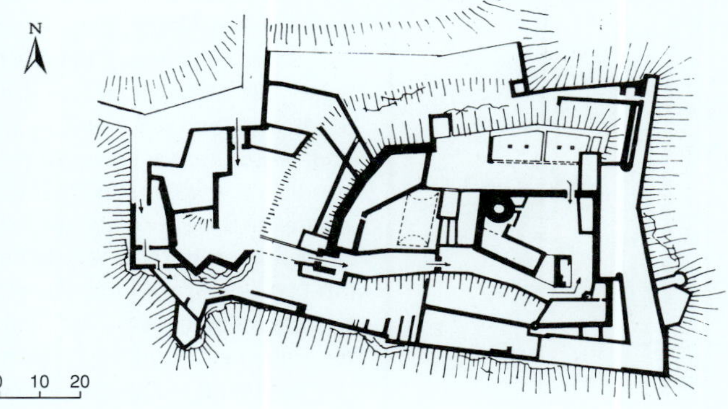

Burg Rheinfels, Sankt Goar, Grundriss

Burg Katz, Sankt Goarshausen

die Stadt 1925 das verbliebene Anwesen, restaurierte und baute es aus. Auf der Burg kann man sich über das Goldschmiedehandwerk und -design informieren, verlockende Stücke käuflich erwerben oder die Ausstellung besuchen. Das Hotel mit Restaurant bietet zahlreiche Angebote.

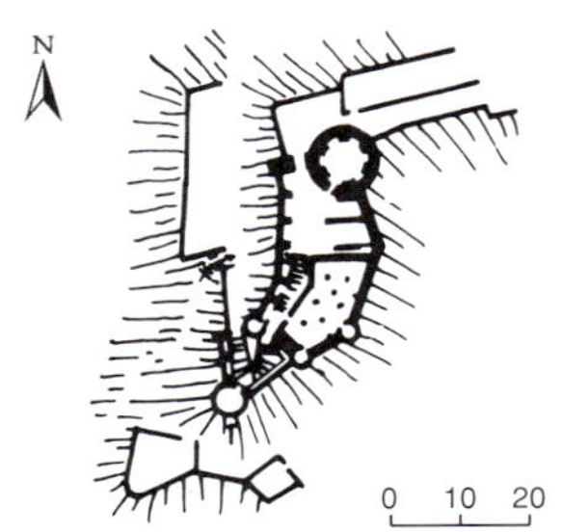

Burg Katz, Sankt Goarshausen, Grundriss

Burg Katz

56346 Sankt Goarshausen
Verbandsgemeinde Loreley
Rhein-Lahn-Kreis

Sankt Goarshausen, auch Loreleystadt genannt, liegt am rechten Ufer des Rheins gegenüber von Sankt Goar und zählt auch zum UNESCO-Welterbe. Die Stadt liegt am Fuß der Loreley und wurde 1222 erstmals urkundlich erwähnt. Eigentlich wurde die Burg auch als Neukatzenelnbogen bezeichnet, da sie um 1371 von Graf Wilhelm II. von Katzenelnbogen errichtet wurde. Gemeinsam mit Burg Rheinfels auf der gegenüberliegenden

Rheinseite bildete sie einen Zollriegel. Sie war eine unregelmäßige Anlage, von einem Bering umgeben, an der Angriffsseite mit rundem Hauptturm besetzt. Der dreistöckige Palas mit vier runden, oben achteckigen Ecktürmen, füllte die südwestliche Beringhälfte aus. Wie Burg Rheinfels ging auch Burg Katz nach dem Aussterben der Katzenelnbogener an die Landgrafen von Hessen. 1626 und 1647 wurde sie belagert und teilweise zerstört, aber auch jeweils mit Geschützstellungen stärker befestigt. Im Pfälzischen Erbfolgekrieg 1692, im Siebenjährigen Krieg 1758 belagert, erobert und teilweise zerstört, wurde sie schließlich durch Napoleon 1806 gesprengt. Das Herzogtum Nassau gelangte 1816 an die Burgruine, in der Folge verschiedene Privatbesitzer, und sie wurde 1896 vom damaligen Landrat des Kreises, Ferdinand Berg, erworben. Er ließ sie nach mittelalterlichem Bestandsbild bis 1898 als Wohnsitz aufbauen. Im Jahre 1928 wurde die Burg versteigert und fiel 1936 an den Reichsarbeitsdienst. Nach dem Zweiten Weltkrieg diente die Anlage als provisorisches Schulgebäude des Instituts Hofmann. Bis 1987 war Burg Katz eine Erholungsstätte des Sozialwerks der Bundesfinanzverwaltung. Satoshi Kosugi, ein japanischer Unternehmensberater, erwarb 1989 die Anlage, doch sein geplanter Ausbau zum Hotel für japanische Touristen wurde nicht verwirklicht. Der Privatbesitz kann nicht besichtigt werden.

Schloss Bürresheim

56727 Sankt Johann
Verbandsgemeinde Vordereifel
Landkreis Mayen-Koblenz

 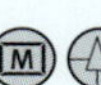 

Sankt Johann liegt im Landschaftsschutzgebiet „Rhein-Ahr-Eifel“ nordwestlich von Mayen. Der Ort wurde in einer Urkunde aus dem Jahr 1348 als „Oberbürresheim“ genannt. Schloss Bür-

Schloss Bürresheim, Sankt Johann

resheim liegt auf einem lang gestreckten, an drei Seiten von der Nette umflossenen Felsen. Es blieb über die Jahrhunderte gut erhalten, da es abseits der damaligen großen Heerstraßen lag, und ist eine der wenigen rheinland-pfälzischen Burganlagen, die in den zahlreichen Kriegswirren unzerstört geblieben sind. Die westliche „Kölner Burg“ wurde zum Ende des 14. Jahrhunderts weniger beachtet und war daher stärker vom Verfall gezeichnet. Erstmals wurden hier Mettfried und Eberhard von Burchenesem 1157 in einer Urkunde des Erzbischofs Hillin von Trier als Besitzer genannt. Ende 1188 erwarb das Anwesen der Erzbischof Philipp von Köln und gab es den bisherigen Besitzern zu Lehen. Von dieser Anlage des 12. Jahrhunderts blieb nichts erhalten. Schon im 13. Jahrhundert wurde sie Ganerbenburg, von der auch Teile 1350 an die Vögte von Leutersdorf gingen. 1473 erhielt Gerlach von Breitbach die Hälfte der Burg und sein Sohn Johann 1477 einen weiteren Teil, worauf sich beide anschließend der Erhaltung des östlichen Teils der Anlage widmeten. 1659 waren die Herren von Breitbach alleinige Besitzer. Diese bauten bis 1661 die mittelalterliche Wehranlage zu einem wohnlichen Barockbau unter der Witwe von Wolf Heinrich von Breitbach, Anna von Metzenhausen, aus. Im Jahre 1796 kam der Besitz an die Grafen von Renesse und 1921 an die Grafen von Westerholt. In Staatsbesitz kam Schloss Bürresheim 1938. Ein 1680 angelegter französischer Garten mit Brunnen befindet sich auf der südlichen Terrasse vor der Burg. 1952 legte man im Südosten einen Küchengarten an. Die Schlossanlage mit einem schönen Park und dem Museum ist in Obhut der Generaldirektion Kulturelles Erbe Rheinland-Pfalz.

Altes Schlösschen, Sankt Martin

Altes Schlösschen Kropsburg

67487 Sankt Martin

Verbandsgemeinde Maikammer
Landkreis Südliche Weinstraße

Sankt Martin, nordwestlich von Edenkoben, ist eingebettet in

eine lang gestreckte Talfalte am Ostabhang der Haardt.
Das **Alte Schlösschen** im Ortsinneren ist ein charakteristischer Adelshof des späten 16. Jahrhunderts und heute ein Weingut. Von den beiden Wohngebäuden besitzt das linke einen doppelt geschweiften der Straße zugewandten Giebel, darunter seitlich versetzt ein prachtvoller Erker auf Wandpfeiler und in der Mitte der verzierten Fensterbrüstung ein doppeltes Wappenrelief. Die Außenfront des rechten Wohngebäudes wurde im 18. Jahrhundert verändert und nur drei Wappenreliefs sind erhalten geblieben. Die Zufahrt zum Hof wurde in neuerer Zeit überbaut. Im Hof befinden sich zwei Treppentürme mit reich gearbeiteten Portalen, das linke bezeichnet 1591, das rechte 1587, beide mit Wappenaufsatz.

Auf einem vorgelagerten Hügel des Hochberges erhebt sich südlich des Ortes die **Kropsburg**, die einst Sitz der Barone des Reiches, der Ritter von Dalberg, war. Die Burg war wohl zu Beginn des 13. Jahrhunderts als Lehensburg des Hochstifts Speyer erbaut worden und von 1439 bis zur Französischen Revolution im Besitz der Herren von Dalberg. Im Jahre 1689 wurde sie von den Franzosen zerstört und bekam in jüngerer Zeit neue Einbauten. Eine äußere Ringmauer mit Resten halbrunder Schalentürme zieht sich am Bergplateau fort. Der rustizierte Torbogen von 1583 bietet den Zugang von Westen. Der quadratische Eckturm von 1621 wurde später als Gartenhaus mit Freitreppe ausgebaut. In der Unterburg blieben der achtseitige Treppenturm und der anschließende innere Torbau mit zwei Pilasterportalen in Renaissanceformen am besten erhalten. Auf dem Burggelände befindet sich eine gastronomische Einrichtung.

Kropsburg, Sankt Martin

Burg Sayn

Burg und Schloss Sayn

56170 Sayn
Stadt Bendorf
Landkreis Mayen-Koblenz

Sayn, am Fuß des Westerwalds und Ufer des Mittelrheins zwischen Koblenz und Neuwied gelegen, ist eng mit der Geschichte der Grafen von Sayn beziehungsweise Sayn-Wittgenstein und ihrer **Burg** aus dem 12. Jahrhundert verbunden. Es war die Stammburg dieser Grafen, die sich hoch oben auf dem Bergrücken des Kehrbergs über dem Ort erhebt. Einst gab es zwischen der Burg und dem Schloss zwei ehemals verbundene Burgmannensitze. Der Bergkamm trug schon vor der Burg Sayn einen Vorgängerbau aus dem 10. oder 11. Jahrhundert, die sogenannte Alte Burg, von der noch geringe Reste vorhanden sind. Die Grafen von Sayn traten erstmals 1139 in Schriftquellen in Erscheinung. Angeblich sollen zwischen 1139 und 1150 die Brüder Heinrich I. und Eberhard I. von Sayn, die auf der Alten Burg residierten, die Grafschaft Bonn durch Heirat erworben haben. Daraufhin zerstörte 1152 Erzbischof Arnold von Köln die Burg, die danach Trierer Lehen wurde. Bald darauf begann man mit dem Bau der neuen Burg. Doch belegt ist, dass die Anlage nicht die bevorzugte Residenz der Grafen war. Ihren politischen Schwerpunkt verlegten sie in den Raum Köln-Bonn, wo zwischen 1170 und 1180 die Burg und Talsiedlung Blankenberg entstand. Als 1247 der Graf kinderlos starb, fiel Burg Sayn und der gesamte Besitz an den Grafen Johann I. von Sponheim, den Sohn seiner Schwester Adelheid, dessen Linie sich wieder von Sayn nannte. Im Jahre 1345 kam durch Einheirat die Grafschaft Wittgenstein hinzu und die Familie nannte sich ab 1361 Sayn-Wittgenstein. Auch Heinrich IV. starb 1606 ohne männlichen Nachfolger. Während des Dreißigjährigen Krieges wurde die Burg 1632 von den Schweden zerstört. Das Kurfürstentum Trier kam 1652 an die ruinöse Anlage nebst Amt Sayn, die bis Anfang des 19. Jahrhunderts in seinem Besitz blieb. Schließlich kam Fürst Friedrich Wilhelm von Nassau-Weilburg, der mit der Erbgräfin Luise Isabella von Sayn-Hachenburg verheiratet war, 1803 an die Burgruine und verlor sie 1815 wieder an die Preußen. Doch der preußische König Friedrich Wilhelm IV. schenkte sie 1848 dem Fürsten Ludwig zu Sayn-Wittgenstein-Berleburg, der sich große Verdienste in Russland erworben hatte. Unverzüglich machte sich dieser an den neugotischen Umbau, zog ein und nannte sich ab da Sayn-Wittgenstein-Sayn. Die ruinöse Burg ließ der heutige Besitzer und ehemalige Präsident der Deutschen Burgenvereinigung, Alexander Fürst zu Sayn-Wittgenstein-Sayn, sichern und von 1981 bis 1987 teilweise ausbauen. Gleichzeitig wurde vorübergehend ein Wildpark mit Rot-, Dam- und Muffelwild angelegt. Die Burganlage besteht im Wesentlichen aus dem mächtigen, außen vier-, innen fünfeckigen, viergeschossigen Bergfried, dem sich südlich ein Wehrgang mit Spitzbögen und vorgekragten Türmchen anschließt. Im Jahre 1983 wurden die Grundmauern der Burgkapelle, Chor und Tonplattenboden freigelegt. Die Vorburg, parkartig gestaltet, liegt westlich, mittig das sogenannte Reiffenberg'sche Burghaus mit spätgotischen Teilen. Im tiefer liegenden Burgteil befindet sich der sogenannte Stein'sche Sitz und Ruinen von drei Gebäuden um einen unregelmäßig viereckigen Hof. Aufgrund der Beliebtheit der Burganlage richtete man 1986/ 87 eine Burgschänke und später das Restaurant „DIESAYNBurg“ mit Gewölbekeller ein. Es ist im Wesentlichen ein Neubau mit Terrasse, wo man ausgelassen feiern und ungestört übernachten kann. Der Bergfried wurde nach Restaurierung mit Gästezimmern ausgestattet.

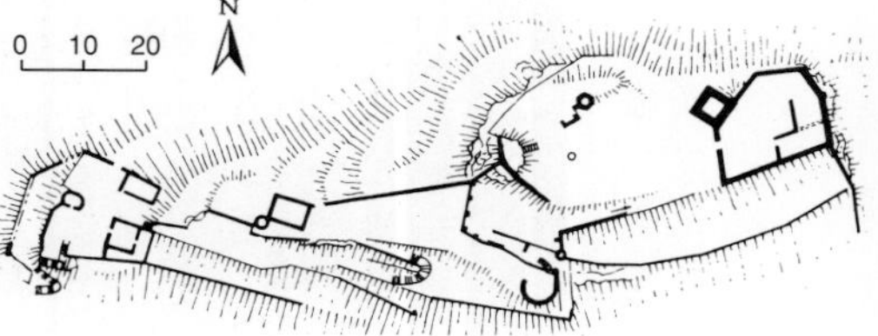

Burg Sayn, Grundriss

Sayn

Schloss Sayn liegt am Fuß des Burgberges und geht in seiner ursprünglichen Entstehung auf das 14. Jahrhundert zurück. Im Jahre 1848 kehrte Fürst Ludwig Adolph Friedrich zu Sayn-Wittgenstein-Berleburg, später Sayn-Wittgenstein-Sayn, mit seiner russischen Frau Leonilla aus Russland in die Heimat zurück. Er erwarb anteiligen Besitz seiner Vorfahren, einschließlich des barocken Burghauses von 1757, und ließ vom Architekten Alphonse François Joseph Girard die bestehende Anlage zum Schloss im neugotischen Stil umgestalten. Es entstand von 1848 bis 1851 eine lang gestreckte, dreigeschossige Anlage mit Satteldach und von 1861 bis 1863 fügte der Koblenzer Stadtbaumeister Hermann Nebel den östlichen Flügel hinzu. Zum Ende des Zweiten Weltkrieges wurde das Schloss durch eine Brückensprengung völlig zerstört, sodass nur noch die Umfassungsmauern erhalten geblieben waren. Wertvolle architektonische Teile der Anlage gingen auch noch in den späteren Jahren verloren, so 1980 mit dem Einsturz der zum Park hin befindlichen oberen Giebelfront mit Motiven aus dem gotischen Kirchenbau. Der viergeschossige Torturm der Ortsbefestigung wurde in die Schlossanlage einbezogen und bekam 1969/70 eine barocke Haube. Das Rheinische Museum für Eisenkunstguss fand mit seiner umfassenden Sammlung Platz im historischen Bau. Besichtigt werden können weiterhin die Fürstlichen Salons mit rei-

Schloss Sayn

Burgruine Schönecken

cher Ausstattung und bedeutenden Gemälden. Auch die im gotischen Stil 1861 erbaute Schlosskapelle mit dem „Goldenen Altar“ ist sehenswert. Wechselnde Sonderausstellungen, Konzerte, das Restaurant und besonders der Schmetterlingsgarten sowie Veranstaltungen im Schlosspark sind Anziehungspunkte für Groß und Klein, aus nah und fern und gestalten den Ort zu einem kulturellen Zentrum.

Burgruine Schönecken

54614 Schönecken
Verbandsgemeinde Prüm
Eifelkreis Bitburg-Prüm

Schönecken liegt an der Nims, inmitten der Prümer Kalkmulde, einer weitgehend unberührten Karstlandschaft, und wurde 933 erstmals als „Schöneck“ im Zinsverzeichnis des Prümer Abtes genannt. Der Ort ist südöstlich von Prüm und südwestlich von Gerolstein zu finden. Die Ruine der Burg Schönecken liegt über der gleichnamigen Ortsgemeinde in der Westeifel. 762 schenkte den Platz König Pippin der Abtei Prüm, deren Vögte die Grafen von Vianden waren. Heinrich von Vianden nannte sich 1264 Herr von Schönecken und gründete die Seitenlinie Vianden-Schönecken bis 1370. Im Jahre 1384 kam die Burganlage an Kurtrier und

Burgruine Schönecken, Grundriss

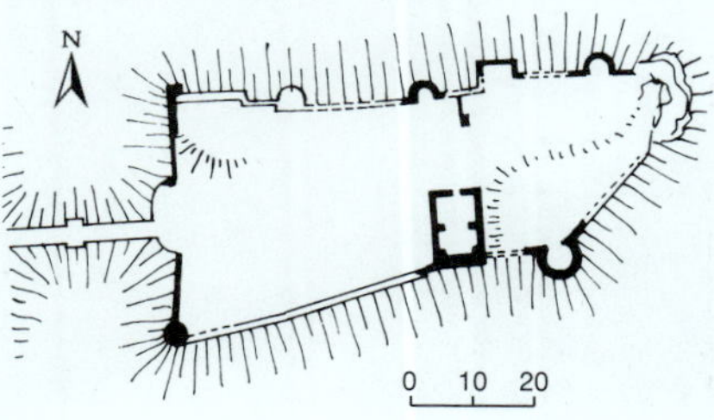

wechselte bis 1480 mehrfach ihre Besitzer. 1643 wurde die Burg im Dreißigjährigen Krieg von Söldnern erobert. Schließlich kam sie dauerhaft bis 1794 an das Kurfürstentum Trier. Im Jahre 1802 brannte die Anlage nieder und wurde 1804 unter französischer Verwaltung auf Abbruch versteigert. 1848 ging die Anlage an den preußischen Fiskus. Es ist eine bemerkenswerte Ruine auf einem Felssporn, dessen Ummauerung an die Burg mit breitem Halsgraben und Brücke anschloss, die heute ein Damm ersetzt. Der unregelmäßige rechteckige, sich zur Spitze verjüngende Bering stammt im Wesentlichen aus dem 13. und frühen 14. Jahrhundert und besitzt mehrere halbrund vorspringende Schalentürme. Auch die Teilung in Vor- und Hauptburg ist noch erkennbar. Die Burgruine, die frei zugänglich ist, befindet sich in der Obhut der Generaldirektion Kulturelles Erbe Rheinland-Pfalz.

Schloss Schönstein

Schloss Schönstein

57537 Schönstein
Stadt Wissen
Landkreis Altenkirchen

Schloss Schönstein liegt im gleichnamigen Ortsteil der Stadt Wissen auf steilem Felsen über der Mündung des Elbbaches in die Sieg und wurde 1255 erstmals urkundlich erwähnt. Die Burg erbaute zu jener Zeit das Geschlecht der Arenberger, das 1281 ausstarb. Unter der Bezeichnung Burg Sconensteyne diente sie nach Erbstreitigkeiten ab 1281 dem Erzstift Köln als Pfandobjekt. Sie befand sich im 15. und 16. Jahrhundert pfandweise in verschiedenen Adelsfamilien. Im Jahre 1589 bekam sie Hermann von Hatzfeld-Werther als Würdigung seiner Verdienste vom Kölner Kurfürsten Ernst von Wittelsbach zu Lehen. Er baute die Burg 1594 zu einer repräsen-

Burgruine Schwabsburg

tativen Schlossanlage aus. Im Jahre 1623 brannte der Ostflügel und 1632 besetzten die Schweden während des Dreißigjährigen Krieges den Lehenssitz, plünderten ihn und steckten ihn in Brand. Wilhelm von Hatzfeld ließ das Schloss wieder aufbauen. Schönstein und Wildenburg vereinigten sich 1821 zur Standesherrschaft Hatzfeldt-Wildenburg und seit 1830 war die Schlossanlage Wohnsitz der Grafen und seit 1870 der Fürsten. Eine umfassende Renovierung bekam die Anlage 1912/13 mit der Verlegung der Verwaltung von Crottdorf nach Schönstein. Das Hauptgebäude und der Schlosspark wurden. 1920 den Franziskanerinnen aus Olpe zum Betreiben eines Erholungsheims zur Verfügung gestellt, die hier bis 1950 ambulante Krankenpflege durchführten. Das Anwesen wurde wieder Wohn- und Verwaltungssitz. Es ist eine Randhausburg mit malerischer Gebäudegruppe um einen Innenhof. Im Südflügel befindet sich ein barockes Treppenhaus aus der ersten Hälfte des 18. Jahrhunderts und sehenswert ist auch die zweigeschossige Holzgalerie am Ostflügel. In Privatbesitz befindlich, kann die Schlossanlage nur bei ausgewählten Veranstaltungen, so u. a. den jährlichen Weihnachtsmarkt, betreten werden.

Burgruine Schwabsburg

55279 Schwabsburg
Verbandsgemeinde
Nierstein-Oppenheim
Landkreis Mainz-Bingen

Der Name Schwabsburg übertrug sich von der Burg Schwabsburg auf die schon vorhandene Siedlung in der Mark Nierstein,

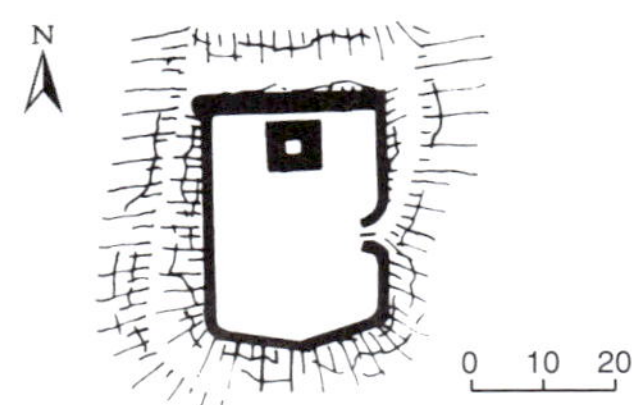

Burgruine Schwabsburg, Grundriss

die in Rheinhessen am Rhein, zwischen Mainz und Worms liegt. Vermutlich wurde die Burg um 1210 gegründet und fand ihre erste urkundliche Erwähnung 1257 mit Richard von Cornwall als Stützpunkt der staufischen Herrschaft am Rhein. Der Mainzer Erzbischof bekam die Anlage im 14. Jahrhundert für 60 Jahre als Pfand des Reiches, worauf die Burg in das Eigentum der Kurfürsten von der Pfalz überging. Der spanische Feldherr General Spinola zerstörte im Dreißigjährigen Krieg die Burganlage, die 1799 nach der Versteigerung abgebrochen wurde. Nur der Bergfried und Teile der Ringmauer sind erhalten geblieben. Der Bergfried wurde restauriert und gesichert und dient derzeit als Aussichtsturm.
Heute befindet sich die Schwabsburg in der Obhut der Generaldirektion Kulturelles Erbe Rheinland-Pfalz.

Burg Seinsfeld

Burg Seinsfeld

54655 Seinsfeld
Verbandsgemeinde Kyllburg
Eifelkreis Bitburg-Prüm

Die Burg Seinsfeld, auch Schloss Hellermannsfeld genannt, ist eine Wasserburg nordwestlich des Ortes am Kailbach, deren Entstehungszeit nicht exakt bekannt ist, die aber 1325 erstmals urkundlich erwähnt wurde. Zu dieser Zeit hatte sie König Johann von Böhmen an den Grafen Arnold von Blankenheim übertragen. Die wohl ältesten Bauteile der Burg stammen aus dem 15. Jahrhundert, doch im 17. und 18. Jahrhundert baute man große Teile neu. Im Jahre 1794 verkaufte Freiherr Ernst von Berg die Anlage an den Notar Lothar München aus Dudeldorf. Schon 1817 kam sie an Herrn Duvain und noch im gleichen Jahr in den

Besitz der Herren Carl Leist und Heinrich Carl Hellermann aus Meisenheim. Von Letzterem leitet sich auch der Beiname Schloss Hellermannsfeld ab. Im Jahre 1890 riss man den Westflügel ab. 1920 kam die Burg in den Besitz von Heinrich Josef Leist. Den Westflügel der Burg hatte man um 1935 und 1949 wieder hergestellt. Nach dem Zweiten Weltkrieg diente die Anlage als Kindererholungsheim. Die Wasserburg ist von frühmittelalterlichem Typ mit fast kreisrundem Wassergraben, eine sogenannte Motte. Mit den 1680 erneuerten Gebäuden entstand eine unregelmäßige Dreiflügelanlage mit vorspringendem Treppenturm in der Mitte der Hofseite. Darin eingemauert Bildnisgrabsteine von Johann und Philipp von Lontzen, gestorben 1519 und um 1560. Die Burg wird privat bewohnt und ist nur von außen einsehbar.

Schloss Saarfels
Schloss Saarstein

54455 Serrig
Verbandsgemeinde Saarburg
Landkreis Trier-Saarburg

Bei Saarburg an der Saar ist das Winzerdorf Serrig mit **Schloss Saarfels** zu finden. Ersterwähnung in einer Urkunde aus dem Jahre 1052, als Erzbischof Eberhard einen Tauschvertrag mit dem Grafen Walram von Arlon beurkundete. In den Jahren 1912 bis 1914 hat der Architekt Christoph Ewen aus Trier die bauliche Gesamtanlage als Sektkellerei geschaffen, mit zwei übereinander liegenden Kellern. Sie ist heute Sitz der Schloss Saarfels Sekt GmbH. Die neugotische burgartige Villa aus Bruchstein mit Turm liegt in prachtvoller Lage über der Saar, eingebettet in weitläufige Weinberge.

Schloss Saarfels, Serrig

Schloss Saarstein ist ein Weingut in Form einer dreiflügeligen neubarocken, nach 1900 erbau-

Schloss Saarstein, Serrig

ten Hofanlage mit eingeschossiger Villa und zweigeschossigem Treppenturm. Zur Gesamtanlage zählen noch das Kelterhaus und der Weinberg. Letzteren legte 1828 der Oberförster Ebenteuer an. Nachdem der Schifffahrtsunternehmer Hansen an den Besitz kam, baute dessen Enkel Michael Hansen das Gutsgebäude und führte von hier aus seine in Trier ansässige Transportfirma. Vollendet wurde die Anlage im Jahre 1906 und nach dem Zweiten Weltkrieg gab die Familie den Besitz auf, der 1956 an Dieter Ebert ging. Er hatte durch den Krieg seinen Besitz in Brandenburg verloren und sich ein Domizil an der Saar gesucht. Seit 1994 wird das Gut vom Weinbauingenieur Christian Ebert und seiner Frau Andrea geführt.

Schloss Simmern

Schloss Simmern

55469 Simmern

Rhein-Hunsrück-Kreis

Die heutige Kreisstadt Simmern wurde 1072 erstmals urkundlich erwähnt und liegt in der Mittelgebirgslandschaft des Hunsrücks in der Simmerner Mulde. Eine mittelalterliche Burg wurde unter Herzog Friedrich I. zur Residenz der Herzöge ausgebaut. Entstanden ist das sogenannte Neue Schloss 1689 anstelle der zerstörten herzoglichen Residenz. Die Herzöge von Simmern residierten hier von 1410 bis 1598 und von 1610 bis 1673. Im Pfälzischen Erbfolgekrieg wurde das Schloss mit fast allen Gebäuden der Stadt niedergebrannt. Von 1708 bis 1713 entstand das neue Schloss als Sitz eines Oberamtmannes. Napoleon machte 1802 der Stadt Simmern das Schloss zum Geschenk. Es ist eine schlichte Dreiflügelanlage um einen Ehrenhof und war ursprünglich von Wassergräben umgeben. Heute befinden sich im Schloss das Hunsrück-Museum mit wechselnden Ausstellungen, der Sitz der Touristinformation und eine Bücherei.

Schloss Sinzig

53489 Sinzig

Landkreis Ahrweiler

Die Stadt Sinzig, auch als Barbarossastadt bezeichnet, liegt zwischen Remagen und Bad Breisig am Rhein und ist ein staatlich anerkanntes Heilbad. Markgraf Wilhelm V. von Jülich genehmigte 1337 den Bau einer Wasserburg zur Sicherung der Reichsstadt, die 1348 ihren baulichen Abschluss fand. Ab dem Jahre 1569 wurde die Anlage oft unter Herzog von Jülich-Kleve-Berg durch Maximilian Pasqualini erweitert und ausgebessert. Nach dem Tod Maximilians 1572 leitete dessen Bruder Johann die Arbeiten und gestaltete die Anlage zum Schloss und als Witwensitz des kurpfälzischen Fürstenhauses um. Als 1680 die Franzosen aus dem Gebiet abzogen, zerstörten sie das Schloss und die Ruine wurde 1794 von französischen Revolutionstruppen eingezogen und 1806 verkauft. Von 1854 bis

Schloss Sinzig

1858 baute sich die Kaufmannsfamilie Bunge das Schloss als Sommersitz in neugotischen Formen durch den Architekten und Kirchenbaumeister Vinzenz Statz aus Köln. Die Parkanlage wurde nach Plänen von Peter Joseph Lenné gestaltete. Schließlich ging 1954 das Anwesen in das Eigentum der Stadt über, wird heute mit Ratssaal von ihr genutzt, beherbergt ein Heimatmuseum seit 1956 und ein Standesamt.

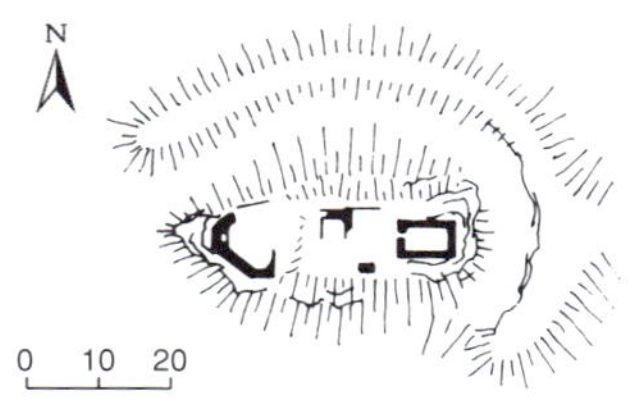

Burgruine Sommerau, Grundriss

Burgruine Sommerau

54317 Sommerau
Verbandsgemeinde Ruwer
Landkreis Trier-Saarburg

Die kleine Ortsgemeinde südöstlich von Trier wurde erstmals 1271 in einer Urkunde als „Sernauwe“ erwähnt. Die Anfänge der Burg Sommerau gehen in das 13. Jahrhundert zurück. Die einflussreiche Familie Walram ließ die Burg wohl schon lange vor der Ersterwähnung 1303 auf einer Anhöhe im Tal der Ruwer erbauen. Denn in diesem Jahr ging die bisher im Eigenbesitz der Familie Walram befindliche Burg mit den umliegenden Gütern auf den Trierer Erzbischof Diether von Nassau über. In den folgenden zwei Jahrhunderten wurden neben den Walrams auch andere mit der Burg belehnt. 1575 erlebte die Burganlage in den frühen Morgenstunden eine große militärische Invasion luxemburgischer Soldaten. Die Höfe und Gebäude wurden nach dem Dompropst Johann von Schönenberg und dem Haushofmeister Heinrich von der Fels durchsucht, die jedoch zu dieser Zeit in Trier weilten. Im Dreißigjährigen Krieg wurde auch die Burg erheblich zerstört und schließlich verpfändete Lothar von der Fels 1666 seinen Sommerauer Anteil dem Archidiakon oder Chorbischof von St. Lubentius zu Diet-

Burgruine Sommerau

kirchen. Im Zuge der Säkularisation wurde die Burgruine als französisches Nationaleigentum eingezogen, aber nicht versteigert. Nach der französischen Herrschaft ging sie 1814 an die Preußen. Die Anlage kam 1924 in den Besitz von Carmelita Meyerhoff, der stillen Gesellschafterin des Weinguts von Adolf Huesgen. In den Jahren 1979 und 1980 fand eine grundlegende Sanierung der Burgruine statt. Erhalten blieben ein rechteckiger Wohnturm von vier Geschossen mit Kamin und Aborterker sowie eine im Westen stehende viergeschossige Wand eines Wohngebäudes.

Schloss Stolzenfels

56075 Stolzenfels
Stadt Koblenz
Kreisfreie Stadt

Schloss Stolzenfels

Schloss Stolzenfels liegt gegenüber Lahnstein, südlich von Koblenz und ist eine ehemalige Zollburg der Trierer Erzbischöfe. Erbaut wurde es unter Erzbischof Arnold II. von Isenburg 1242 bis 1259 als Hangburg. Sie war unter Erzbischof Balduin eine wichtige Rheinzollstätte und durch Mauern mit dem Ort verbunden. Die Erzbischöfe Kuno und Werner von Falkenstein bauten die Anlage weiter aus, doch verlor sie seit dem 15. Jahrhundert an Bedeutung und wurde letztlich 1689 im Pfälzischen Erbfolgekrieg zerstört. Nach der Zerstörung und fortschreitendem Verfall wurde 1823 die Burg dem späteren König Friedrich Wilhelm IV. geschenkt. Durch den Koblenzer Architekten Johann Claudius von Lassaulx wurde sie im Stil der Rheinromantik als Sommerresidenz oberhalb des Stadtteils gleichen Namens wieder aufgebaut. Ein weiterer Ausbau erfolgte ab 1835 unter Erhaltung des Baubestandes, an dem neben anderen auch Karl Friedrich Schinkel aus Berlin bis zu seinem Tode 1841 mitwirkte, worauf Friedrich August Stüler seinen Platz einnahm. Der Ausbau im 19. Jahrhundert führte somit an der Rheinseite zu einem einheitlichen Ganzen. Die Innenausstattung gestaltete man hervorragend im älteren Zeitgewand und aus der Mitte des 19. Jahrhunderts. Der große Rittersaal ist ein zweischiffig gewölbter Saal mit lichter Ausmalung über zwei schwarzen Säulen. Sehenswert die Sammlung von Rüstungen und Waffen sowie der Kleine Rittersaal im Erdgeschoss des quadratischen Wohnturms aus dem 14. Jahrhundert, der von 1842 bis 1846 vom Berliner Hermann Anton Stilke ausgemalt wurde. 1918 ist die Anlage in Staatsbesitz übergegangen, heute in der Obhut der Generaldirektion Kulturelles Erbe Rheinland-Pfalz. Die Gartenanlagen wurden ab 1842 von Peter Joseph Lenné in einzelnen kleineren Gärten entworfen und wurden für die BUGA 2011 den Besuchern zugänglich gemacht. Neben der musealen Einrichtung finden auf dem Schlossareal zahlreiche Veranstaltungen statt.

Stromburg

Stromburg

55442 Stromberg
Landkreis Bad Kreuznach

Stromberg liegt am östlichen Rand des Soonwaldes, an der A 61 südwestlich von Bingen.

Der Ort wurde 1056 im Zusammenhang mit einem Grafen Bertolfus de Strumburg erstmals erwähnt. Die Höhenburg liegt auf einem lang gestreckten Bergsporn oberhalb von Stromberg. Sie war die Heimat des „Deutschen Michels“, Hans Michael Elias von Obentraut, einem der verwegensten Reiterführer des Dreißigjährigen Krieges, der nicht mit der Spottfigur Deutscher Michel zu verwechseln ist. Errichtet wurde die Stromburg vermutlich im 11. Jahrhundert und 1116 durch den Mainzer Erzbischof Adalbert I. zerstört, doch um 1156 als Reichslehen für die Pfalzgrafen an anderer Stelle wieder aufgebaut. Sicher ist die Nennung der Stromburg aus dem Jahre 1287, in deren Schutz sich das Dorf im Guldenbachtal entwickelte und die 1344 erstmals urkundlich erwähnt wurde. Auch diese Anlage wurde im Dreißigjährigen Krieg mehrmals erobert und schließlich im Pfälzischen Erbfolgekrieg 1689 zerstört. In der Zeit von 1977 bis 1981 wurden Teile der Burgruine saniert und zu einem Burghotel ausgebaut. Erhalten blieben von der Anlage bis heute die Schildmauer, der Bergfried, der mächtige Torturm sowie Teile des Berings und des Zwingers. Seit 1994 betreibt der bekannte Fernsehkoch Johann Lafer auf der Burg das Feinschmecker-Restaurant „Le Val d'Or“. Ebenfalls wurde zum Restaurant die rustikale Turmstube, umbenannt ab 2010 als „Bistro d'Or“, und das Stromburg-Hotel eröffnet. Es ist ein Hotel gehobener Klasse mit vielen Arrangements und Veranstaltungen.

Burg Lichtenberg, Thallichtenberg

Burg Lichtenberg

66871 Thallichtenberg
Verbandsgemeinde Kusel
Landkreis Kusel

Thallichtenberg liegt im Kuseler Musikantenland in der Westpfalz, nordwestlich bei Kusel. Die Burg, eine ausgedehnte Anlage auf hohem Bergrücken, entstand um 1200 und war im Besitz der Grafen von Veldenz, die 1444 ausstarben, worauf die Burganlage an die Herzöge von Pfalz-Zweibrücken kam. Im Jah-

Thallichtenberg

Burg Lichtenberg, Thallichtenberg

re 1214 bekam die Anlage ihre erste Erwähnung, nachdem der König den Abriss befahl, der jedoch nicht vollzogen wurde. Heinrich von Geroldseck, Gründer der zweiten Linie der Grafen von Veldenz, legte um 1270 die Oberburg an. Sie ist eine der wenigen Burgen, die nie erobert oder zerstört wurden. Was man durch Kriege nicht schaffte, gelang einem Großfeuer 1799: Lichtenberg wurde zur Ruine. Verschont blieben die Burgkapelle und die Landschreiberei, da sie etwas entfernt von der Hauptburg lagen. 1816 kam durch den Wiener Kongress Sachsen-Coburg-Saalfeld an die Region. Diese ging aber 1834 an Preußen und die Ruine wurde auf Abbruch verkauft. Der preußische Fiskus kaufte

Burg Lichtenberg, Oberburg, Thallichtenberg, Grundriss

N

0 10 20

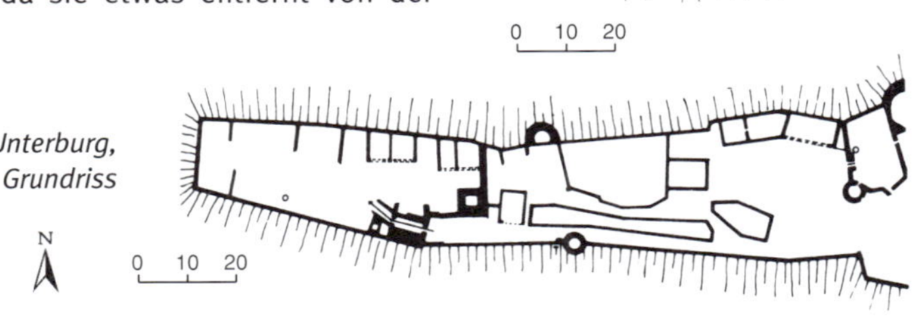

Unterburg, Grundriss

1894 die Anlage zurück, stellte sie 1895 unter Denkmalschutz und begann mit Instandsetzungsmaßnahmen und dem Ausbau einer Burgschänke 1907 sowie einer Jugendherberge 1922 in der Vorburg. Erst 1969 kam die Burg, die aus den einst im 15. Jahrhundert zwei getrennten Burgen durch Verbinden mit Mauern zu einer Burg zusammengewachsen war, zum pfälzischen Landkreis Kusel. Von 1979 bis 1981 wurde die Zehntscheune zum Musikantenlandmuseum hergerichtet. Der Bergfried bekam 1983/84 zwei weitere Geschosse und eine Überdachung. Das „Geoskop“, als Zweigstelle des Pfalzmuseums für Naturkunde, wurde eingebracht. Auf der Burg finden Musikveranstaltungen statt, Räume für Festlichkeiten stehen im Restaurant zur Verfügung und man kann sich kirchlich oder standesamtlich trauen lassen.

Burg Reichenstein
Burg Rheinstein

55411 Trechtingshausen
Verbandsgemeinde Rhein-Nahe
Landkreis Mainz-Bingen

Trechtingshausen wurde erstmals urkundlich 1122 unter der Bezeichnung Drodingishusen

Burg Reichenstein, Trechtingshausen

erwähnt und liegt zwischen Bacharach und Bingen. Der Weinort wurde 2002 in das UNESCO-Welterbe Oberes Mittelrheintal aufgenommen.

Die südlich gelegene **Burg Reichenstein** aus dem 11. Jahrhundert entwickelte sich zum Raubritternest und wurde deshalb mehrmals zerstört. Dienen sollte die Hangburg vor allem als Schutz der Besitzungen der Abtei Cornelimünster. Erstmals erwähnt wurde sie 1214, als die für den Burgenbau bedeutenden Reichsministerialen von Bolanden Vögte wurden. Die erste Zerstörung erlitt die Burganlage 1253 durch den Rheinischen Städtebund und nochmals 1282 durch König Rudolf von Habsburg. Entweder entstand die Folgeanlage bald nach der Zerstörung der Burg von 1282 oder nach dem Übergang an Kurmainz 1344, die dann Sitz eines Amtmanns wurde. 1689 zerstörten auch diese Burg die Franzosen, sie begann zu verfallen. Doch 1834 und ab 1899 baute der Architekt Strebel aus Regensburg die Anlage in romantisch neugotischen Formen für Baron Kirsch-Puricelli aus. Heute werden auf der Burg bei Führungen durch die Räumlichkeiten Waffen, Möbel, Porzellan, Jagdtrophäen und eiserne Öfen präsentiert. Das Hotel wird auch gern zu Hochzeiten belegt, da man sich in der Burgkapelle auch das Ja-Wort geben kann.

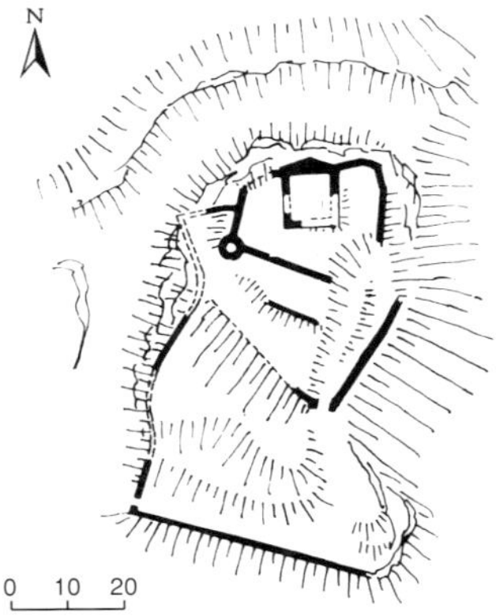

Burg Reichenstein, Trechtingshausen, Grundriss

Burg Rheinstein war die erste im 19. Jahrhundert wieder aufgebaute Burg am Rhein und hieß eigentlich „Fatzberg“, von Bonifatiusberg abgeleitet. Es ist strittig, wer die mittelalterliche Hangburg errichtete. Entweder Philipp von Hohenfels um 1260 als Vorburg für Reichenstein, wahrscheinlicher aber der Mainzer Erzbischof Peter von Aspelt als Trutzburg zu dem von Kurpfalz beanspruchten Reichenstein Anfang des 14. Jahrhunderts. 1282 hielt König Rudolf von Habsburg der Sage nach auf Rheinstein Gericht über die Raubritter aus dem Hause Waldeck. Zollstätte der Erzbischöfe war die Anlage seit 1323. Im Jahre 1825 erwarb Prinz Friedrich Ludwig von Preußen die Ruine. Noch im gleichen Jahr wurde der Wiederaufbau

Burg Rheinstein, Trechtingshausen

nach Plänen von Johann Claudius von Lassaulx aus Koblenz begonnen. Bis 1829 wurde unter Verwendung mittelalterlichen Mauerwerks im Sinne der Romantik und unter aktiver Mitwirkung von Karl Friedrich Schinkel und ab 1827 dem Koblenzer Baumeister Wilhelm Kuhn die Burg fertiggestellt. Baurat Philipp Hoffmann aus Wiesbaden schuf die Kapelle in neugotischen Formen 1842. Die Gesamtanlage ist eine ursprünglich gotische Wohnturmanlage mit tiefem Halsgraben sowie schildmauerartiger Verstärkung der Bergseite. Beim Ausbau von 1825 wurde das Wohngebäude in schlichten neugotischen Formen auf vier Geschosse erhöht. Zinnenkränze verdecken das Dach und Terrassen mit Brunnen, schmale Eisentreppen und Türme geben ein malerisches Gesamtbild. Die Ausmalung der Räume gestaltete der Dekorationsmaler Ludwig Pose aus Düsseldorf. Die wertvolle Ausstattung wurde nach 1971 verkauft beziehungsweise entfernt. Nur die prächtigen Glasfenster des 14. bis 16. Jahrhunderts blieben der Burg erhalten. Der Opernsänger Hermann Hecher erwarb 1975 die Burg und nach zwanzigjähriger Restaurierung erstrahlte sie wieder im neuen Glanz. Im Museum kann man Rüstungen, antike Möbel, die Preußengruft sowie romantische Gärten und die Schlosskapelle besichtigen. Übernachtungen auf der Burg sind möglich und auch Feste können gefeiert werden. Ein Restaurant sorgt für das leibliche Wohl und ein schöner Ausblick von beiden Burgen entschädigt für den Aufstieg.

Burg Treis Wildburg

56253 Treis-Karden
Landkreis Cochem-Zell

Die Gemeinde Treis-Karden liegt an der Mosel, östlich von Cochem nahe der B 416.

Burg Treis, auch Treisburg genannt, ist die Ruine einer ehemaligen Höhenburg und entstand vermutlich im 11. Jahrhundert unter einem Ritter von Trihis. Eine erste gesicherte Nennung gab es 1121. Die Burg soll wohl im 12. Jahrhundert Graf Otto von Rheineck dem Älteren gehört haben. Die Verbindung beider Burgen zu einer Anlage, wie in der einschlägigen Literatur beschrieben, kann durch oben genannten Rheineck nicht erfolgt sein, da erst im 13. oder 14. Jahrhundert die Wildburg erbaut wurde. Heute umgeben die Ruinen von Palas, Burgkapelle und Burgmannhaus den quadratisch über Eck gestellten Bergfried. Heinrich V. zerstörte 1121 die von Otto von Rheineck bewohnte Treiser Burg, die sich 1148 in den Händen des rheinischen Pfalzgrafen Hermann von Stahleck befand. Die Anlage gelangte nach Auseinandersetzung mit Otto von Rheineck um das Pfalzgrafenamt unter Trierer Einfluss, als Erzbischof Albero die Burg einnahm und sie somit zum Eigentum des Trierer Erzbischofs wurde. In der Folge saßen Amtmänner und Burgmannen auf der Burg. Zu ihnen zählten Freie von Treis, Herren von Pyr-

Burg Treis, Treis-Karden

Wildburg, Treis-Karden

mont und von Winneburg-Beilstein sowie von Eltz. 1689 im Pfälzischen Erbfolgekrieg von den Franzosen zerstört, wurde sie nie wieder aufgebaut und ist heute frei begehbar.

Die **Wildburg** ist eine wieder aufgebaute Burganlage und steht auf einem bewaldeten und steil aufragenden Bergsporn. Sie wurde im 13. oder 14. Jahrhundert durch die Herren von Wildenberg erbaut und war später Sitz einer Nebenlinie, die mit den Herren von Braunshorn verwandt war. Als diese Linie um 1400 ausgestorben war, zog Kurtrier die Burg als erledigtes Lehen ein. In den folgenden Jahrhunderten wechselten auf der Wildburg mehrfach mit den Herren von Miehlen, von dem Burgtor und von Eltz die Besitzer. Auch diese Anlage fiel 1689 der Zerstörung zum Opfer und wurde vorerst nicht wieder aufgebaut. Es ist eine bemerkenswerte gestreckte Burganlage, mit hoher äußerer Zwingmauer, Bergfried in drei Geschossen und zweigeschossigem, aus romanischer Zeit stammendem Palas. Letzterer wurde innen wieder ausgebaut. Am Nordende liegen die ehemaligen Wirtschaftsgebäude. Den teilweise unterkellerten Palas der Wildburg mit einem Kamin baute 1957 E. Stahl zu Wohnzwecken aus und ließ den Bergfried der Burg Treis aufstocken und begehbar gestalten. Die Wildburg ist heute noch bewohnt und kann nur von außen besichtigt werden.

Kurfürstliches Palais, Trier

Kurfürstliches Palais

54290 Trier
Kreisfreie Stadt

Die kreisfreie Stadt Trier liegt in der Mitte einer Talweitung des mittleren Moseltals, mit dem Hauptteil am rechten Ufer des Flusses, und ging aus der von Kaiser Konstantin erbauten römischen Palastaula hervor. Diese kam als Königsgut wahrscheinlich 902 durch Schenkung an den Erzbischof von Trier und Johann I. verlegte seine Residenz vom Dom hierher. Das Kurfürstliche Palais, auch als Kurfürstliches Schloss bezeichnet, war im 17. Jahrhundert bis 1794 die Residenz der Trierer Kurfürsten, somit der Trierer Erzbischöfe. Begonnen hatte man mit dem Bau des Renaissanceschlosses 1615 nach einem Entwurf des Baumeisters Georg Ridinger aus Straßburg, mit der Bauausführung wurde der Bauleiter Albrecht Beyer aus Bamberg beauftragt. Die Kurfürsten Lothar von Metternich und Philipp von Soetern ließen die Ostwand der Palastaula bei der Anlage des Schlosses abreißen, wobei Westwand und „Heidenturm" erhalten blieben. Als Lothar von Metternich verstarb, standen der Ost- und Nordflügel, die Teile des bestehenden Schlosses. Philipp von Soetern ließ den Ostflügel vollenden und den Süd- und den Westflügel erbauen. Kaspar von der Leyen vollendete die Anlage unter Kurfürst Karl. Die Kurfürsten residierten meist auf dem Ehrenbreitstein bei Koblenz, bis sich schließlich Johann Philipp von Walderdorff wieder des Schlosses in Trier annahm. Der Südflügel im Rokokostil wurde nach Plänen des Trierer Hofbaumeisters Johannes Seiz hinzugefügt, dem der Bildhauer Ferdinand Tietz zur Seite gestellt wurde. Während der Französischen Revolution wurde das kurfürstliche Palais geplündert und zerstört. Errichtet war die gesamte Schlossanlage auf den Grundflächen der römischen Konstantinbasilika, weshalb man im 19. Jahrhundert den Westflügel des Palais wieder abbrach, um von 1844 bis 1856 die römische Palastaula als evangelische Kirche wieder zu errichten. Napoleon enteignete die Kurfürsten. Das Palais nutzte man im 19. und zu Beginn des 20. Jahrhunderts als französische und preußische Kaserne. Schwere Schäden erlitt die Anlage beim Bombenabwurf im Zweiten Weltkrieg, worauf die Wirtschaftsgebäude und das so genannte Niederschloss abgerissen wurden. Erhalten blieben der Rote Turm und ein Portal. Der Wiederaufbau erfolgte von 1954 bis 1956 zum Sitz der Bezirksregierung und der Bau bekam 1976/77 eine neue Farbfassung. Heute ist die Anlage Sitz der Aufsichts- und Dienstleistungsdirektion und Teile des Nordflügels werden von der evangelischen Gemeinde genutzt. Der Südflügel dient repräsentativen Zwecken. Im neu angelegten barocken Gartenparterre vor dem Schloss stehen die steinernen Götterfiguren von Ferdinand Tietz sowie ein Fontänenbecken. Der Garten steht seit Beginn des 20. Jahrhunderts den Besuchern offen.

Kurfürstliches Palais, Portal, Trier

Schloss Trippstadt

67705 Trippstadt
Verbandsgemeinde
Kaiserslautern-Süd
Landkreis Kaiserslautern

Das erstmals 1293 urkundlich als Driebescheit erwähnte Trippstadt liegt im Herzen des Pfälzerwaldes, 15 Kilometer südlich von Kaiserslautern. Das Schloss der Freiherren von Hacke fungiert heute als Zentralstelle der Forstverwaltung sowie als Forschungsanstalt für Waldökologie und Forstwirtschaft. Es wurde vermutlich 1766/67 für Franz Karl Freiherr von Hacke erbaut, nach Plänen von Baumeister Sigmund Jakob Haeckher. Auch ließ er für sich und seine Gemahlin Amönia, geborene von Sturmfeder, einen weitläufigen Garten im französischen Stil anlegen. Das Schloss ist ein breit gelagerter, vorzüglich proportionierter und gegliederter Sandsteinquaderbau, mit Eckrisaliten und dreiachsigem Mittelrisalit mit Giebel und großem Hacke'schen und Sturmfeder'schen Allianzwappen. Die Mitte der Gartenfront springt pavillonartig hervor und der Innenbereich wurde beim Umbau verändert. Im Jahr 1776 brachte der Mannheimer Physiker Johann Jakob Hemmer den ersten Blitzableiter in der Pfalz am Schloss an. Französische Truppen zerstörten zum Teil 1794 die Schlossanlage, die 1833 der Reichsrat Ludwig von Gienanth kaufte und 1865 dem bayerischen Staat weiter veräußerte.

Schließlich richtete man hier 1885 das Staatliche Forstamt ein, dem 1888 die Eröffnung der

Schloss Trippstadt

Burg Veldenz

Waldbauschule folgte. 1915 schloss man während des Ersten Weltkrieges die Schule und eröffnete sie erst wieder 1946 als Forstschule. Im Jahr 1985 kam der Schlossgarten als Erholungsstätte in die Obhut der Gemeinde und steht allen Besuchern offen.

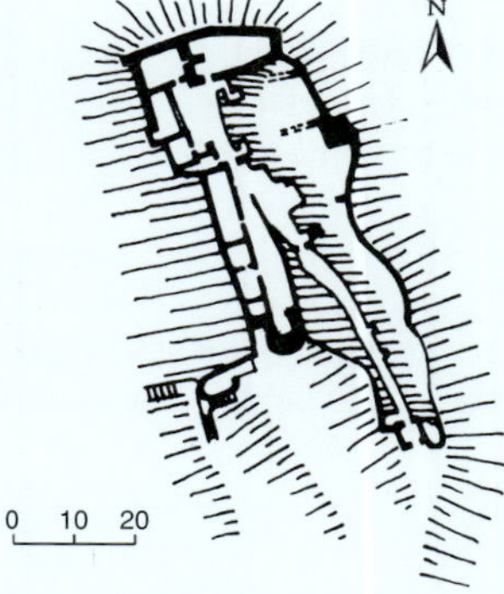

Burg Veldenz, Grundriss

Burg Veldenz

54472 Veldenz

Verbandsgemeinde Bernkastel-Kues
Landkreis Bernkastel-Wittlich

Veldenz liegt im Bereich der Mittelmosel, südwestlich von Bernkastel-Kues. Die auch als Schloss Veldenz bezeichnete Burg liegt nahe dem Tal der Mosel und ist eine Burgruine südöstlich des Ortes. Nach dieser Burg, 1107 urkundlich bezeugt, benannte sich seit 1115 ein Zweig der Nahegaugrafen, dessen Hauptsitz südlich des Hunsrücks um Lauterecken und Kusel lag. 1444 gehörten ihnen die Weinorte Dusemond und Mülheim. Die Burg ging von den Grafen von Veldenz im gleichen Jahr an die Herzöge von Zweibrücken und war von 1543 bis 1694 im Besitz einer Seitenlinie, aus der Graf Georg Johannes die Tochter des Schwedenkönigs Gustav Wasa heiratete. Auch diese Burg wurde nach 1680 von den Franzosen zerstört. Es ist eine weitläufige Anlage auf einem nach drei Seiten steil abfallenden Bergrücken, die teilweise wieder ausgebaut wurde. Die Eigentümer bemühen sich um die ständige Erhaltung. Auf der Burgruine werden Führungen angeboten. Sie dient besonders zu Jugendfreizeiten, mit Übernachtungsmöglichkeiten.

Schloss Vettelhoven

53501 Vettelhoven
Gemeinde Grafschaft
Landkreis Ahrweiler

Schloss Vettelhoven

Die Gemeinde Grafschaft mit Vettelhoven liegt nördlich der Kreisstadt Bad Neuenahr-Ahrweiler und westlich von Remagen. Das neurenaissance Schloss mit Eckturm inmitten eines Parks wurde 1890 als repräsentativer Adelssitz errichtet. Im gleichen Jahr wurde es dem jungen Paar de Weerth vom ehemaligen Besitzer der Burg, Illo de Weerth, zur Hochzeit geschenkt. Der Turm und das Portal an der Auffahrt sollten den ankommenden Gast beeindrucken. Eine großzügige geräumige Vorhalle, das Treppenhaus und der Flur, schuf zusammen mit den hohen Räumen im Erdgeschoss den entsprechenden Rahmen für rauschende Feste und große Empfänge. Der gepflegte Park mit Teich gab der Gesamtanlage einen würdigen Abschluss. Stark belastet wurde die Familie de Weerth nach Kriegsende durch die Einquartierung amerikanischer Soldaten. Ein Kölner Kinderheim wurde bis zum Ende der 1960er-Jahre in das Schloss gelegt und verfiel nachfolgend. Der Abriss des maroden Anwesens wurde durch die Ölkrise Anfang der Siebzigerjahre verhindert, da man hier einen umfassenden Häuserbau geplant hatte. Ein neuer Eigentümer renovierte in den Siebzigerjahren das Dach und die Fassade und ließ die Innenräume weitgehend wieder so herstellen, wie sie ursprünglich waren. Es wurde ein

Wachtenburg, Wachenheim an der Weinstraße

Schwimmbad installiert und der Park hergestellt. Film und Fernsehen entdeckten das prächtige Anwesen und drehten hier zahlreiche Streifen. Schließlich wurde das Schloss wieder entsprechend dem Nutzungszweck hergestellt und wird heute für Hochzeitsfeiern und andere Anlässe vermietet.

Wachtenburg Schloss Wachenheim

67157 Wachenheim an der Weinstraße

Landkreis Bad Dürkheim

Wachenheim an der Weinstraße liegt südlich von Bad Dürkheim, an der mittleren Haardt, und wurde erstmals urkundlich als Wackenheim 766 im Lorscher Codex zur Zeit der Karolinger erwähnt.

Auf dem „Schlossberg“ steht auf einem Bergsporn oberhalb von Wachenheim die **Wachtenburg**, das Wahrzeichen des Ortes. Sie wurde vermutlich im 12. Jahrhundert von Konrad von Hohenstaufen erbaut. Die Burg hatte ihre erste Nennung 1257.

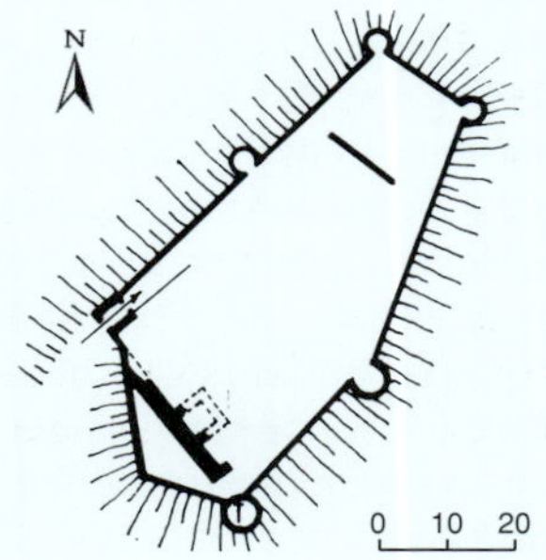

Wachtenburg, Wachenheim an der Weinstraße, Grundriss

Wachenheim an der Weinstraße

Schloss Wachenheim, Wachenheim an der Weinstraße

1277 ging sie von Pfalzgraf Rudolf I. als Afterlehen an den Grafen Emich IV. von Leiningen-Landeck und kam zum Ende des 13. Jahrhunderts an Kurpfalz. Im Jahre 1471 zerstörte bei der Eroberung Wachenheims Kurfürst Friedrich der Siegreiche die Anlage, die wiederhergestellt wurde. Doch als die Franzosen 1689 kamen, sprengten sie die Hälfte des Bergfrieds. Der „Förderkreis zur Erhaltung der Ruine Wachtenburg e.V." bemüht sich seit 1984 durch Pflege und Sanierung um die Ruine. Vor allem dem Bergfried wurde seit 2004/05 große Aufmerksamkeit gewidmet, indem man ihn kostenaufwendig mit einer Stahltreppe versah. Vor allem für die Wanderer wurde hier eine Burgschenke zum Einkehren eingerichtet und im Juni ist die Gesamtanlage eine der zentralen Orte beim Wachenheimer Burg- und Weinfest. Führungen durch die Burganlage werden angeboten.

Das **Schloss Wachenheim** wurde von 1725 bis 1734 durch Freiherr Johann Georg von Sussmann errichtet, es ist ein Kulturdenkmal und beherbergt heute die Sektkellerei Schloss Wachenheim. Bereits 1464 war hier ein Anwesen im Besitz des Ritters von Steinhausen, das 1674 und 1689 zerstört wurde. Im Jahre 1888 wurde die Deutsche Schaumweinfabrik gegründet. Es ist ein weiträumiges Winzeranwesen in einem Landschaftspark. Die an das Schloss angrenzenden Gebäude entstanden erst hundert Jahre später sowie noch einige jüngeren Datums. In der Sektkellerei werden Führungen angeboten und Kutschfahrten organisiert sowie Räume für große Veranstaltungen bereitgestellt.

Burg Maus

56346 Wellmich
Stadt Sankt Goarshausen
Rhein-Lahn-Kreis

Burg Maus ist eine Höhenburg aus der zweiten Hälfte des 14. Jahrhunderts im Mittelrheintal bei Sankt Goarshausen. Sie steht über dem Ortsteil Wellmich am Rhein und zählt seit 2002 zum UNESCO-Welterbe Oberes Mittelrheintal. Bauen ließ die Anlage Erzbischof Boemund II. von Trier von 1353 bis 1357. Seine Nachfolger Kuno II. und Werner von Falkenstein vollendeten die unter dem Namen St. Peterseck begonnene Burg von 1362 bis 1388. Den letzten beiden Kirchenfürsten diente sie zeitweise als Residenz. Errichtet wurde sie zur Sicherung der rechtsrheinischen Besitzungen gegenüber dem katzenelnbogischen Rheinfels. Im Jahre 1744 wurde die Bezeichnung Burg Maus erstmals überliefert. Die Anlage hatte vermutlich den Namen von den Grafen von Katzenelnbogen bekommen, deren Anlage im Volksmund auch Katz genannt wurde. Darauf erhielt die Nachbarburg von der Bevölkerung den Namen Maus. Für Philipp von Nassau wurde sie 1580 umgebaut. Im 18. Jahrhundert begann die Burg zu verfallen, obwohl sie als eine der wenigen nicht zerstörten Anlagen gilt. Friedrich Gustav Habel kaufte 1806 die Burg auf Abbruch, doch zwischen 1900 und 1906 wurde sie unter dem Architekten Wilhelm Gärtner in ursprünglichem Erscheinungsbild wieder ausgebaut. Bis Ende des Jahres 2010 war über Jahrzehnte in dem Burgareal ein Adler- und Falkenhof mit der Präsentation von Vogelflugschauen untergebracht. Die Anlage wird privat bewohnt und ist nur begrenzt zugänglich.

Burg Maus, Wellmich

Burg Welschbillig

54298 Welschbillig
Verbandsgemeinde Trier-Land
Landkreis Trier-Saarburg

Welschbillig liegt nordwestlich von Trier in Richtung Bitburg an der B 422 und besitzt noch einen Teil der zwischen 1211 und 1217 erstmals erwähnten und vermutlich schon im 12. Jahrhundert erbauten Wasserburg. Entstanden war sie auf dem Gelände einer früheren römischen Villa rustica aus dem 2. bis 4. Jahrhundert. Von 1242 bis 1299 wurde die Anlage durch Arnold II. von Isenburg durch Türme erheblich verstärkt und später durch seine Nachfolger Heinrich von Vinstingen und Boemund von Warsberg zur Landesburg weiter ausgebaut. Zu Beginn des 14. Jahrhunderts nutzte man die Burg als Sitz eines erzbischöflichen Amtmanns. Als die Franzosen die Niederungsburg zerstörten, ließ man 1711 ein neues Amtshaus von Ph. H. Ravensteyn in Barockformen erbauen, dessen Portal mit dem Wappen des Kurfürsten Karl Joseph von Lothringen geziert ist. Von 1889 bis 1891 riss man die Südseite für einen Kirchenbau ab. Ursprünglich war die Wasserburg eine regelmäßige, fast quadratische Anlage aus der 2. Hälfte des 13. Jahrhunderts. Sie besaß eine vom Wasser umgebene Ringmauer mit vier runden Ecktürmen, wovon nur einer noch vorhanden ist. Der Graben wurde fast gänzlich verfüllt. In der Mitte der Westseite befindet sich der Torbau, von zwei Rundtürmen flankiert. Im Erdgeschoss der Türme lagen die ehemaligen Wächterstuben.

Burg Welschbillig

Reifenberger Schlösschen

56459 Weltersburg
Verbandsgemeinde Westerburg
Westerwaldkreis

Weltersburg liegt vier Kilometer südlich von Westerburg und nahe der hessischen Landesgrenze am Hang des Küppels, auf dem heutigen Burgberg. Die ehemalige Schutzburg ist mittlerweile bis auf wenige Ruinen verfallen. Im westlichen Ortskern liegt das Reifenberger Schlösschen, ein zweistöckiger rechteckiger Burgsitz mit Rundtürmen an den Ecken. Errichtet wurde dieser wohl um die Zeit von 1550 und von der Wäller-Linie derer von Reifenberg von 1384 bis 1671 bewohnt. An der Hofseite befindet sich ein vermauertes romanisches Rundbogengesimsstück. In diesem Schlösschen gastierte einst auch Generalfeldmarschall Gebhard Leberecht von Blücher. Das Schlösschen, eine malerische Baugruppe des 17. Jahrhunderts mit einem spätgotischen Kern, wird privat bewohnt und ist nur von außen einsehbar.

Oben: Reifenberger Schlösschen, Weltersburg

Unten: Schloss Wendelsheim

Schloss Wendelsheim

55234 Wendelsheim
Verbandsgemeinde Wöllstein
Landkreis Alzey-Worms

Die Weinbaugemeinde Wendelsheim liegt in Rheinhessen, zwischen Alzey und Wöllstein, und wurde erstmals 766 urkundlich im Lorscher Codex erwähnt. In der Zeit von 1475 bis zur Französischen Revolution stand Wendelsheim unter der Herrschaft der Grafen von Salm, die das Erbe der Rheingrafen antraten. Rheingraf Carl Magnus hatte sich 1758 neben Schloss Wendelsheim auch sein neues Residenzschloss Gaugrehweiler von seinem Schlossbaumeister Johann Leonard Reichel errichten lassen. In der Folge des Wiener Kongresses kam Wendelsheim 1816 zum Großherzogtum Hessen und nach dem Zweiten Weltkrieg an das Land Rheinland-Pfalz. Der Herrensitz, auch als Salm'sches Schloss bezeichnet, besteht aus neun Achsen, deren mittlere drei leicht vorgezogen sind und einen Giebel tragen. Dem Gebäude ist eine Freitreppe mit Säulenportal vorgelagert. Das Schloss ist bewohnt.

Schloss Westerburg

56457 Westerburg
Westerwaldkreis

Westerburg liegt im Oberen Westerwald und ist nur wenige Kilometer von Hessen entfernt. Das Zentrum der Stadt liegt im Tal des Schafbachs, das den Schlossberg mit der alten Oberstadt und das Schloss umgibt. Erstmals urkundlich erwähnt wurde das Schloss als Burg im Jahr 1192. Sie gehörte den Grafen von Leiningen und ging durch Eheschließung einer Tochter mit Siegfried III. von Runkel zu Beginn des 13. Jahrhunderts an diese Linie. Mitte des 13. Jahrhunderts wurde das Anwesen Sitz der Herren von Westerburg, die sich spätestens 1288 mit Heinrich I. von Westerburg endgültig vom Hause Runkel lösten. In folgender Zeit erweiterte man die Anlage und baute sie teilweise um. Sie war über eine lange Zeit die Residenz der Grafen zu Leiningen-Westerburg. Die drei- bis vierstöckige Anlage enthält besonders wertvolle spätromanische und gotische Räume. Die ältesten Teile der Burganlage dürften die der Nordostecke und der Nordfront sein, in der sich auch die Burgkapelle aus dem frühen 13. Jahrhundert befindet. In dem 1476 und 1483 fertiggestellten Bau liegt der große Saal, während die weiteren Bauteile weitgehend aus dem 18. Jahrhundert stammen. Das Schloss befindet sich in Privatbesitz, beherbergt ein Restaurant sowie das Studienzentrum der Universität Greifswald für Zahnmedizin.

Schloss Westerburg

Burg Eltz

56294 Wierschem
Verbandsgemeinde Maifeld
Landkreis Mayen-Koblenz

Burg Eltz, Wierschem

Wierschem liegt südwestlich der Stadt Münstermaifeld, zwischen Cochem und Kobern-Gondorf. Einsam zwischen den bewaldeten Hängen des engen Eltzbachtals thront die Burg, die einen Zugang von der Mosel zum Maifeld schützte. Zu den bekanntesten Burgen Deutschlands zählend, ist Burg Eltz die einzige Anlage in der Südeifel, die aufgrund hervorragender politischer Taktierung der Herren von Eltz niemals erobert oder verwüstet wurde. Sie ist heute ein geschütztes Kulturgut nach der Haager Konvention. Erbaut wurde sie wohl im 11. Jahrhundert und bekam 1157 ihre erste Erwähnung mit Graf Rudolf von Eltz. In einer lang gestreckten Ellipse reihen sich die einzelnen Häuser Platteltz, Kempenich, Rodendorf und Rübenach aneinander, die eine ungewöhnlich malerische, vieltürmige Silhouette bilden. Im Jahre 1268 gründeten die Brüder Wilhelm, Elias und Theoderich die Ganerbengemeinschaft, die den Bau der Burg Trutzeltz auf der gegenüberliegenden Talseite durch den Erzbischof Balduin von Trier zur Folge hatte. In der sogenannten Eltzer Fehde erzwang der Bischof von 1331 bis 1336 die Übergabe der Burg Eltz, schließlich auch die Auflösung des Bündnisses mit den Herren der unweit liegenden Burgen Ehrenburg, Schöneck und Waldeck. Im Jahre 1354 bekam Balduin vom Kaiser Karl IV. Eltz zu Lehen, die Herren von Eltz wurden kurtrierische Lehensleute. Schon 1472 gestaltete man die Wehrburg zur Wohnburg um. Von 1490 bis 1540 entstanden die Rodendorfer Häuser. 1567 bis 1581 amtierte Jakob zu Eltz als Erzbischof in Trier. Die Kempenicher Häuser wurden von 1604 bis 1661 ge-

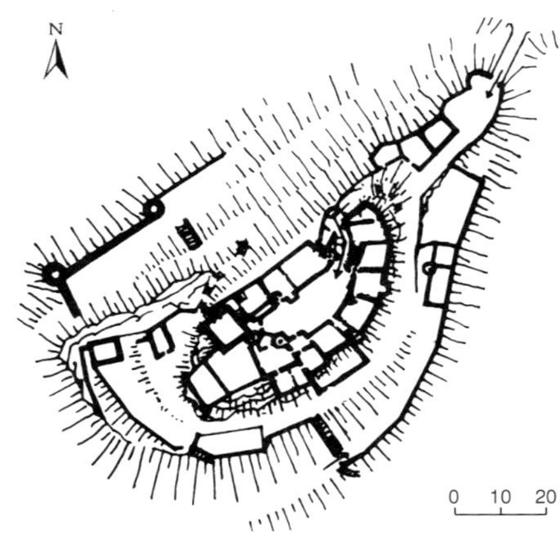

Burg Eltz, Wierschem, Grundriss

baut. Alle Bauten legte man um einen engen Innenhof, was mehrere Stockwerke erforderte. Als Mannlehen ist die Burg bis heute im Besitz derer von Eltz, die 1733 in den Reichsgrafenstand erhoben wurden. Graf Hugo Philipp zu Eltz-Kempenich, aus der Linie zum goldenen Löwen, ordnete 1791 die Wiederherstellung der noch brauchbaren Räumlichkeiten an. Er vereinigte 1815 den Besitz der gesamten Burg in seiner Hand mit dem Kauf des in der Familie Eltz-Rübenach befindlichen Teils. 1845 begann Friedrich Karl, unter Einhaltung alter Details, die Burg zu restaurieren. Nur das Haus Rübenach blieb nach einem Brand 1920 unversehrt, die Burg wurde bis zum Zweiten Weltkrieg wieder hergestellt. Die Anlage ist ein Musterbeispiel der deutschen Burgenromantik und seit mehr als 30 Generationen haben die Grafen von Eltz sie in ihrem Besitz. In den Jahren 2009 bis 2012 fanden umfangreiche Sicherungs- und Restaurierungsarbeiten statt. In den Sommermonaten werden auf der Burg Führungen gegeben und aus dem Familienbesitz der verschiedenen Jahrhunderte museale Kostbarkeiten gezeigt. So im Rübenacher Haus eine im 19. Jahrhundert eingerichtete Waffensammlung, ein Salon sowie ein Schlafgemach mit Kapellenerker von 1531 und Himmelbett von 1520. Im Rodendorfer Haus begibt man sich in das mit barockem und Rokoko-Mobiliar eingerichtete Kaminzimmer. Weitere Innenräume bieten herausragende Kunstschätze. Die Nutzung eines Pendelbusses vom Parkplatz aus ist möglich, um einen ca. 800 m langen Fußweg zu umgehen.

Burg Warsberg

54457 Wincheringen
Verbandsgemeinde Saarburg
Landkreis Trier-Saarburg

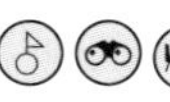

Westlich von Saarburg liegt an der Obermosel, unmittelbar an der luxemburgischen Staatsgrenze, der kleine Ort Wincheringen. Burg Warsberg ist das

Wahrzeichen und geht auf den Namen des gleichnamigen Adelsgeschlechts zurück. Diese Familie bestimmte fast 300 Jahre lang die Geschicke der Region von Saarburg aus. Das älteste Geschlecht der Warsberger stammt aus dem lothringischen Varsberg, zwischen Metz und Saarbrücken gelegen. Die ursprünglich zu Kurtrier gehörige Burg überließ der Trierer Erzbischof Johann II. 1467 den Herren von Warsberg, sie wurde 1557 in das Eigentum von Luxemburg eingegliedert und verblieb dort bis zur Französischen Revolution. Bis 1793 stellte die Burg einen bedeutenden Machtfaktor im Grenzraum dar. Von der einstigen Wasserburg ist heute noch, nach gründlicher Restaurierung, ein stattliches Herrschaftshaus, das Warsberghaus, und ein imposanter Wehrturm vorhanden. Der dreiseitig vortretende Treppenturm mit ansehnlichem, doch beschädigtem Renaissanceportal, stammt aus dem Jahre 1565. In der Burg hat heute die Gemeindeverwaltung ihren Sitz und der Saal wird für Veranstaltungen genutzt.

Burg Warsberg, Wincheringen

Burg Schöneck

56154 Windhausen
Stadt Boppard
Rhein-Hunsrück-Kreis

Der Ortsteil Windhausen liegt südwestlich von Boppard, zwischen Rhein und Mosel. Die Burg Schöneck, auf terrassenförmig bewaldetem Bergrücken stehend, wurde um 1200 durch Konrad von Boppard errichtet und 1222 erstmals erwähnt. Als

Burg Schöneck, Windhausen

Marienburg, Zell (Mosel)

Lehen des Reichsministerialen Philipp von Schöneck war sie seit der Eltzer Fehde von 1331 bis 1336 teilweise und schließlich ab 1354 ganz kurtrierisch. Nachdem die Familie von Schöneck 1508 erloschen war, fiel die Burganlage unter Trierer Verwaltung. Zu Beginn des Dreißigjährigen Krieges wurde sie 1618 zerstört. Im 17. und 18. Jahrhundert bezeichnete man die Anlage auch als Schloss, das in den Folgejahren mit häufig wechselnden Pächtern verfiel und seit 1805 durch verschiedene Besitzer wieder aufgebaut wurde. Der Maler Wilhelm Steinhausen aus Frankfurt erwarb das Anwesen 1910 und richtete eine Familienstiftung ein. Seit 1924 ist die Burg im Besitz der Wilhelm- und Ida-Steinhausenstiftung. Erhalten sind die mit runden Schalentürmen bewehrten Ringmauern der Hauptburg und die südlich vorgelagerte Vorburg sowie zwei Torbögen. Die Hauptburg wurde 1846 und nochmals Anfang des 20. Jahrhunderts ausgebaut. Zum Tag des offenen Denkmals kann die Anlage besichtigt werden.

Marienburg Schloss Zell

56856 Zell (Mosel)
Landkreis Cochem-Zell

Zell liegt mit den Stadtteilen Altstadt, Kaimt und Merl an einer bekannten Moselschleife südlich von Cochem. Der Ortsteil Kaimt erhielt 732/33 seine erste urkundliche Erwähnung und Zell 1222 die Stadtrechte.

Die **Marienburg** liegt auf den letzten Ausläufern von Zell. Unter Karl dem Großen stand eine erzbischöfliche Burg, die Abt Richard 1146 zu einem Augustiner-Frauenkloster mit der neuen Marienkirche umfunktionieren ließ. Die Pfarrrechte hatte die St.-Peterskirche in Zell. Im Jahre 1515 erlaubte Papst Leo X. für das Anlegen von Befestigungen die Auflösung des Klosters. Während des Dreißigjährigen Krieges wechselten auf der Marienburg oft die Besetzer zwischen bayerischen, schwedischen und französischen Truppen. Schließlich wurde die Anlage 1615 zerstört. Im Jahre 1803 kam die Säkularisation und die Marienburg wurde an den Zeller Wundarzt Jodokus Crocius versteigert, dem mehrere Besitzerwechsel folgten. Die Familie Enkirch vom Haus Waldfrieden kam nach dem Zweiten Weltkrieg an die Anlage, doch 1950 erwarb sie das Bistum Trier zurück und ließ die Marienburg 1952 zu einer Jugendburg ausbauen. Auch die Marienkirche wurde 1957 wieder aufgebaut. Im Frühjahr 2006 wurden im Rahmen einer grundlegenden Umstrukturierung innerhalb des Bistums Trier alle drei Jugendbildungszentren geschlossen, darunter auch die Marienburg. Bereits im April 2006 wurde, um das Erbe der Marienburg weiterzuführen, eine Fachstelle für kirchliche Kinder- und Jugendarbeit auf der Marienburg mit Gastronomie eingerichtet.

Das **Schloss** in Zell wurde vermutlich von Friedrich Kauffmann als Amtssitz von 1530 bis 1542 erbaut und von Erzbischof Ludwig von Hagen 1543 vollendet. Ursprünglich hatte es vor den Toren des Ortes gelegen und befindet sich heute inmitten der Stadt. Es stellt eine zweiflügelige Anlage mit insgesamt fünf Türmen in reichen, vorwiegend spätgotischen Formen dar. Der rückwärtige Flügel zum Hof ist drei-, zur Straße zweigeschossig und wird am Eingang von zwei starken Rundtürmen mit Haubendach flankiert, die durch eine hölzerne Galerie verbunden sind. An der Straßenseite befindet sich ein schwächerer runder Eckturm. Der Verbindungsbau zwischen den beiden Flügeln

Schloss Zell, Zell (Mosel)

stammt aus dem 18. Jahrhundert, an den Pfeilern des ehemaligen Hoftores befinden sich Steinfiguren der Diana und des Apolls aus der Zeit um 1760. Im Verlauf der Säkularisation wurde es von der Familie Koenen 1803 erworben. Wo im Jahre 1521 Kaiser Maximilian und 1847 der Preußenkönig Friedrich Wilhelm IV. weilten, können die heutigen Gäste alle Annehmlichkeiten des Schlosshotels genießen.

Schloss Monaise

54294 Zewen
Stadt Trier
Kreisfreie Stadt

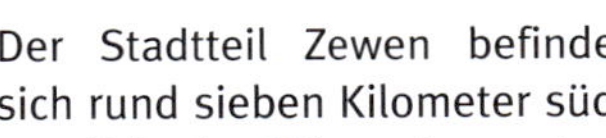

Der Stadtteil Zewen befindet sich rund sieben Kilometer südwestlich der Trierer Innenstadt an der Mosel, nahe bei Konz und der luxemburgischen Staatsgrenze. In den Feldern am linken Moselufer liegt das von François Ignace Mangin 1779 bis 1783 erbaute Lustschlösschen. Errichtet hatte er dieses für den Trierer Domdechanten und späteren Fürstbischof von Speyer, Philipp Nikolaus Graf von Walderdorff, vor den Toren der Stadt. Der Baustil geht auf den französischen Frühklassizismus zurück. Während des Zweiten Weltkrieges wurde die Anlage beschädigt und die Inneneinrichtung verwüstet sowie die Parkanlagen durch Nutzung als Campingplatz verunstaltet. Das Anwesen besteht aus einem hohen, dreigeschossigen Sockelbau. Im Zentrum zur Parkfront befinden sich vier ionische Kolossalsäulen vor einem zurückspringenden Balkon und Terrasse mit Sphinxen. Im Hauptgeschoss liegen nur drei größere Räume und durch Nebentreppen und eingebaute Kabinette erzielte man eine geschickte Raumausnutzung. Insgesamt zeichnet sich im Äußeren wie Inneren die kurze Epoche zwischen dem Rokoko und dem Klassizismus des Empire ab. Seit 1969 ist die Stadt Trier Eigentümer der Anlage und restaurierte von 1992 bis 1997 das Schloss Monaise, das von einem weitläufigen Park umgeben ist. Das Restaurant mit schöner Freiterrasse bietet viele Arrangements.

Schloss Monaise, Zewen

Herzogliches Schloss Zweibrücken

66482 Zweibrücken

Kreisfreie Stadt

Die kleinste kreisfreie Stadt Deutschlands liegt im Südwesten des Landes, unmittelbar an der Grenze zum Saarland. Der Vorgänger des heutigen Schlosses war eine im 12. Jahrhundert von den Grafen von Zweibrücken errichtete Burg zum Schutz einer benachbarten Handelsstraße. Nach Zerstörung 1677 im Holländischen Krieg errichtete man das Herzogliche Schloss von 1720 bis 1725 für Herzog Gustav Leopold Samuel nördlich der früheren Burg- und Schlossanlagen. Baudirektor war Jonas Erikson Sundahl aus Schweden, die Bauleitung hatten die Tiroler Maurermeister Johann und Georg Koch. Das Schloss diente den Herzögen aus dem Geschlecht der pfälzischen Wittelsbacher als Residenz. In ihm verbrachte auch Max I. Joseph, der spätere Thronfolger und 1806 erster König von Bayern, einige Jugendjahre. Sein Denkmal steht im Schlossgarten. Bei der Besetzung von Zweibrücken durch die Franzosen brannte man den herzoglichen Bau ab, dessen Ruine 1807 Napoleon der Stadt schenkte. Mit Unterstützung durch König Maximilian I. von Bayern wurde 1817 die Anlage wiederhergestellt. In der Mitte befand sich einst die katholische Kirche und im Ostflügel die Pfarrerwohnung, wogegen der Westflügel dem König als Absteigequartier diente. Im Jahre 1866 übernahm der Staat das Anwesen. Im 19. Jahrhundert als Kirche und Gericht genutzt, wurde der Bau ab 1867 zum Justizpalast ausgestaltet. Zum Ende des Zweiten Weltkrieges wurde das Schloss durch Bomben zerstört, von 1962 bis 1964 restauriert und 1965 war es weitgehend originalgetreu als Sitz des Pfälzischen Oberlandesgerichts und der Generalstaatsanwaltschaft hergestellt. Der Mittelrisalit trägt einen bogenförmigen Giebel mit Reliefwappen von Herzog Gustav Leopold Samuel.

Herzogliches Schloss Zweibrücken

Das Bundesland Saarland

Das Saarland liegt im Südwesten der Bundesrepublik Deutschland und wird von Rheinland-Pfalz im Norden und Osten eingeschlossen. Im Süden und Westen liegt Frankreich und ein geringer Landesteil von Luxemburg. Geprägt ist das kleine, in seiner Geschichte oft von Frankreich und Deutschland hin und hergerissene Ländchen im Norden durch das flachwellige Saar-Nahe-Hügelland. Den Süden und Osten nimmt ein niedrigeres, besonders im Saar- und Bliesgau fruchtbares Hügel- und Stufenland ein. Klein- und Mittelstädte sowie größere Dörfer prägen das Land. Zu den größten Städten zählen die Landeshauptstadt Saarbrücken, Neunkirchen, Völklingen und Saarlouis. Bewohnt war das Saarland, das im letzten Jahrhundert v. Chr. die Römer eroberten und wo sie zahlreiche Straßen anlegten, seit der Steinzeit. Im 5. Jahrhundert siedelten sich hier nach dem römischen Niedergang zwei Keltenstämme an. Es entwickelten sich Handelswege, woran der heutige Hunnenring und Wallanlagen erinnern, ebenso wie die reich ausgestatteten Gräber der damaligen Fürsten. Als die Franken seinerzeit die politische Macht im Saargebiet ergriffen, führten sie auch das Christentum ein und in den fruchtbaren Niederungen entstanden neue Dörfer. Die damalige Aufteilung zwischen den Bistümern Metz und Trier blieb bis zum Ende des 18. Jahrhunderts erhalten. Während des Dreißigjährigen Krieges wurde das kleine Land mit sagenhaftem Leid, Tod und Brandschatzungen heimgesucht. Ludwig der XIV. beanspruchte die linksrheinischen Gebiete und eroberte sie während der Reunionskriege. Im 18. Jahrhundert erfolgte der Wiederaufbau der Städte und Dörfer, vor allem durch die Baumeister Friedrich Joachim Stengel aus Zerbst und Christian Kretzschmar. Burgen wandelten sich in jener Zeit zu Schlössern. Im Jahre 1920 entstand das Saarland als politische Einheit durch den Versailler Vertrag. Aus dem Deutschen Reich ausgegliedert, unterstand es 15 Jahre lang dem Völkerbund und kam 1935 durch Volksabstimmung in das nationalsozialistische Deutsche Reich zurück. Nach dem Zweiten Weltkrieg gehörte das Gebiet bis 1947 zur französischen

Besatzungszone. Erst 1957 trat das Saarland der Bundesrepublik politisch bei und bekam 1959 die D-Mark. Historisch gesehen ist es eine sehr junge politische Einheit, die aus Gebieten Preußens und Bayerns der 1920er-Jahre hervorging. Während der Zeit der Französischen Revolution war die Region sehr zerrissen. Ihre vier bedeutenden Herrschaften waren die Grafschaft Saarbrücken, das Herzogtum Pfalz-Zweibrücken, das Kurfürstentum Trier und das Herzogtum Lothringen. In der Zeit des Ersten und Zweiten Weltkriegs geriet das Saarland, wie so oft vorher, unter französischen Einfluss. Das Land verfügt über bemerkenswerte Boden- und Baudenkmäler von europäischem Rang. So sind die keltischen und römischen Ausgrabungen an der Obermosel bei Perl und Nennig, im Bliesgau bei Bliesbrück-Reinheim, Schwarzenacker sowie Hunnenring in Otzenhausen zu nennen. Auf die Neuzeit verweist der barocke Ludwigsplatz und die Ludwigskirche in Saarbrücken sowie die zum Weltkulturerbe der UNESCO zählende „Alte Völklinger Hütte". Hier gibt es auch Burgen oder deren Relikte und sehenswerte Schlösser zu bestaunen, wenn auch bei Weitem nicht so zahlreich wie im Nachbarbundesland Rheinland-Pfalz. Das Schloss der Hauptstadt Saarbrücken präsentiert sich mit einem sehenswerten Museum.

Schlösser, Burgen & Herrensitze im Saarland von A–Z

Schloss Bietschied

66265 Bietschied
Gemeinde Heusweiler
Regionalverband Saarbrücken

Am Nordrand des Ortes Heusweiler durchquert die A 8 das Köllertal mit einer Anschlussstelle zur B 268. Das im Ortszentrum von Bietschied stehende ehemalige Schloss war einst das Hofgut des Wilhelm Heinrich Wahlster. Dieser hatte während der Französischen Revolution als Holzhändler, Saar- und Rheinflößer ein Vermögen angehäuft und richtete in Bietschied ein Gestüt ein, mit dem Wahlster den französischen Generalstab zur Zeit Napoleons III. mit Pferden versorgte. Das schlichte Schloss von 1743 wurde im Jahr 1771 erweitert, 1810 abgebrochen und im klassizistischen Stil neu gebaut. Im Innern befindet sich eine vorzügliche, stilistisch einheitliche Wandgliederung der Innenräume, durch kannelierte Pilaster mit korinthischen Kapitellen und sehr qualitätsvollem und reichem Stuck gestaltet, die 1965 restauriert wurde. Seit 1954 wird der Schlossbau als Rehazentrum der Saarbergwerke AG, später Deutsche Steinkohlen-AG betrieben und gehört heute zur Reha-Tagesklinik Knappschaft – Bahn – See. Zu bestimmten Anlässen finden hier auch Veranstaltungen statt.

Schoss Bietschied

Schloss Halberg

66121 Brebach
Stadt Saarbrücken
Landeshauptstadt

Brebach ist ein südöstlicher Stadtteil von Saarbrücken. Auf der Kuppe des Halbergs hat von 1709 bis 1711 Graf Ludwig Kraft von Nassau-Saarbrücken das barocke Lustschlösschen „Monplaisir" nach Plänen von Joseph C. Motte erbauen lassen. Friedrich Joachim Stengel vergrößerte 1755 die Anlage und gestaltete sie im Wesentlichen mit fürstlichem Tiergarten und einem Weinberg neu, in die 1772 Friedrich Köllner auch das Mithras-Heiligtum integrierte. In das in landschaftlich schöner Lage

Schloss Halberg, Brebach

befindliche Schloss zog sich Fürstin Wilhelmine, deren Ehe mit Ludwig zerrüttet war, gern mit ihrem Sohn, Erbprinz Heinrich von Nassau-Saarbrücken, zurück. Ende 1793, während der Koalitionskriege, wurde die Schlossanlage völlig zerstört. Prinz Heinrich verstarb im Exil, hinterließ im Testament den Wunsch, an der Stätte seiner glücklichen Kindheit bestattet zu werden, der ihm schließlich 1976 erfüllt wurde. Im Jahre 1875 kam der vermögende Montanunternehmer Carl Ferdinand Stumm, ab 1888 nobilitierter Freiherr von Stumm-Halberg, an den Besitz. Von 1877 bis 1880 ließ er ein neugotisches Schloss nach Entwürfen des Hannoveraner Architekten Edwin Oppler erbauen. Der weitläufige Landschaftspark wurde vom Frankfurter Gartenarchitekten Heinrich Siesmayer neu gestaltet. Prominentester Gast auf dem Anwesen war 1892 Kaiser Wilhelm II. Im Jahre 1936 wurde der Abriss der Anlage verhindert. 1939 zog der neue Reichssender Saarbrücken ein. Im Schloss residierte von 1948 bis 1952 der französische Generalgouverneur Gilbert Grandval, zog dann aber in den Neubau am Saarufer in Saarbrücken. Der prächtige Bau wurde massiv verändert, zudem schädigte ein Brand von 1958 das Schloss. Seit 1959 haben der Saarländische Rundfunk und das Landesstudio des ZDF ihren Platz in Nebengebäuden auf dem Gelände. Der Park und das Restaurant sind öffentlich zugänglich.

Schloss Buseck, Bubach-Calmesweiler

Schloss Buseck

66571 Bubach-Calmesweiler
Gemeinde Eppelborn
Landkreis Neunkirchen

Zwischen Lebach und Eppelborn, im Zentrum des Saarlandes gelegen, findet man Bubach-Calmesweiler. Versteckt in einem Park mit Teich liegt der gefällige Schlossbau von 1735. Freiherr Ernst Johann Philipp Hartmann von Buseck und seine Gemahlin Maria Freiin von Butlar ließen sich das Barockschloss am Südrand des Adenkreuzes, westlich der Straße von Bubach-Calmesweiler nach Macherbach, bauen. Über 200 Jahre, bis zur Französischen Revolution, blieb die Herrschaft Eppelborn-Calmesweiler im Besitz der Herren von Buseck, bis schließlich das Schloss mit Hofgut 1866 an die Freiherren von Thünefeld kam. Im Jahre 1937 übernahm Gräfin Gabriele von Andlau-Homburg, geborene Weber, den Buseck'schen Besitz. Als sie 1953 verstarb, übernahm das Anwesen die Erbengemeinschaft Weber. Die Gemeinde Eppelborn erwarb 1996 das Schlossgebäude mit Parkanlage und gab es ein Jahr später an den Architekten Bernd Wirtz weiter. Das schlichte Gebäude ist in Privatbesitz, doch der größte Teil des Parks mit Weiher gehört der Gemeinde und im Schloss werden Eheschließungen vollzogen. Ebenso werden Konzerte und Lesungen sowie wechselnde Ausstellungen gern besucht.

Schloss Dagstuhl

66687 Dagstuhl
Stadt Wadern
Landkreis Merzig-Wadern

Im Naturpark Saar-Hunsrück, zwischen Lebach und Hermeskeil gelegen, findet man Wadern mit seinem nördlich der Stadt gelegenen Stadtteil und Schloss. Erstmals wurde hier 1290 eine Burg urkundlich erwähnt, die 1270 durch den Ritter Boemund von Saarbrücken erbaut worden war. Sie war ein Vorposten Kurtriers gegen die Herren von Schwarzenberg. Die Grafen von Öttingen gelangten 1696 an die Herrschaft. Nachdem der junge Graf Joseph Anton die Regentschaft übernommen hatte, siedelte er 1758 nach Wadern um. Im Ergebnis der Französischen Revolution ging der Besitz an die Familie de Lasalle von Louisenthal. Das schlichte vornehme Schloss Dagstuhl mit Portalen und Altanen wurde 1760 von Graf Joseph Anton von Oettingen-Sötern als neuer Familiensitz erbaut. Im Innern liegt der „Weiße Saal" und mehrere figürlich geschnitzte Holztüren verraten das Geschick der damaligen Handwerker. Die Schlosskapelle Hl. Kreuz ist ein gestreckter achteckiger Saal von 1763. An der

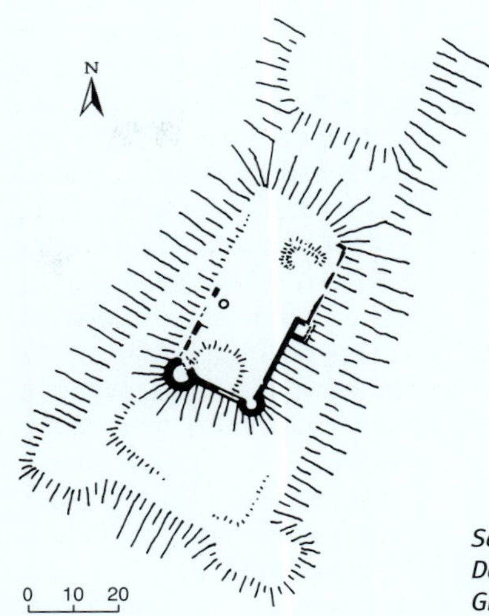

Schloss Dagstuhl, Grundriss

Schloss Dagstuhl

Südseite zum wappenbekrönten Portal hinauf führt eine stattliche Freitreppe in den achteckigen Saal, der 1840 von der damaligen Besitzerin, Octavie de Lasalle von Louisenthal, ausgemalt wurde. Als der letzte Erbe der adligen Familie 1957 starb, richteten Franziskusschwestern im Anwesen ein Altenheim ein, das später von den Franziskanerinnen von Waldbreitbach weitergeführt wurde. Nachdem diese das Schloss aufgeben mussten, kaufte das Saarland 1989 das Ensemble und richtete das Leibniz-Zentrum für Informatik ein. Nach der Freilegung der Fundamente in den 1980er-Jahren wurde auch der Grundriss der einstigen Burg erkennbar. Eine Besichtigung der sehr gepflegten Anlage ist von außen möglich.

Altes Schloss, Dillingen/Saar

Altes und Neues Schloss

66763 Dillingen/Saar

Landkreis Saarlouis

Dillingen liegt am Rand des Naturparks Saar-Hunsrück an der Mündung der Prims in die Saar, westlich der französischen Grenze und nördlich von Saarlouis.

Neues Schloss, Dillingen/Saar

Das **Alte Schloss** geht auf eine mittelalterliche vom Primsarm umflossene Burg zurück. Wilhelm Marzloff von Braubach ließ um 1600 die Burg abreißen und zu einem Renaissanceschloss umbauen, doch schon im Dreißigjährigen Krieg wurde dieses teilweise zerstört. Erhalten blieben der westliche Eckturm mit den beiden als Ruinen liegenden Trakten und der Torbau der Vorburg. Als Fürst Ludwig von Saarbrücken 1788 Schloss und Herrschaft Dillingen für seine Gemahlin erwarb, ließ er von 1789 bis 1791 durch Wilhelm Balthasar Stengel das Schloss umbauen. Nach der Zerstörung im Zweiten Weltkrieg wurde die Burg teilweise freigelegt und als Ruine konserviert. Vom Schloss blieben nur die Flügel entlang des Baches erhalten. Der etwas vorspringende Turm ist aus dem 17. Jahrhundert und an der Schlossinnenseite befindet sich ein Segmentgiebel. Von den Innenräumen blieb nichts erhalten. Im Alten Schloss finden jährlich der Kunsthandwerkermarkt sowie zahlreiche Konzerte statt. Auch die Ehe kann man in den Schlossräumen schließen.

Im rückwärtigen Gartenbereich des Alten Schlosses schließt sich ein Villengebäude der Dillinger Hütte an, das sogenannte **Neue Schloss**. Es ist bewohnt und nur von außen zu besichtigen. Beide Schlösser befinden sich in Privateigentum der Dillinger Hütten.

Schloss Düren

Schloss Düren

66794 Düren
Gemeinde Wallerfangen
Landkreis Saarlouis

Düren ist eines der mittelgroßen Dörfer auf dem Saarlouiser Gau, nahe der französischen Grenze, nördlich von Saarlouis. Es wurde erstmals 1069 urkundlich erwähnt. Düren wurde Herrensitz mit Gerichtsbarkeit, dem die Nachbardörfer Steuern zu bezahlen hatten. Das renovierte Schloss ist das Wahrzeichen des Ortes. Der hübsche Bau von sieben Achsen mit Mansarddach entstand um 1760 für Claude Ignace de Bely im Barockstil. Das Portal mit Freitreppe liegt in der Mittelachse und als übereinstimmendes Ensemble wurden das Schloss, der Schlosshof und die Schlosskapelle 1884 bis 1886 geschaffen. Die Schlosskapelle „Unsere Liebe Frau von Lourdes“ gestaltete in dieser Zeit Carl Friedrich Müller. Das Anwesen ist Privatbesitz, öffentlich nicht zugänglich, aber von außen zu besichtigen.

Liebenburg

66640 Eisweiler
Gemeinde Namborn
Landkreis St. Wendel

Eisweiler liegt nördlich von Sankt Wendel und östlich nahe Namborn. Bekanntestes Wahrzeichen ist die Ruine der Liebenburg auf dem Schlossberg zwischen den Dörfern Eisweiler und Hofeld. Um 1170 wurde die Höhenburg durch die Grafen von

Liebenburg, Eisweiler

Castel zur Sicherung ihrer Besitzungen erbaut und erstmals 1218 mit „Boemund von Liebenberg“ erwähnt. Dieser war seinerzeit Lehnsmann der Grafen von Zweibrücken. 1334 kam die Burganlage in den Besitz des Erzbischofs Balduin von Trier und wurde 1430 im Streit zwischen Ulrich von Manderscheid und Raban von Helmstatt um die Trierer Erzbischofs- und Kurwürde zerstört. Im Jahre 1479 wurde Heinrich von Sötern mit der Burg belehnt, die schließlich 1677 im Holländischen Krieg durch die Franzosen endgültig zerstört wurde. Anschließend diente die Anlage als Steinbruch. Mit Freilegungen und Ausgrabungen der Burganlage wurde 1926 durch den Landeskonservator begonnen und 1976 der Bergfried wieder aufgebaut, der heute als Aussichtsturm mit Trauzimmer dient. Vorhanden sind weiterhin noch ein Turm, Gebäude- und Brunnenrest. Die Anlage bildet eine gute Kulisse für mittelalterliche Ritterfeste, aber auch Burgführungen werden angeboten.

Teufelsburg

66802 Felsberg

Gemeinde Überherrn
Landkreis Saarlouis

Nördlich von Überherrn, nahe der französischen Staatsgrenze, findet man den kleinen Ort Felsberg mit der Burg Neufelsberg. Sie bietet einen grandiosen Ausblick auf das weite Saartal. Den Namen Teufelsburg erhielt die Anlage nach einer Sage, die berichtet: „Ein Ritter der Burg soll vor einem Duell einen Pakt mit dem Teufel geschlossen und seine Seele verkauft haben. Noch heute soll bisweilen sein Schrei

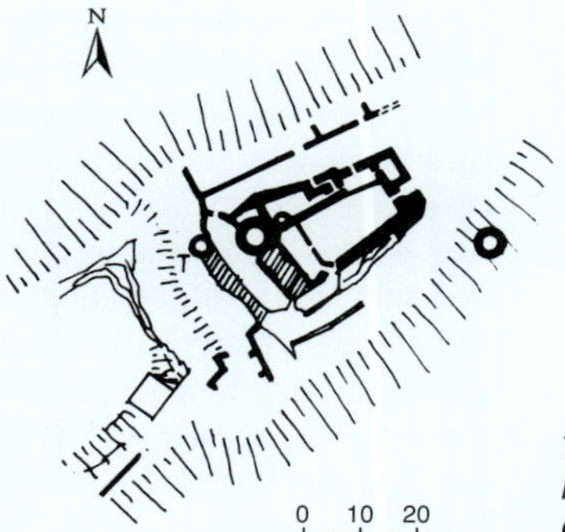

Teufelsburg, Felsberg, Grundriss

Felsberg

Teufelsburg, Felsberg

zu hören sein, wenn er in die Hölle fährt“. 1367 fand ein Vergleich zwischen Erzbischof Cuno von Trier, Arnould von Velsperg und den Edelknechten Johann von Swartzberg sowie Bertram von Gudinberg wegen Ausübung ihres Patronatsrechtes zu Bernkastel statt. Die erste urkundliche Erwähnung von Neufilsberg (Neu-Felsberg) geht auf das Jahr 1370 zurück. In diesem Jahr leistete auch Chevallier Arnould von Velsperg dem Herzog Johann von Lothringen den Lehnseid. Richard, der Sohn des Arnold von Felsberg, wurde Nachfolger auf der Burg und ehelichte Sophie von Mersch, deren Verbindung kinderlos blieb. Mit dem Tode Richards war der Mannesstamm des Geschlechts ausgestorben. Seine Witwe Sophie übernahm die Herrschaft Felsberg und heiratete Werner von Hutzing-Neuerburg. Nach dem Tode Sophies 1444 erbte ihr Sohn Johann von Hutzing die Burg und nannte sich Johann von Felsberg. Durch Heirat kam Bernhard von Pallant, Herr von Reuland, an Neufelsberg. Im Holländischen Krieg 1676 wurde die Burganlage zerstört und 1699 eine ruinöse und nicht mehr bewohnte Burg Neufelsberg in einem Dokument erwähnt, deren Steine für den Bau der Festung Saarlouis verwendet wurden. Die Teufelsburg bestand eigentlich aus zwei Teilbereichen, der Oberburg mit Vorburg und dem Alten Schloss sowie der Unterburg mit der Hauptburg. 1968 wurde vor allem die Unterburg in ihren Grundformen ergraben und die Fundamente sichtbar gemacht sowie die Oberburg 2009/10 restauriert. Das Alte Schloss wurde gänzlich als Steinbruch abgetragen. Im Innern der Anlage befindet sich ein kleines Museum mit Funden von Ausgrabungen, das nach Voranmeldung mit Führung besichtigt werden kann. Die von der Fördergemeinschaft Teufelsburg ausgerichteten Burgfeste zählen zu den kulturellen Höhepunkten in der Gemeinde.

Schloss Fremersdorf

66780 Fremersdorf

Gemeinde Rehlingen-Siersburg
Landkreis Saarlouis

Fremersdorf liegt zwischen Rehlingen-Siersburg und Merzig an der A 8, nahe der französischen Grenze. Die Siedlung war im Mittelalter Sitz eines Rittergeschlechtes von Frummerstorf. Eine Lehnsurkunde von 1430 sagt aus, dass Fremersdorf als Dorf aufgeführt war und Hesse von Esch von Graf Johann von Saarbrücken mit dem „Dorf Frimmersdorf uff der Saar gelegen“ belehnt wurde. Bis zu ihrem Aussterben in der ersten Hälfte des 14. Jahrhunderts war das Schloss Stammsitz der Herren von Fremersdorf und 1581 wurde es Lothringer Lehen. Von dieser mittelalterlichen Burg- und Schlossanlage ist nichts erhalten geblieben. Die Herren von Braubach bauten zu Beginn des 17. Jahrhunderts einen Neubau mit einer 1622 bezeugten Schlosskapelle. Heute stehen von dieser Anlage nur noch die

Schloss Fremersdorf

vier viereckigen Türme an der Rückseite des Schlosses. 1775 begann der Schlossneubau. Die Jahreszahlen der einzelnen Gebäude informieren über ihre Entstehungszeit. Mit dem Hauptbau von 1797 war die Gesamtanlage unter Gaspard Jean de Renauld fertiggestellt. Sie wird durch eine gequaderte Mittelachse als Portalrisalit mit schmiedeeisernem Balkongitter betont. Eine besondere Zierde waren neun reizvolle Puttengruppen der vier Elemente, vier Jahreszeiten und der fünf Sinne im Park aus der Zeit um 1775, wie von Ferdinand Dietz. Von ihnen hat nur eine Gruppe den Zweiten Weltkrieg überdauert. Das Schloss birgt stilvolle, zum Teil getäfelte Innenräume und Ahnenbilder der Familie von Boch. Weithin erstreckt sich bis zur Saar der Park mit sehenswertem Baumbestand. Das Anwesen ist in Privatbesitz und kann nur von außen eingesehen werden.

Schloss Großhemmersdorf

66780 Hemmersdorf
Gemeinde Rehlingen-Siersburg
Landkreis Saarlouis

Angrenzend an Frankreich im Westen, nordwestlich von Saarlouis, ist das im Besitz der Ritter von Hymmersdorf 1150 erstmals urkundlich erwähnte Hemmersdorf mit einem festen Haus zu

Schloss Großhemmersdorf, Hemmersdorf

Schloss Fellenberg, Hilbringen

finden. Im Jahre 1450 ging das Lehen in den Besitz der Familie Bechel über, das 1589 an Johann Zandt von Merl weiterveräußert wurde. Um 1670 erfolgte ein größerer Schlossbau durch diese Familie. 1719, nach Erwerb der Rechte und Güter durch Graf Franz Duhan, wurde er erweitert. Erhalten blieb vom Schlossareal der Hof mit dem rückwärtig dreigeschossigen Herrenhaus, das ein kräftiges Quaderpilasterportal aufweist und aus mehreren Bauten zusammengewachsen ist. Im hinteren Bereich des Hauses war ein Wassergraben mit Zugbrücke angelegt worden und zur Straße hin eine hohe Mauer, was auf einen wehrhaften Charakter hinweist. Von 1810 bis 1816 verkaufte man in einzelnen Teilen das Anwesen, das damit seinen einst geschlossenen Gesamteindruck verlor. Die Häuser sind restauriert und das erwähnte Portal bekam frühere Form und Aussehen zurück. Um den Erhalt und die Sanierung der Anlage bemühen sich aufopferungsvoll die heutigen Besitzer.

Schloss Fellenberg

66663 Hilbringen
Stadt Merzig
Landkreis Merzig-Wadern

Hilbringen ist ein Stadtteil südwestlich von Merzig an der A 8, unweit der französischen Grenze. Das auf einer kleinen Anhöhe über dem Ort stehende Schloss hatte hier im Mittelalter eine Vorgängerburg des Geschlechtes Hess von Hilbringen. Schloss Fellenberg wurde ursprünglich als Lohmühle erbaut und nach 1858 vom Schweizer Fabrikanten Wilhelm Tell von Fellenberg zu einem repräsentativen schlossartigen Bau umgestaltet. Es ist ein zweigeteiltes Bauwerk, dessen größerer Teil mehrgeschossig und schlichter gehalten ist. Dagegen besteht der kleinere aus rotem Sandstein mit Erker, Türmchen und einem Wasserspeier. Fellenbach wurde 1798 bei Bern geboren, heiratete 1828 Rosalie Virginie Boch und starb 1880 in Merzig. Das Schloss fiel an die Familie Boch, nachdem das kinderlose Vorgängerpaar verstorben war. Das Anwesen wurde von 1912 bis 1919 an den Landkreis vermietet und war Wohnsitz des jeweiligen Landrates. Im Jahre 1934 kaufte der Kreis das Anwesen und richtete ein Altenheim ein, dem später eine Krankenstation angeschlossen wurde. Seit 1980 beherbergt die Schlossanlage ein Museum und wurde von 1997 bis 2000 saniert. Neben dem Museum mit regionalgeschichtlicher Ausstellung schlossen sich ein Archiv und eine Bibliothek an. Im weitläufigen Park finden die Ausstellung „Im Garten der Künste“ mit Skulpturen von Künstlern und Konzerte statt. Der Garten ist für die Öffentlichkeit frei zugänglich.

Burg Kerpen

66557 Illingen

Landkreis Neunkirchen

Etwa 20 Kilometer nördlich von Saarbrücken ist der staatlich anerkannte und erstmals 983 erwähnte Erholungsort Illingen zu finden, mit seiner mitten im Ort liegenden Burg Kerpen. Die

Burg Kerpen, Illingen

Burg Kerpen, Illingen

genaue Entstehungszeit der Wasserburg ist weitgehend im Dunkeln, doch 1359 hatte sie ihre erste urkundliche Erwähnung. In der Urkunde ließ Dietrich V. von Kerpen vermerken, dass die Burg zu „Ildingen" alter Besitz der Grafen von Saarwerden sei, den er von diesen zu Lehen bekam. Im 16. Jahrhundert hatte man die Wasserburg völlig neu gestaltet, die zudem noch eine Vorburg erhielt. Die Hauptburg umschließt einen rechteckigen Hof, an dessen Südwestecke sich Reste eines quadratischen Turmes befinden. Nach dem Zweiten Weltkrieg wurde der Rundturm, in dem sich die Burgkapelle mit Sternrippengewölbe befindet, an der Südostecke wieder aufgebaut. Die Vorburg birgt noch den niedrigen Torturm, Wohnbau und stattliche Toranlage mit Wehrturm des 17. Jahrhunderts. Die Innenseite über der Durchfahrt zeigt das Ehewappen Hans von Kerpen und Anna, geborene von Cronberg, datiert mit der Jahreszahl 1605. Anstelle der ursprünglichen Zugbrücke hatte man wohl im 18. Jahrhundert eine steinerne erbaut. Während des Dreißigjährigen und Holländischen Krieges wurde die Anlage mehrfach zerstört, jedoch immer wieder aufgebaut. Im Jahre 1830 verkaufte man das Anwesen, das zu verfallen be-

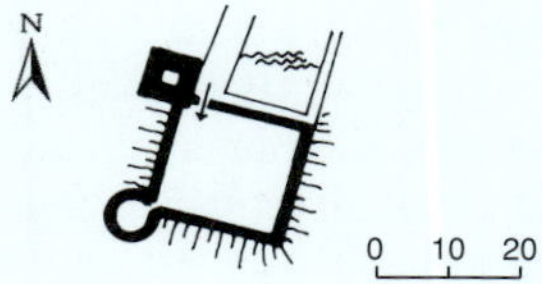

Burg Kerpen, Illingen, Grundriss

Jägersburg

Schloss Gustavsburg, Jägersburg

gann und als Steinbruch genutzt wurde. Die verbliebenen Relikte der Wasserburg wurden in den Hotelbau von 1998 einbezogen. In den Park mit Weiher lädt man vor allem im Juli zum Burg- und Weiherfest ein.

Schloss Gustavsburg

66424 Jägersburg
Stadt Homburg
Saarpfalz-Kreis

Jägersburg entstand um 750 auf den Resten einer keltischen Siedlung als Hattweiler, nordwestlich von Homburg an der B 423 und erhielt seinen heutigen Namen erst 1749. Im Jahre 1590 ließ Pfalzgraf Johann I. die mittelalterliche Wasserburg im ursprünglichen Hattweiler zu einem Schloss umbauen. Man ließ 1622 für eine bessere Bewachung und Verteidigung einen Turm errichten. Anstelle des im Dreißigjährigen Krieg abgebrannten Schlosses entstand 1666 unter Herzog Friedrich Ludwig ein Wohnbau mit Scheuer und Stallung. Die Kapelle von 1720 und den heutigen Wohnbau von 1721 ließ Herzog Gustav Samuel Leopold von Zweibrücken nach Plänen des Hofarchitekten J. E. Sundahl errichten und nannte sie Gustavsburg, woran das herzogliche Wappen erinnert. 1803 ersteigerte Förster Christian Lindemann das Schloss, das 1842 in den Besitz der bayerischen Forstverwaltung kam. Schließlich übernahm 1973 die Gemeinde das historische Gebäude und ließ es von 1978 bis 1981 restaurieren. Heute ist die Burg im Besitz der Stadt Homburg und beherbergt das Burg- und Schlossmuseum. Der Saal im Obergeschoss steht für Ausstellungen, Konzerte und Feste zur Verfügung. In der Kapelle und im Festsaal können Brautpaare die Ehe schließen und feiern. Neben dem Museum hat auch der Heimat- und Verkehrsverein hier seinen Sitz. Im Hof des Schlosses werden Jagdmessen und Märkte zur Weihnachtszeit durchgeführt sowie Strandfeste organisiert.

Jagdschloss Karlsbrunn

66352 Karlsbrunn
Gemeinde Großrosseln
Regionalverband Saarbrücken

Karlsbrunn liegt in einem Wiesental, 1717 gegründet, das zum größten Teil von Wald umgeben ist und sich direkt an der französischen Grenze südwestlich von Großrosseln befindet. Im damaligen Jagdrevier ließ sich Fürst Ludwig das Jagdschloss errichten, den Mittelbau 1783 nach Entwürfen von Johann Philipp von Welling, dem 1786 die beiden Seitenflügel von Friedrich J. Stengels Sohn Balthasar angefügt wurden. Der barocke Gebäudekomplex auf hoher Terrasse schließt einen Ehrenhof mit Freitreppe, ein Schildhaus und einen Brunnenschacht ein. An der Hofseite eine Freitreppe mit steinernem Wachhäuschen davor, die man 1768 bis 1793 nach Plänen von Philipp von Welling für Fürst Ludwig errichtete. Der Bau diente den fürstlichen Jagdgesellschaften, bis 1842 die Staatliche Forstverwaltung in das Schloss einzog. Noch heute lässt sich das Anliegen zur Gestaltung eines Naturgartens der ab 1840 ansässigen Oberförster erkennen. Seltene Bäume fanden in der Folge hier eine neue Heimat. Unter dem Motto „Gärten ohne Grenzen“ wurde 2008 im Rahmen eines internationalen Gartenprojektes der Forstgarten der Öffentlichkeit zugänglich gemacht. Im Schloss ist ein Trauzimmer eingerichtet, es finden Konzerte und Lesungen statt und im Restaurant kann man zwischen zahlreichen regionstypischen Spezialitäten wählen.

Jagdschloss Karlsbrunn

Kirkel-Neuhäusel

Burg Kirkel

66459 Kirkel-Neuhäusel
Saarpfalz-Kreis

Kirkel-Neuhäusel liegt im Osten des Bundeslandes zwischen St. Ingbert und Zweibrücken,nördlich von Blieskastel. Zu Beginn stand hier, vermutlich vom Bliesgrafen Gottfried von Kirkel, eine erstmals 1075 genannte bescheidene Burganlage, die erst im Laufe der Jahrhunderte zu einer wehrhaften Feste wurde. 1251 erwähnte man die Burg in einer Urkunde als Reichsfeste, die vom König als Lehen an die Grafen von Saarwerden vergeben war. Ihre Aufgabe bestand in der Sicherung der Straße von Worms nach Metz. Nach dem Aussterben der Grafen von Kirkel 1386 belehnte König Wenzel 1387 den Pfalzgrafen Ruprecht I. mit der Burg, der aber bereits 1390 verstarb. Im 13. und 14. Jahrhundert war sie Sitz der Herren von Kirkel aus dem Geschlecht der Grafen von Saarwerden. Von 1410 bis 1793 erfreuten sich die Herzöge von Zweibrücken an dem Anwesen. Herzog Johann I. baute die Anlage Ende des 16. Jahrhunderts um, die damit einen schlossartigen Charakter erhielt. Leitender Baumeister dieser Zeit war Heinrich Pamiel und der Bildhauer Thomas Falleysen. Der Dreißigjährige Krieg machte dem höfischen Leben ein Ende. 1635 rückten die kaiserlichen Truppen ein, die die Anlage mehrfach niederbrannte. 1689 wurde sie im Pfälzischen Erbfolgekrieg von den Franzosen völlig zerstört. Sie diente als Steinbruch. Während des Zweiten Weltkrieges wurde der Rest der Burganlage beschädigt. Verblieben sind nur geringe Teile der Burg mit dem nördlichen, 1955 renovierten Turm, dem Wahrzeichen von Kirkel-Neuhäusel. Das Museum befindet sich unterhalb der

Burg Kirkel, Kirkel-Neuhäusel

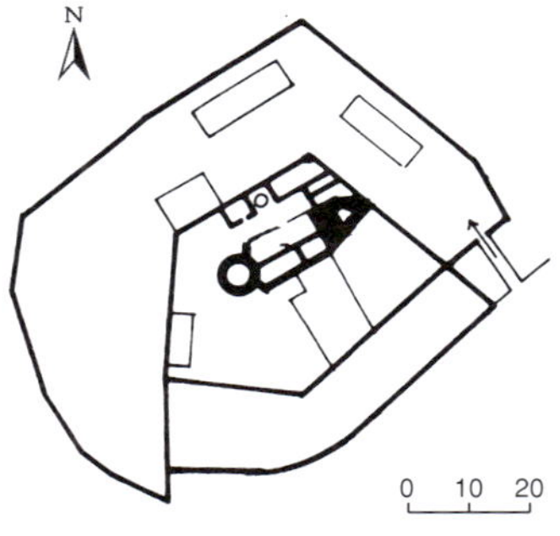

Burg Kirkel, Kirkel-Neuhäusel, Grundriss

Merburg, Kirrberg

Burg. Besuchermagnet sind die zahlreichen Feste an und auf der Burg.

Merburg

66424 Kirrberg
Stadt Homburg
Saarpfalz-Kreis

An der Grenze zu Rheinland-Pfalz, am östlichen Rand des Saarlands gelegen, ist Kirrberg nur wenige Kilometer von Zweibrücken zu finden. Im 11. Jahrhundert stand hier eine der ältesten und kleinsten Burgen des Landes, deren spärliche Reste auf dem aus dem Tal des Lambsbaches herausragenden Malafelsen stehen. Vermutet wird ihre Errichtung in der Zeit zwischen 1024 und 1080. 1172 wurden erstmals die Ritter von der Merburg als Ministeriale erwähnt. Schon Ende des 12. und Anfang des 13. Jahrhunderts wurde die Burg vermutlich zugunsten der Hohenburg bei Homburg wegen der strategisch besseren Lage aufgegeben. Die Merburg bekam ihre erstmalige Nennung in einer Beschreibung der Ämter Zweibrücken und Kirkel durch den Amtmann Tilemann Stella aus dem Jahr 1564. Sie besaß einen achteckigen Bergfried, ein festes Haus und eine umgebende Ringmauer. Sparsame Ausgrabungen erfolgten in den Jahren 1930 bis 1932 und systematische Sondierungen bei Ausgrabungen 1975 bis 1980. Keramikfunde aus dem 10. und 11. Jahrhundert verweisen auf die frühe Besiedlung. Das Gesamtareal ist malerisch am Weiher gelegen, mit kleinem Bistro und Fischteich.

Schloss Saareck
Schloss Ziegelberg

66693 Mettlach
Landkreis Merzig-Wadern

Mettlach liegt nördlich von Merzig an der B 51 und an der Saarschleife.

Schloss Saareck wurde von 1901 bis 1903 durch René von Boch-Galhau und den Mainzer Architekten Player in einem Park gegenüber der Abtei auf der anderen Saarseite erbaut, mit einem gewaltigen viereckigen Turm. Es diente zunächst Ersterem als Wohnhaus der Familie, und nach seinem Tod im Jahre 1908 übernahm sein Sohn Luitwin das Schloss, ließ es 1911 durch Anbauten verändern und vergrößern. Bis zum Ausbruch des Zweiten Weltkrieges blieb Schloss Saareck im Besitz der Familie von Boch. Während des Zweiten Weltkrieges diente der Herrensitz als Lazarett und als Verwaltungsgebäude der französischen Besatzungstruppen. Schließlich bekam 1954 die Familie Villeroy und Boch ihren Besitz zurück. Ein gepflegter Landschaftspark umgibt die Schlossanlage, die heute als Gästehaus des weltbekannten Keramikunternehmens geführt wird.

Schloss Saareck, Mettlach

Schloss Ziegelberg wurde 1878/79 für die Familie des Edmund von Boch als Wohn-Villa mit Nebengebäude errichtet, 1889 sowie 1907 erweitert und ein Park angelegt. Die in typischen französischen Formen geschaffene Villa kam 1939 an die Gemeinde Mettlach durch Verkauf und wurde als Kinderferienheim genutzt. Im Jahre 1977 erfolgte eine aufwendige Renovierung mit anschließender Unterbringung des Keramikmuseums, das heute in die ehemalige Benediktinerabtei verlegt wurde. Die Räumlichkeiten des Erdgeschosses und ersten Stockwerks wurden annähernd in den ursprünglichen Zustand zurückversetzt. Der seit 1990 gepachtete Schlosskeller und Restaurantbereich, seit 2004 mit Gartenterrasse und herrlicher Aussicht, kam hinzu.

Schloss Ziegelberg, Mettlach

Schloss Münchweiler

66687 Münchweiler

Stadt Wadern

Landkreis Merzig-Wadern

Im Naturpark Saar-Hunsrück ist nordwestlich von Nunkirchen das erstmals urkundlich 1147 erwähnte Münchweiler zu finden. Im 13. Jahrhundert war es ein befestigtes Hofgut der Abtei St. Maximin in Trier. 1752 ging es in Adelsbesitz an Reichsfreiherrn Franz Georg Zandt von Merl zu Weiskirchen. Es entstand eine großzügige barocke Anlage um einen rechteckigen Hof. An der Rückseite das dreiflüglige Herrenhaus, mit angrenzendem Schlosspark und Wirtschaftsge-

Schloss Münchweiler

bäuden. Die Mitte des Schlosses ziert ein prächtiges Portal von 1752 mit zweiläufiger Freitreppe. Die Seitenflügel tragen Attikaaufsatz und Schweifgiebel, von Vasen bekrönt. Der Bau wird dem Baumeister Christian Kretschmar oder seinem Umfeld zugeschrieben. Das Anwesen ist in Privatbesitz eines Nachfahren des Erbauers und wurde 1999/ 2000 in achter Generation umfassend zum Hotel hergerichtet und bietet sich mit seinen Räumlichkeiten für Tagungen und Feste aller Art an.

Niederburg, Nennig

Niederburg Schloss Berg

66706 Nennig
Gemeinde Perl
Landkreis Merzig-Wadern

Nennig liegt nördlich von Perl, unmittelbar an der luxemburgischen Staatsgrenze.
Zwei ehemalige Wasserburgen, Oberburg und **Niederburg**, bildeten den Gebäudekomplex um einen gemeinsamen Hof. Errichtet wurde die Niederburg im 12. Jahrhundert von den Edelherren von Berg von Walecourt, aus Lothringen stammend. Nach dem Aussterben der Lothringer Herzöge im Mannesstamm ging die Anlage 1431 an das französische Haus Anjou über, das 1769 in einem Tauschvertrag von Frankreich an die Habsburger des Herzogtums Luxemburg ging. Im Jahre 1580 wurden beide Anlagen zu einem großzügigen Schlossbau umgestaltet, dem nochmals 1705 bis 1709 Um- und Anbau folgte. Bei den Angriffen um die Moselübergänge 1944/45 wurde die Anlage größtenteils zerstört.

Auf **Schloss Berg** der Edelherren Ludwig und Aegidius von Berg beherrschen nach den An- und Umbauten zu Beginn des 18. Jahrhunderts der rechtecki-

Schloss Berg, Nennig

ge Wohnturm und die aufgesetzten Rundtürmchen auf dem Hauptbau noch heute das Gesamtbild. Der Wiederaufbau nach Kriegsende erfolgte von 1955 bis 1958, nachdem das Saarland das Schloss 1950 gekauft hatte. Das malerisch inmitten von Weinbergen gelegene Schloss, das bis 1984 ein Schullandheim gewesen war, wird seit 1990 als Luxushotel mit Gourmetrestaurant und Spielcasino geführt. Der Renaissancegarten entstand im Rahmen des Projektes „Gärten ohne Grenzen" neu und ist ganzjährig geöffnet. Der Garten ist von Mauern und Hecken umfriedet und die bepflanzte Pergola ist wesentlicher Bestandteil dieser Art Gärten.

Annahof

66440 Niederwürzbach
Stadt Blieskastel
Saarpfalz-Kreis

Niederwürzbach liegt am Rande des Bliesgaus, westlich von

Annahof, Niederwürzbach

Burg Veldenz, Nohfelden

Blieskastel. Gräfin Marianne von der Leyen, geborene von Dalberg, erhielt 1773 von ihrem Mann, Reichsgraf Franz Karl von der Leyen, den Annahof zum „Genuss und zum Vergnügen" als Weihnachtsgeschenk. Eigentlich sollte das Kleinod dazu beitragen, das Taschengeld der Gräfin aufzubessern, das man früher wohl als Nadelgeld bezeichnete. Hofgärtner Simon Glattfelder errichtete den zweigeschossigen Wohnbau in ruhiger Lage am Weiher im Jahre 1788. Den bereits vorhandenen Mitteltrakt ließ Marianne durch zwei Rundflügel ergänzen, wodurch sich ein ovaler Innenhof bildete. Friedrich Ludwig von Sckell entwarf die Pläne zur Gartengestaltung, zu der auch Johann Christian von Mannlich herangezogen wurde, wobei die Ausführung Simon Glattfelder oblag. Schon 1793 fand hier ihr Aufenthalt durch den Einfall der französischen Revolutionstruppen ein Ende, die große Teile des feudalen Besitzes dem Erdboden gleich machten. Erst 1917 wurden die Rundflügel durch einen weiteren Anbau erweitert, dem sich an den Enden vier Türme anschlossen, von denen einer im Zweiten Weltkrieg zerstört wurde. Im Tal und um den Weiher gruppierten sich verschiedene Gebäude wie die Mühle, der „Dudelsack", der rote Bau und die Philippsburg, eingebettet in einen riesigen englischen Garten. Heute befindet sich der Annahof wiederum in Privatbesitz und wird als Hotel sowie für Feierlichkeiten aller Art am See in idyllischer Lage geführt.

Burg Veldenz

66625 Nohfelden

Landkreis St. Wendel

Die Kleinstadt Nohfelden liegt im Norden des Bundeslandes, unmittelbar an der Landesgrenze zu Rheinland-Pfalz. Die frühere Höhenburg, deren Erbauer 1280 ein Wilhelm Bossel II. vom Stein gewesen war, der aus Oberstein an der Nahe stammte, wurde erstmals 1285 urkundlich erwähnt. Bossel II. musste urkundlich dem Grafen von Veldenz das Öffnungsrecht an seiner Burg zugestehen. Als diese Familie ausstarb, kam die Burg an die Grafen von Veldenz und Mitte des 15. Jahrhunderts an die Herzöge von Pfalz-Zweibrücken. Ein trauriges Schicksal ereilte 1490 den Herzog Caspar von Pfalz-Zweibrücken, den sein jüngerer Bruder bis zu seinem Tode 1527 wegen Wahnsinns auf der Burg festhielt. Eine Erweiterung erfuhr die Burganlage zum Ende des 15. Jahrhunderts und blieb bis zur Französischen Revolution Sitz eines Amtes. Im Jahre 1661 verstarb Herzog Friedrich auf der Burg. 1804 ersteigerten sie die Brüder Cetto aus St. Wende, sie verfiel schließlich zur Ruine und diente als Baumaterial. Die Reste liegen auf einer Bergnase durch einen Halsgraben vom Bergrücken getrennt. Erhalten blieb der hohe runde Bergfried, der weithin das Ortsbild beherrscht, sowie eine viereckige Ringmauer. 1971 wurde vom Palas das Kellergeschoss bei Instandsetzungsarbeiten freigelegt und ein Ziehbrunnen festgestellt. Heute befindet sich die Burg im Gemeindebesitz, Führungen werden angeboten.

Schloss Saarbrücken

66119 Saarbrücken

Landeshauptstadt

Das barocke Schloss steht im Stadtteil Alt-Saarbrücken der

Schloss Saarbrücken

Saarbrücken

Landeshauptstadt am linken Ufer der Saar. Erstmals 999 wurde ein kaiserliches Castell Sarabruca erwähnt und 1009 eine Veste Sarebrugka. Das heutige Schloss steht somit auf dem Standort von zwei Vorgängerbauten, einer mittelalterlichen Burg und einem Renaissanceschloss. Heinrich Höer gab eine klare Darstellung der Schlossanlage des 17. Jahrhunderts in seinen hinterlassenen Handzeichnungen. Sie wurde als Vierflügelanlage mit trapezförmigem Haupthof innerhalb eines Berings mit Bastionen, Türmen, Mauern, Torbauten und Gräben dargestellt. Im Jahre 1677 wurde sie durch kaiserliche Truppen zerstört. 1696 unter Architekt Josef C. Motte, im Auftrag der Witwe Gustav Adolfs von Nassau-Saarbrücken, Gräfin Eleonore Clara von Hohenlohe-Gleichen, wieder mit zum Garten offenem Schlosshof hergestellt. Der Bergfried aus der Stauferzeit prägte den Westflügel und der Gartenbereich wurde als terrassierter Barockgarten bis ins Tal erweitert. Die Treppentürme in den vier Ecken der Anlage waren mit Schweifhauben gedeckt. Im Jahre 1728 kam der Besitz nach dem Tode Friedrich Ludwigs von Nassau-Saarbrücken an das Haus Nassau zurück und 1735 teilte Fürstin Charlotte Amalie von Nassau-Usingen die Erblande unter ihren Söhnen auf. 1741 übernahmen die Söhne die Regierung. Sie beauftragten den Architekten Friedrich Joachim Stengel aus Zerbst mit der Fertigung eines Gutachtens über den baulichen Zustand des Schlosses. Auch Unterlagen über einen Schlossneubau soll es gegeben haben, der dann auch bald erfolgte. Dieser wurde anstelle des Vorgängerbaus auf dem Saarfelsen errichtet und in das Stadtbild 1748 als zur Stadt geöffnete Dreiflügelanlage eingefügt. Sie wurde fürstlicher Wohn-, Verwaltungs- und Repräsentationssitz. In das Schloss gelangte man über den Ehrenhof und drei Hauptportale im Mittelpavillon. 1793 wurde während der Französischen Revolution das Barockschloss zum Teil durch Brand zerstört. Es wurde 1810 wieder als Wohnhausanlage für Bürgerfamilien von Baumeister Johann Adam Knipper aufgebaut. Stückweise kam von 1908 bis 1920 der Landkreis Saarbrücken in den Besitz des Schlosses und 1938 bekam der hofseitige Mittelbau eine neobarocke Fassade mit Freitreppe vor dem Ehrenhof. Auch im Zweiten Weltkrieg wurde die Schlossanlage beschädigt, doch 1947/48 wiederhergestellt. Doch in der Folge war der Bau 1969 marode, was eine Sanierung unumgänglich mach-

Öttinger Schlösschen, Wadern

te. Selbst der Abbruch wurde in Erwägung gezogen. Aber von 1982 bis 1989 erfolgte die umfassende Sanierung. Heute dient das Schloss als Verwaltungssitz des Regionalverbandes Saarbrücken und im Gewölbekeller und einem Anbau befinden sich die Ausstellungsräume des Historischen Museums Saar. Unter dem Schlossplatz wurden zwischen 2003 und 2007 Teile der Burganlage mit den Kasematten freigelegt, die für Besucher zugänglich sind. Im Schloss und Schlossgarten werden verschiedene Veranstaltungen durchgeführt und Führungen mit dem Schlossgespenst erfreuen sich besonders bei den Kindern großer Beliebtheit.

Öttinger Schlösschen

66687 Wadern

Landkreis Merzig-Wadern

Nördlich von Saarlouis liegt zwischen Nunkirchen und Hermeskeil, am Fuß des Schwarzwälder Hochwaldes, das Städtchen Wadern mit seinem Öttinger Schlösschen.

Der Barockbau entstand 1788 durch C. Kretschmar für Gräfin Christiane, die Gemahlin von Joseph Anton von Oettingen-Söttern, vermutlich als Wohnsitz. Der fünfachsige Bau mit Freitreppe, Mittelportal und Walmdach kam nach dem Ende der fürstlichen Herrschaft 1794 in private Hände und wurde noch vor der Übernahme durch die

Gemeinde als Apotheke genutzt. Mit der Stadtgründung 1978 wurde ein Museum mit historischer Entwicklung der Stadt Wadern und des Hochwaldraumes sowie mit einer Mineralien-, Gemälde- und Hausratausstellung im Schlösschen eingerichtet. 2012 war dieses wegen Neustrukturierung geschlossen.

Schloss Villeroy

66798 Wallerfangen

Landkreis Saarlouis

Schloss Villeroy, Wallerfangen

Das in Privatbesitz befindliche zweigeschossige Schloss Villeroy de Galhau mit einem Mittelrisalit steht im Ort Wallerfangen, nördlich von Saarlouis im Flusstal an der A 8. Ende des 18. Jahrhunderts entstand in Wallerfangen eine Steingutfabrik durch Nicolas Villeroy. Daraus entwickelten sich die Keramischen Werke von Villeroy und Boch. Diese brachten dem Ort einen Aufschwung und bei Wallerfangen entstanden mehrere Schlösser. Das Schloss Villeroy entstand 1794 für Lasalle de Bombon en Brie. An seiner Nordseite erfolgte Mitte des 19. Jahrhunderts ein Anbau, der sich im Stil eines französischen Landschlosses präsentierte. Auf der Saarseite eine doppelläufige Freitreppe und über dem

Portal ein Balkon. Die Nebengebäude auf dem Areal entstanden vorwiegend in der Zeit um 1850. Die Gesamtanlage wird von einem Garten und weitläufigen Park umgeben und ist als Privatbesitz nicht zugänglich.

Schloss Gutenbrunn

66424 Wörschweiler-Gutenbrunn

Stadt Homburg

Saarpfalz-Kreis

Im Gutenbrunner Tal, zwischen Wörschweiler und dem Ortsteil Bierbach, südlich von Homburg und nordwestlich von Zweibrücken, ist das Hofgut und Schloss Gutenbrunn zu finden. Herzog Gustav Samuel Leopold von Pfalz-Zweibrücken ließ 1723 bis 1725 für seine Ehefrau Luise Dorothea, Gräfin von Hoffmann, durch Charles François Duchesnois das Schloss Louisenthal erbauen. Der Anlage wurde 1725 die Schlosskapelle hinzugebaut. Als 1793 die Französischen Revolutionstruppen durch die Region zogen, wurde das Schloss stark beschädigt, worauf der Zentralbau 1802 abgerissen wurde. Erhalten blieben nur die Kapelle und ein Seitenflügel der Schlossanlage. Des Weiteren befinden sich auf dem Areal Bauten und Anlagen, die zum Teil aus der zweiten Hälfte des 18. Jahrhunderts stammen. 1827 kam die Familie Lilier in den Besitz von Schloss und Hof Gutenbrunn. Das es sich heute wieder in Privatbesitz befindet, kann die Schlossanlage mit englischem Park und Weiher nicht besichtigt werden. Das Gesamtensemble „Schloss und Hof Gutenbrunn“ ist ein geschütztes Baudenkmal.

Schloss Gutenbrunn, Wörschweiler-Gutenbrunn

Objektregister

Rheinland-Pfalz

Objektregister Rheinland-Pfalz

Objektregister Rheinland-Pfalz

Objektregister Rheinland-Pfalz

Objektregister Rheinland-Pfalz

Objektregister Rheinland-Pfalz

Objektregister Rheinland-Pfalz

Objektregister Saarland

Objekt	PLZ/Ort		Seite	Objektnr.
Marienburg	56856	Zell (Mosel)	256	**221**
Schloss Zell	56856	Zell (Mosel)	257	**222**
Schloss Monaise	54294	Zewen – Stadt Trier	258	**223**
Herzogl. Schloss Zweibrücken	66482	Zweibrücken	259	**224**

Saarland

Objekt	PLZ/Ort		Seite	Objektnr.
Schloss Bietschied	66265	Bietschied – Gem. Heusweiler	264	**225**
Schloss Halberg	66121	Brebach – Stadt Saarbrücken	264	**226**
Schloss Buseck	66571	Bubach-Calmesweiler – Gem. Eppelborn	266	**227**
Schloss Dagstuhl	66687	Dagstuhl – Stadt Wadern	266	**228**
Altes und Neues Schloss	66763	Dillingen/Saar	268	**229**
Schloss Düren	66794	Düren – Gem. Wallerfangen	270	**230**
Liebenburg	66640	Eisweiler – Gem. Namborn	270	**231**
Teufelsburg	66802	Felsberg – Gem. Überherrn	271	**232**
Schloss Fremersdorf	66780	Fremersdorf – Gem. Rehlingen-Siersburg	273	**233**
Schloss Großhemmersdorf	66780	Hemmersdorf – Gem. Rehlingen-Siersburg	274	**234**
Schloss Fellenberg	66663	Hilbringen – Stadt Merzig	275	**235**
Burg Kerpen	66557	Illingen	276	**236**
Schloss Gustavsburg	66424	Jägersburg – Stadt Homburg	278	**237**
Jagdschloss Karlsbrunn	66352	Karlsbrunn – Gem. Großrosseln	279	**238**
Burg Kirkel	66459	Kirkel-Neuhäusel	280	**239**
Merburg	66424	Kirrberg – Stadt Homburg	281	**240**
Schloss Saareck	66693	Mettlach	282	**241**
Schloss Ziegelberg	66693	Mettlach	282	**242**
Schloss Münchweiler	66687	Münchweiler – Stadt Wadern	283	**243**
Niederburg und Schloss Berg	66706	Nennig – Gem. Perl	284	**244**
Annahof	66440	Niederwürzbach – Stadt Blieskastel	285	**245**
Burg Veldenz	66625	Nohfelden	286	**246**
Schloss Saarbrücken	66119	Saarbrücken	287	**247**
Öttinger Schlösschen	66687	Wadern	289	**248**
Schloss Villeroy	66798	Wallerfangen	290	**249**
Schloss Gutenbrunn	66424	Wörschweiler-Gutenbrunn – Stadt Homburg	291	**250**

Quellenverzeichnis

Rheinland-Pfalz

Georg Dehio
Handbuch der Deutschen Kunstdenkmäler
Rheinland-Pfalz und Saarland
Deutscher Kunstverlag München, 1984

Faszination Burgen und Schlösser
Rheinland-Pfalz
Verlagsgruppe Weltbild GmbH Augsburg, 2005

Knaurs Kulturführer in Farbe
Rheinland-Pfalz
Droemersche Verlagsanstalt München, 1994

Romantische Burgen in Deutschland
Thaddäus Troll, 1979 Sigloch Edition, Künzelsau – Thalwil – Salzburg
Autorisierte Lizenzausgabe für den Stürtz Verlag Würzburg

Burgen und Schlösser der Hohenzollern
Friedrich J. Wörner
Drei Lilien Verlag GmbH, Wiesbaden, 1981

Schlösser und Burgen in Deutschland
Norbert Lewandowski
Bruckmann KG, München, 1995

reisezeit zeitreise
Verlag Schnell und Steiner GmbH
Regensburg, 1999

Schlösser in Deutschland
Susanne Ulrici, Edmond van Hoorick
Stürtz Verlag Würzburg, 1985

Schencks Schlösser & Gärten
Schenck Verlag GmbH Hamburg, 2008

Theiss Burgenführer
Hohe Eifel und Ahrtal
Konrad Theiss Verlag GmbH
Stuttgart, 2003

Quellenverzeichnis

Kunstführer Koblenz und der Mittelrhein Nr. 9
HB Verlags- und Vertriebs-Gesellschaft mbH
Hamburg, 1984

Deutsche Burgen
Bilder-Sammlung Brinkmann Tabak
Martin Brinkmann AG, Bremen

Zeit für Burgen und Schlösser
C. J. Bucher-Verlag GmbH, München, 2004

Die Marksburg
Veröffentlichung der Deutschen Burgenvereinigung e.V.
Magnus Backes / Dr. Busso von der Dollen
2. ergänzte und erweiterte Auflage
Görres-Druckerei und Verlag GmbH, Koblenz, 1993

Die Rheinburgen zwischen Koblenz und Bingen
Copyright by Gunter Seifert, Overath, 2010

Kleiner Führer durch die Burghöfe – Schloss Crottorf
Oberstudienrat Gerhard Ebel, 13. Auflage, 1984

Die Freusburg und die Freusburger Kapelle
Pfarrer i.R. Hans Fritzsche, Kirchen

Schloss Friedewald
Evangelische Sozialakademie Friedewald
Druckerei Hachenburg, 1999

Saarland

Knaurs Kulturführer in Farbe
Saarland
Droemersche Verlagsanstalt München, 1994

Überlassung von Material zur Geschichte von Besitzern der Objekte, Tourist-Informationen, Hotels, Informationen und Prospekte aus den Burg- und Schlossmuseen, Infotafeln an Objekten sowie Recherche im Internet.